501
ILUSTRACIONES NUEVAS

**Compiladas por
Adolfo Robleto**

CASA BAUTISTA DE PUBLICACIONES

CASA BAUTISTA DE PUBLICACIONES

Apartado Postal 4255, El Paso, TX 79914 EE. UU. de A.

Agencias de Distribución

ARGENTINA: Rivadavia 3474, 1203 Buenos Aires, Teléfono: (541)863-6745. **BOLIVIA:** Casilla 2516, Santa Cruz, Tel.: (591)-342-7376, Fax: (591)-342-8193. **COLOMBIA:** Apartado Aéreo 55294, Bogotá 2, D.C., Tel.: (57)1-287-8602, Fax: (57)1-287-8992. **COSTA RICA:** Apartado 285, San Pedro Montes de Oca, San José, Tel.: (506)225-4565, Fax: (506)224-3677. **CHILE:** Casilla 1253, Santiago, Tel/Fax: (562)672-2114. **ECUADOR:** Casilla 3236, Guayaquil, Tel.: (593)4-455-311, Fax: (593)4-452-610. **EL SALVADOR:** Apartado 2506, San Salvador, Fax: (503)2-218-157. **ESPAÑA:** Padre Méndez #142-B, 46900 Torrente, Valencia, Tel.: (346)156-3578, Fax: (346)156-3579. **ESTADOS UNIDOS:** 7000 Alabama, El Paso, TX 79904, Tel.: (915)566-9656, Fax: (915)565-9008; 960 Chelsea Street, El Paso TX 79903, Tel.: (915)778-9191; 3725 Montana, El Paso, TX 79903, Tel.: (915)565-6234, Fax: (915)726-8432; 312 N. Azusa Ave., Azusa, CA 91702, Tel.: 1-800-321-6633, Fax: (818)334-5842; 1360 N.W. 88th Ave., Miami, FL 33172, Tel.: (305)592-6136, Fax: (305)592-0087; 8385 N.W. 56th Street, Miami, FL 33166, Tel.: (305)592-2219, Fax: (305)592-3004. **GUATEMALA:** Apartado 1135, Guatemala 01901, Tel: (5022)530-013, Fax: (5022)25225. **HONDURAS:** Apartado 279, Tegucigalpa, Tel. (504)3-814-81, Fax: (504)3-799-09. **MEXICO:** Vizcaínas Ote. 16, Col. Centro, 06080 México, D.F., Tel/Fax: (525)510-3674, 512-4103; Apartado 113-182, 03300 México, D.F., Tels.: (525)762-7247, 532-1210, Fax: 672-4813; Madero 62, Col. Centro, 06000 México, D.F., Tel/Fax: (525)512-9390; Independencia 36-B, Col. Centro, 06050 México, D.F., Tel.: (525)512-0206, Fax: 512-9475; Matamoros 344 Pte., 27000 Torreón, Coahuila, Tel.: (521)712-3180; Hidalgo 713, 44290 Guadalajara, Jalisco, Tel.: (523)510-3674; Félix U. Gómez 302 Nte. Tel.: (528)342-2832, Monterrey, N. L. **NICARAGUA:** Apartado 2340, Managua, Tel/Fax: (505)265-1989. **PANAMA:** Apartado E Balboa, Ancon, Tel.: (507)22-64-64-69, Fax: (507)228-4601. **PARAGUAY:** Casilla 1415, Asunción, Fax: (595)2-121-2952. **PERU:** Apartado 3177, Lima, Tel.: (511)4-24-7812, Fax: (511)440-9958. **PUERTO RICO:** Calle 13 S.O. #824, Capparra Terrace, Tel.: (809)783-7056, Fax: (809)781-7986; Calle San Alejandro 1825, Urb. San Ignacio, Río Piedras, Tel.: (809)764-6175. **REPUBLICA DOMINICANA:** Apartado 880, Santo Domingo, Tel.: (809)565-2282, Fax: (809)565-6944. **URUGUAY:** Casilla 14052, Montevideo 11700, Tel.: (598)2-394-846, Fax: (598)2-350-702. **VENEZUELA:** Apartado 3653, El Trigal 2002 A, Valencia, Edo. Carabobo, Tel/Fax: (584)1-231-725, Celular (581)440-3077.

Ediciones: 1980, 1982, 1984, 1987, 1990, 1992, 1994, 1995
Novena edición: 1997

Clasificación Decimal Dewey: 251.08

Tema: Sermones – Ilustraciones

ISBN: 0-311-42062-1
C.B.P. Art. No. 42062

2 M 6 97

Printed in U.S.A.

PREFACIO

Conscientes de la importancia que tienen las anécdotas ilustrativas en la predicación de un sermón, por un tiempo nos dedicamos a la grata tarea de compilar las ilustraciones que forman el presente volumen. Este libro es, de cierto modo, una continuación de **500 ILUSTRACIONES,** las cuales fueron compiladas por el Rev. Alfredo Lerín y que han sido de mucha utilidad y por muchos años a los predicadores de habla española.

Hemos procurado incluir en esta colección ilustraciones nuevas y frescas, aunque bien sabemos que todas ellas ya han sido relatadas por algunos en alguna parte; pero al publicarlas agrupadas en un nuevo libro de ilustraciones, sabemos que rendirán un servicio más universal.

En la elaboración de este trabajo, les pedimos por carta a muchos predicadores de habla española que colaborasen con nuestro proyecto enviándonos algunas de las ilustraciones que ellos han usado en su predicación. Por supuesto, no todos pudieron complacernos, pero a quienes lo hicieron les estamos muy agradecidos por su valiosa colaboración. Las ilustraciones de sabor "norteamericano" están reducidas al mínimo, pero nos fue imprescindible incluir algunas de ellas. Poco a poco vamos consiguiendo que toda nuestra literatura sea autóctonamente latinoamericana y española; para ello necesitamos que más escritores en la lengua cervantina se animen a escribir sobre la materia que sea de su especialidad y para la edificación del cuerpo de Cristo.

La clasificación de las ilustraciones por el asunto o tema de que tratan es con el propósito de hacer manuable en el predicador el uso que haga de este libro. Por supuesto, una ilustración bien puede usársela para ilustrar no uno sino varios temas. Para lograr esto, recomendamos que el predicador se familiarice con el libro. Será bueno que lea detenidamente el ensayo sobre ILUSTRACIONES que aparece al final de este libro.

En la mayoría de los casos nos fue posible indicar la fuente u origen de la ilustración, pero en otros no. Por cualquier error que pudiera haber en esto, pedimos las debidas disculpas. Si el lector gusta hacernos alguna indicación pertinente, mucho se lo agradeceremos que nos lo diga, a fin de que en próximas reimpresiones podamos introducir las correcciones necesarias. También de una vez pedimos al amable lector que si conoce una ilustración bonita y apropiada y que todavía no sea del dominio público y universal, si nos la envía, tendremos mucho gusto en guardarla para la publicación, después de varios años, de un nuevo libro de ilustraciones.

Es nuestra oración, pues, que el Espíritu Santo guíe al pastor que toma este libro para buscar en él la ilustración que sea adecuada en su sermón, y que el relato de la misma le inyecte poder y luz a la exposición del mensaje divino.

Adolfo Robleto

INDICE DE ASUNTOS

1. GOZO QUE REBOSA

Un ministro de Escocia tenía en su congregación una anciana muy pobre que tenía el hábito de decir: "Bendito sea el Señor, Amén", cuando el predicador decía algo destacado. Esto molestaba mucho a aquel ministro y le dijo: "¿Sabe, hermana Elizabet, que cuando usted dice: 'Bendito sea el Señor', durante el sermón, interrumpe mis pensamientos? Si no lo hace durante todo este año le regalaré un par de frazadas nuevas." La hermana Elizabet era muy pobre y esta oferta le pareció buena. Hizo lo que pudo por ganárselas. Permaneció quieta domingo tras domingo; pero un día vino un pastor visitante a predicar; era un hombre de cuyo corazón rebosaba el gozo de su salvación.

A medida que predicaba acerca del perdón del pecado y de todas las bendiciones que le siguen, la visión de las frazadas prometidas comenzó a desvanecerse mientras el gozo de la salvación aumentaba. Al fin no pudo contenerse más y se levantó diciendo con voz fuerte: "¡Frazadas o no frazadas, Aleluya!"

Cuando pensamos en las maravillas de Dios, se llena nuestro ser de gran gozo. Nuestra reacción natural es querer alabar a Dios por lo que ha hecho y hace por nosotros.

De El Hogar Cristiano

2. LA ADORACION ES INDISPENSABLE

Era una pobre mujer, tejedora a mano en aquellos tiempos cuando el obrero tenía que rendir largas horas de trabajo en sus tareas. Debido al gran esfuerzo que tenía que hacer para mantener a sus hijos, pues era viuda, enfermó de gravedad. Al fin logró restablecerse. Un día su médico le dijo:

—Bien, ya podemos decir que usted está curada. Pronto volverá a su trabajo. Pero una cosa le voy a ordenar, que el domingo lo pase todo el día descansando.

—¿Es que ni siquiera podré ir al templo a adorar a Dios? —preguntó la mujer.

—No se preocupe, señora. El templo y Dios muy bien pueden pasarse sin usted —le dijo el médico.

—Pero yo no puedo pasarme sin Dios y sin ir al templo —respondió la mujer.

Del Boletín Progreso

3. ALCOHOLISMO

Una publicación mexicana hacía notar este hecho: Los médicos dicen que el alcoholismo es una enfermedad; los legisladores promulgan leyes a fin de que haya fondos para construir hospitales donde puedan atenderse los alcohólicos; los jueces remiten a los hospitales a los enfermos de alcoholismo, para que sean atendidos. Luego viene la pregunta: ¿No sería mejor prohibir el comercio de bebidas alcohólicas?

Copiado

4. SANGRE POR ALCOHOL

Manuel Sandoval, un joven lleno de ilusiones y en quien sus padres tenían tantas esperanzas, a muy temprana edad se entregó al vicio del alcohol; se envició de tal manera que no podía estar sin él. ¿Qué hacer para obtenerlo? Se le vino una idea "brillante": vender su sangre para obtener dinero y comprar el maldito licor.

Una mañana, en los laboratorios del Hospital San Juan de Dios, un joven vendió su sangre para poco después entrar a la cantina; al acabársele el dinero volvió al hospital a vender más sangre. Un día, muy de mañana, los vecinos encontraron un cadáver en la primera calle de Jalteva. Fue llamada la autoridad para el debido reconocimiento: era Manuel convertido en cadáver. El médico forense declaró que había muerto de "intoxicación alcohólica". Había cambiado su sangre por alcohol.

Agustín Ruiz V.

5. EL ULTIMO ADIOS

Tal es el nombre de una cantina de San Pedro Sula, Honduras, y que en realidad fue "el último adiós" para dos parroquianos adictos al licor.

Ricardo Núñez, de 32 años entró a la cantina en donde varios hombres ingerían licor, entre ellos, Miguel Bonilla, quien acababa de pedir una copa de regular tamaño. Al ver la copa servida, Ricardo no pudo resistir la tentación, y sin decir agua va, se la engulló de un solo trago ante la estupefacción de todos. El dueño de la copa, Miguel Bonilla, después de reprochar a Ricardo su mala conducta, sacó un filoso y largo puñal y lo hundió en el corazón a Ricardo quien murió inmediatamente, sin poder decir "el último adiós".

Julio Sanabria, amigo del muerto, quiso atacar a Bonilla, pero lo único que consiguió fue que aquel puñal homicida se le hundiera en las entrañas.

¡Ah, el licor y las cantinas! ¡Ah, los licoreros que se enriquecen a costa de los infelices bebedores que son víctimas del vicio y de la rapiña de los expendedores! Dice la Biblia que los borrachos no entrarán en el reino de Dios.

Agustín Ruiz V.

6. CONDENADO A MUERTE

Era un siete de junio de 1977, el ciudadano soviético V. Shimko, chofer de profesión, en estado de embriaguez tomó su vehículo y comenzó a circular confiadamente por la Avenida Shadovo Koltso, cinturón de boulevares que rodea la capital.

Al parecer todo marchaba bien, Shimko sabía manejar muy bien su automóvil; pero no se podía manejar a sí mismo. El licor se le subió a la cabeza y en un momento de confusión mental se descontroló por completo echando el vehículo sobre los transeúntes que tranquilamente cruzaban el boulevard. Aquel accidente fatal produjo ocho muertos y siete heridos graves que tuvieron que ser llevados de emergencia al hospital.

El diario moscovita "Trud", de la organización sindical, informó que Shimko había sido condenado a muerte por fusilamiento.

Ah, el maldito licor, mensajero de muerte y destrucción en todas partes del mundo. Y a pesar de todo, unos lo venden por amor al dinero y otros lo toman por un momento de placer mortal, no solamente muerte física, sino también espiritual.

Agustín Ruiz V.

7. EL COMUNISMO NIEGA A DIOS

Un maestro comunista quería demostrar su ateísmo de la siguiente manera: "Si Dios existiera sería todopoderoso; pero, si lo fuera, ¿podría crear una piedra tan grande que él mismo no la pudiera sostener? Si no la puede crear, no es todopoderoso; y si no la puede sostener, tampoco lo es." Esto es un sofisma y no un buen argumento. Dios puede hacer todo lo que es posible y todo lo que va de acuerdo con su carácter moral. Dios no puede hacer que un círculo sea cuadrado, porque eso es imposible. Tampoco puede decir mentiras, porque va contra su carácter moral.

José Borrás

8. COMO PERDI MIS TEMORES

Cuando yo era joven, me sentía católico, por ser esta la religión tradicional de mi país. Pero, leyendo libros de autores materialistas, como H. Spencer, Federico Nietzsche, Max Stirner, Comte, Voltaire, Darwin, etc., fui poco a poco absorbiendo sus ideas, hasta que sin darme cuenta de ello, me volví ateo.

Creía que la ciencia iría poco a poco resolviendo los problemas más intrincados, y que ella algún día dominaría hasta la muerte en los seres humanos, mediante alguna droga que proporcionase nueva vida a las células que hay en nuestros cuerpos. Todo sería cuestión de tiempo y estudios.

Así viví unos cuantos años; pero mi inclinación por leer libros escritos por sabios me llevó a adquirir algunas obras de Camilo Flammarión. Este autor francés me hizo dudar de la posibilidad de que este universo, con sus leyes tan perfectas y complejas, fuera producto de la casualidad.

Perdí entonces la fe que tenía en las teorías de los incrédulos, que afirman que todo en el universo fue creado lentamente, gracias a una evolución que ha durado millones de años.

"Las Maravillas Celestes" y "Dios en la Naturaleza", dos obras de Flammarión, me hicieron creer de nuevo en Dios.

Al fin acepté a Cristo como mi Salvador y me hice cristiano.

Noté que mi vida iba cambiando poco a poco de manera notable.

Cuando yo era incrédulo, tenía muchas preocupaciones. Como deseaba cosas que no podía conseguir, debido a circunstancias desfavorables en que me hallaba, me afligía demasiado.

Mi existencia se había convertido en una carga bastante pesada. Un descontento perenne roía mis entrañas como los cuervos de la fábula de Prometeo.

Tan pronto me hice cristiano, esas preocupaciones fueron lentamente disminuyendo, debido a mi fe en Dios y al ánimo de hacer frente con valor a los problemas de la vida.

Felizmente, de aquellas preocupaciones viejas nada me queda. Hoy, anciano y pobre, con todo me siento feliz.

Tengo una fe sencilla. No discuto teorías ni principios doctrinarios de esa o aquella secta religiosa. Me limito a creer en Dios y a confiar en Cristo que murió por mí en la cruz del Calvario.

En vista de eso, al sentirme feliz con mi fe cristiana, he llegado a la conclusión de que aun si se diera el caso de que no hubiera existido Cristo ni existiese Dios tampoco, uno ganaría mucho viviendo conforme a las normas del cristianismo.

Por lo menos, al comparar la tranquilidad espiritual que siento hoy con el perenne descontento que sentía cuando era incrédulo, creo que el mejor negocio que uno puede hacer en este mundo, es hacerse cristiano.

No daría mi actual fe religiosa ni por un millón de dólares.

Mi fe en Cristo me satisface, y con eso me basta.

A Pereira Alves

9. EL ATEO Y EL CRISTIANO

Dos viajeros iban por el desierto; uno era ateo y el otro cristiano. Discutían sobre la existencia de Dios, y el cristiano no podía contrarrestar los argumentos del incrédulo. Pasaron la noche en un lugar. Al día siguiente el incrédulo dijo:

–Oye, pasó por aquí un camello anoche.

El cristiano le preguntó:

–¿Tú lo viste?

–No.

–¿Tú lo tocaste?

–No.

–¿Tú lo sentiste?

–No.

–Entonces, ¿por qué aseguras que pasó un camello?

–Porque veo las huellas que dejó sobre la arena.

–Así me pasa a mí –dijo el cristiano–. No he visto a Dios, pero continuamente veo sus huellas que hablan de su existencia.

Alfonso Flores

Algunos dicen que No Hay Dios, pero...

10. ¡SI, HAY DIOS!

En un cuadro mural que pintó Diego Rivera en la sala del gran Hotel del Prado de la Ciudad de México, el artista puso el rótulo: "¡Dios no existe!" Al enterarse de esto los alumnos universitarios organizaron un motín, marcharon al hotel, y raspando esa pintura del rótulo, pintaron en su lugar: "¡Dios sí existe!"

Son relativamente pocos los que dirán que Dios no existe. En el hombre hay un sentir natural que afirma la existencia de un Ser supremo. Nuestra propia existencia en la tierra testifica de la existencia de Dios.

Frank W. Patterson

11. "YO TAMPOCO CREO EN ESE DIOS"

El doctor H. E. Fosdick dijo que cuando era ministro de la Iglesia de Riverside, en Nueva York, un estudiante universitario vino a él sumamente angustiado afirmando que no creía en Dios.

—Entonces es usted un ateo —le dijo el doctor Fosdick—. Descríbame el Dios en que no cree.

El estudiante describió las ideas infantiles acerca de Dios, en las que no podía seguir creyendo.

—Mi querido amigo —dijo el famoso predicador—, ya somos dos. Yo tampoco creo en ese Dios.

Copiado

12. ENCONTRANDO HIERRO Y ORO

Si alguien me diera un puñado de arena indicándome que en ella había partículas de hierro, yo las buscaría con mis ojos, y con mis dedos, mas no podría descubrirlas. Pero si tomara un imán y lo pasara por encima de la arena, todas las partículas de hierro pasarían y se unirían al metal magnetizado. Asimismo, el corazón ingrato, como mis dedos, no descubrirá ninguna misericordia; mas si un corazón agradecido examina un solo día, encontrará en cada hora un puñado de bendiciones celestiales como las partículas de hierro ocultas entre la arena: sólo que el hierro en las manos de Dios se vuelve oro.

H. W. Beecher

13. DIOS ATIENDE A LAS NECESIDADES DE SUS HIJOS
(Isaías 65:24)

Don Pedro, un veterano y humilde cristiano, que vivía solo, se gozaba únicamente en la bendita compañía de su Salvador y Señor. Se las arreglaba solo percibiendo una modesta pensión ferroviaria. "¡Solo nunca!", decía siempre don Pedro, "mi Señor está conmigo". El puso a prueba muchas veces las promesas de su Señor, y su sencilla fe nunca fue defraudada.

Un día se encontró en dificultades. El pago de la pensión se atrasó, ya no tenía nada de dinero y en casa no había nada para comer.

Como siempre, elevó a Dios su oración: "Señor, tú sabes que no tengo nada para comer hoy, y tengo hambre. Te ruego que escuches a tu hijo; tú nunca me has dejado. Dame lo que necesito." Llegó la hora de almorzar. Don Pedro tendió su rústica mesa, se sentó, inclinó su cabeza y dio gracias a Dios por los alimentos. No había pronunciado el Amén cuando golpearon a su puerta. Era un vecino que traía una fuente de pescado cocido. "No se ofenda, vecino, ayer fui a pescar y traje tanto a casa que nos ha sobrado, y mi señora me dijo: "Juan, lleva todo esto a don Pedro, puede ser que él lo necesite." Don Pedro tomó la fuente y elevando sus ojos al cielo dijo: "¡GRACIAS, SEÑOR!" El vecino se fue pensando: "Qué atento está hoy don Pedro, siempre me llama Juan a secas, y hoy me trató de señor."

Juan B. Garaño

14. BENDICIONES ESPIRITUALES

"No gano un sueldo grande, y tengo una familia grande", comenzó diciendo un diácono al dar su testimonio en la iglesia en cuanto al diezmo. "Al principio yo no podía saber cómo íbamos a diezmar, pero hablamos en cuanto al asunto en la familia y decidimos que si deseábamos ser buenos mayordomos de lo que Dios nos había dado tendríamos que diezmar.

"No puedo decir que siempre ha sido fácil diezmar. Ha habido ocasiones en que hemos tenido que sacrificarnos, y creemos que los cristianos deben hacerlo. Dios nos ha bendecido y ha multiplicado nuestras entradas.

"No obstante, nuestras bendiciones más grandes no han sido de carácter material. Nuestras verdaderas bendiciones en cuanto al diezmo han consistido en crecimiento espiritual, en el amor de Dios y en consagración más grande a la causa de Cristo."

Recibimos bendiciones en diferentes maneras y de diferentes fuentes: riquezas, posesiones, poder, influencia, posición. Mas las bendiciones espirituales sólo vienen de Dios. Estas son las bendiciones más ricas.

De El Hogar Cristiano

15. CUANDO LA ENFERMEDAD SE TORNA EN BENDICION

Un predicador bautista de Dallas visitó varios países y, en su recorrido, estuvo en una leprosería en Africa, sostenida por los bautistas. Asistió a un culto y varios dieron su testimonio. En eso pasó adelante un pobre leproso, quien para hablar levantó sus brazos, teniendo apenas un dedo en una mano y tres en la otra, pues la lepra iba mutilando su cuerpo. La nariz estaba también siendo comida por la terrible enfermedad. Sin embargo, aquel leproso cristiano dijo: "Hermanos, yo le doy gracias a Dios por mi enfermedad, pues si yo no hubiera tenido esta enfermedad, no habría venido aquí para curarme, en donde he oído de Cristo y del evangelio; en donde he sido salvo y sin duda allá en mi aldea ya me hubiera muerto sin tener la salvación de mi alma." Cuántas veces la enfermedad es una bendición. Como la mujer enferma de hemorragia que buscó al Señor.

Hershel V. Ford

16. "LUCHAMOS CON LUZ"

Desde el frente de la guerra mundial, el capitán Clifton Bell nos habla ahora de enormes proyectores manejados por batallones, con capacidad cada uno de estos reflectores de 800.000.000 de bujías eléctricas, de tal manera que entre los ejércitos está ya en boga este grito de combate: "Luchamos con luz."

A nosotros nos fuera imposible, quizá, calcular toda la luz que puede producir uno solo de estos proyectores. Aproximadamente pudiéramos decir que repartida esta luz entre todos los habitantes de América Latina daría a todos —hombres, mujeres y niños— en proporción de ocho bujías o velas a cada uno. Y en esta medida podríamos decir que los tres enormes proyectores juntos alumbrarían a todos los habitantes de nuestro planeta, a razón de una bujía por cada uno.

El cristiano también puede adoptar como grito de combate "Luchamos con Luz". La Biblia es un potente reflector espiritual capaz de iluminar el alma de todos y cada uno de los habitantes del mundo. El salmista dice: "Lámpara es a mis pies tu palabra, y lumbrera a mi camino. El principio de tus palabras alumbra." (Salmo 119:105, 130).

De Sendas de Luz

17. LA BIBLIA ES INDESTRUCTIBLE

El famoso inventor Benjamín Franklin fue enviado como embajador a Francia. Francia se hallaba paralizada por el veneno del ateísmo. El señor Franklin fue invitado a unirse a una sociedad atea de hombres literatos para el exterminio de la Biblia. El se unió. Pronto le llegó su turno de leer una producción literaria ante la sociedad de ateos. El señor Franklin tradujo al francés y leyó, de su propia escritura a mano, la historia de amor de Rut y Booz.

Cuando el señor Franklin terminó, y todavía se le aplaudía, el presidente dijo:

—Doctor Franklin, esa es la más grande historia de amor jamás escrita en cualquier idioma.

De nuevo los miembros aplaudieron. El presidente agregó:

—Doctor Franklin, esta sociedad le pide a usted el derecho de publicar su historia de amor, y de darle la mayor circulación posible. ¿Podemos publicar su historia de amor?

El señor Franklin respondió:

—Lo siento, no les puedo dar el derecho a publicar mi historia de amor.

El presidente le preguntó:

—¿Por qué no podemos publicar su historia de amor?

—Porque ya ha sido publicada.

—Entonces, ¿podemos saber dónde fue publicada?

El señor Franklin se levantó, sacó de su bolsa un libro, lo puso en la mesa, y dijo:

—En esta Santa Biblia que ustedes quieren destruir.

Esa declaración fue un golpe maestro que rompió la columna vertebral de la sociedad de ateos, y le dio a Francia otra oportunidad en el mundo. La Biblia es indestructible.

(Copiado y traducido de "Evidences of the Inspiration of the Scriptures", por el doctor J. P. McBeth).

18. PODER DE LA PALABRA DE DIOS

Un agente viajero se encontraba solo y triste en su cuarto en el hotel; no había tenido mucho éxito en sus ventas y se sentía muy desanimado. Tal era su desilusión que pensaba en suicidarse. Entonces vio una Biblia sobre la mesa; la abrió y la leyó durante varias horas; en ella encontró esperanza y fortaleza para comenzar una nueva vida.

En tiempo de guerra un pequeño grupo de hombres se encontraba rodeado por el enemigo y temían ser muertos o capturados. Uno de ellos tenía un pequeño Nuevo Testamento, y todos se turnaron leyéndolo y encontraron nuevo valor.

De igual modo es admirable la manera en que la Biblia fortifica y dirige al cristiano diariamente. Los que buscan la dirección de Dios por medio de su Palabra podrán enfrentarse con los problemas de cada día y crecer espiritualmente.

De El Hogar Cristiano

19. EFECTOS DE LA BIBLIA

Un africano se presentó una vez a un misionero evangélico, manifestando gran aflicción por haber perdido un ejemplar de las Sagradas Escrituras.

—Yo te daré otro —le dijo el misionero.

—¡Ah! señor; no es eso lo peor. Mi perro ... ya no me servirá más para nada.

—¿Por qué no?

—Porque se ha comido una hoja de mi Biblia.

—Eso no le hará a usted ningún daño, ni a él.

—Ya lo sé; pero es que ya no me será útil, porque habiendo comido eso, ya no querrá pelear ni robar.

Entonces el misionero comprendió lo que pasaba. El africano había visto que por la lectura de la Biblia los hombres se volvían honrados y pacíficos, y temía que aquella hoja produjera el mismo efecto en su perro.

¿Ha obrado así la Biblia en nosotros?

De La Antorcha

20. LA BIBLIA, COMPAÑERA FIEL

En la providencia de Dios, un hombre ya mayor fue maravillosamente salvo en uno de los cultos de la iglesia. Había sido un gran pecador. No había andado en otros caminos más que en los del mal. Pero ocurrió que se casó con una devota mujer cristiana y ella lo trajo a nuestra congregación, donde escuchó la Palabra de Dios y conoció al Señor en una experiencia personal. El cambio fue instantáneo. Vino a ser un hombre nuevo y diferente. Amaba venir a la iglesia y leíamos la Biblia juntos. Tanto en su casa como en su oficina él leía constantemente el Libro, como si tratara de redimir los años que había malgastado en el mundo.

Pero entonces vino el día de la tristeza. Sufrió un infarto cardíaco y murió inmediatamente. Asistí a su funeral y a dar gracias a Dios por la conversión de este hermano. Al igual que cientos de asistentes, me detuve a mirar su cuerpo en el ataúd. Para mi sorpresa, con su mano derecha presionaba su Biblia contra su corazón. Con asombro, volví mi rostro hacia su esposa.

–¡Qué cosa tan extraña! –exclamé–, que él sostenga su Biblia en su mano. ¿Por qué hizo usted esto?

–Por la razón de que él amó su Biblia así. Leíamos la Biblia en el templo; la leíamos juntos en el hogar. El la leía en su trabajo. Me pareció apropiado que su Biblia estuviera en su mano, como su último testimonio del **poder salvador de la Palabra de Dios.**

Y así le sepultaron con esa Biblia en el ataúd, donde su cuerpo espera la gran resurrección, cuando el Dios del Libro cumplirá todas las promesas escritas en cada página.

Hershel V. Ford

21. UNA BIBLIA EN ITALIA

En tiempo de la Primera Guerra Mundial, un militar francés que era un ferviente creyente en Jesucristo, se hallaba de servicio en Italia. Tenía gran deseo de hablar de la salvación a los soldados italianos, pero no conocía el idioma de ellos. Consiguió unos folletos evangélicos y un Nuevo Testamento en italiano. Repartiendo los folletos tuvo que valerse de su Testamento para contestar las preguntas que le hacían. Cierto día una señora vio en sus manos aquel librito precioso y con mucha insistencia le pidió que se lo regalara. Al fin cedió, constreñido por el aspecto tan triste y ansioso de aquella mujer. Cuando cuatro meses más tarde encontró a la misma señora, se admiró el militar del gran cambio en ella; parecía tan feliz como antes era triste. Contestando una pregunta, dijo ella: –Sí, señor, hay una poderosa causa de ello. Por el libro que usted me dio he hallado al Salvador. He leído cómo por mis pecados él murió. Tengo ya el perdón, y considero que tengo mucho motivo en ser feliz.

> Libro divino, guía supremo;
> En él confío y ando por fe.
> Gran don del cielo al mundo entero;
> Por él poseo sumo saber.

De Palabras Agradables

22. EL PODER TRANSFORMADOR DE LA BIBLIA

En 1787 el rey Jorge III de Inglaterra envió el Bounty a la isla de Tahití para juntar árboles del pan, los que posteriormente debían llevarse a Jamaica y trasplantarse para que los habitantes tuvieran más alimento. Mientras juntaban los árboles, los marineros comenzaron a impacientarse y a trazar planes sediciosos. Estaban más interesados en las jóvenes nativas que en su trabajo.

Finalmente, el barco se llenó de árboles del pan y se alejó de la hermosa isla tropical. Poco después, parte de la tripulación se sublevó y dejaron abandonados en un pequeño bote al capitán Bligh y a 18 marinos leales a él. Luego de 48 días de azarosa navegación en alta mar, Bligh y sus hombres llegaron a un puerto amigo en la isla de Timor, de donde regresaron a Inglaterra.

Pronto fue enviada una expedición para castigar a los rebeldes. Capturó a catorce de los amotinados, pero nueve escaparon en el Bounty; y éstos, acompañados de seis nativos de Tahití, nueve mujeres y una muchacha de quince años, desembarcaron finalmente en la isla Pitcairn.

La islita se transformó en el escenario de una historia de degradación, pecado y derramamiento de sangre. Uno de los marineros, que había trabajado en una destilería de Escocia, preparó alcohol en base a una planta nativa. Poco después todos los hombres, excepto uno de los amotinados, habían muerto a causa de la violencia.

Fue así como Alejandro Smith quedó con un harén de mujeres y una cantidad de niños, tanto suyos como de sus compañeros ahora muertos. Comprendiendo al fin su pecaminosidad y preocupado por el futuro de los que lo rodeaban, comenzó a pensar seriamente en Dios.

En uno de los baúles que habían sido retirados del Bounty antes de hundirlo, encontró un ejemplar de las Sagradas Escrituras y empezó a leerlo fielmente cada día. Como resultado, se arrepintió de sus pecados y comenzó a vivir de una manera diferente, en el temor de Dios. Para demostrar que era otra persona, cambió su nombre por el de John Adams. Luego enseñó a todos los habitantes de la isla a leer el Libro de Dios y a practicar sus enseñanzas.

En 1808 el ballenero Topaz hizo escala en la isla Pitcairn, y a su regreso a Europa dio a conocer, por primera vez, lo que había ocurrido con aquellos amotinados que se habían salvado de la horca 18 años antes. ¡Cómo habían cambiado las cosas! No había allí ni cárcel ni hospital; tampoco analfabetismo, ni crímenes, ni enfermedades, ni bebidas alcohólicas. Toda la isla era ciento por ciento cristiana.

¿Qué había transformado a esta islita de un infierno en un pedazo de cielo? Un libro, la Biblia. Actualmente todos los habitantes de la isla Pitcairn —hombres, mujeres y niños— son cristianos, todo como resultado de la lectura de las Sagradas Escrituras.

De El Centinela

23. SEGURIDAD

Muchos de los judíos perseguidos por Hitler lograron obtener permiso para salir de Alemania; pero con la condición de no llevar consigo más de cien marcos, dejando al Estado el resto de su dinero. Un judío converso compró un cheque de 30.000 dólares, producto de la venta de sus posesiones, y con fe, lo colocó entre los salmos de su Biblia. Al cruzar la frontera francoalemana, el inspector nazi mandó que le registrasen cosa por cosa. Cuando ya casi estaba requisada toda la maleta, dijo el empleado:

—Sólo queda esta Biblia.

—Y el inspector, con sorna, le dijo:

—Déjala ahí, que para algo le ha de servir.

Rafael Moreno Guillén

24. PODER DE LA BIBLIA

Había dos hermanos que por envidia se habían enemistado a tal grado que se negaban el habla. Cayendo enfermo su padre, creyó oportuno hacer su testamento y, llamando al notario, le dijo:

–Quiero que todos mis bienes se dividan por partes estrictamente iguales entre mis dos hijos.

No tardó en morir el padre y el notario llamó a los herederos para entregarles su herencia. Todo iba bien hasta que habiendo quedado un Nuevo Testamento opinaron que se dividiera, lo que hizo el notario dando una parte a cada uno. Uno de ellos leyó su parte y quedó con la curiosidad de cómo terminaría la historia del hijo pródigo. Y, a su vez, el otro hermano, que también empezó a leer su parte, quedó con la curiosidad de cómo empezaría aquella conmovedora historia. Y olvidando ambos sus necias rencillas convinieron en leer la historia entera, terminándola con un abrazo y sendos besos de paz.

Heriberto Vásquez H.

25. EL PODER DE LA PALABRA DE DIOS

Hace unos cuarenta años en Nicaragua prevalecía una tenaz persecución contra los evangélicos y las Sagradas Escrituras que ellos divulgaban. Los emisarios del clero seguían los pasos de los creyentes y decomisaban las Biblias, Nuevos Testamentos y porciones de las Escrituras que se repartían, para romperlos o quemarlos en las plazas públicas. De esta manera, andando por calles o caminos, se podían ver porciones de las Biblias esparcidas por el viento.

Un día viniendo un hombre de las Sierras a Managua vio un librito cuyas páginas rotas agitaba el viento. Bajó de su cabalgadura, levantó el librito que resultó ser un Nuevo Testamento y prosiguió su camino tratando de leer, pero no podía entender mucho porque sus páginas estaban rotas. Llegó a Managua y era tanto su interés por saber su contenido que preguntó dónde podían venderle un ejemplar igual. Llegó a la Misión Centroamericana y allí le vendieron una Biblia.

De regreso a su casa se subió al tabanco donde guardaba maíz y pasó tres días leyendo la Biblia, en privado, para que sus amigos de parranda no lo interrumpieran. A los tres días bajó y fue en busca del pastor evangélico de ese lugar quien le explicó el evangelio. A los pocos días se entregó al Señor, dejó los vicios y vino a ser uno de los predicadores más famosos de su comarca. Fue pastor por muchos años hasta que llegó el martirio. Fue asesinado en el mismo lugar de su conversión. No importa qué manos sacrílegas rompan la Biblia, aun rota gana los corazones para Cristo.

Heriberto Vásquez H.

26. PRECIOSIDAD DE LA BIBLIA

Cuenta Clemencín que "Alejandro el Grande fue tan aficionado a la Ilíada, de Homero, que, según cuenta Plutarco, en la vida de este Príncipe, solía tenerla junto con su espada debajo de la cabecera en que dormía. Habiéndose encontrado entre los despojos del rey Darío una caja riquísima guarnecida de oro, perlas y otras piedras preciosas, Alejandro la destinó para guardar en ella los libros de Homero."

Así debiéramos hacer nosotros con la Palabra de Dios: guardarla en el cofre de nuestro corazón, como el rey David, que decía: "En mi corazón he guardado tus dichos..."

(Copiado del manuscrito "La Biblia en el Quijote", de Juan A. Monroy.)

27. AMOR A LA BIBLIA

C. I. Scofield recibió una gran influencia espiritual de Dwight L. Moody para su celo evangelístico. Un día, conversando los dos amigos, Scofield le dijo a Moody:

—Ya tengo el texto que voy a usar para el sermón fúnebre cuando tú mueras.

—¿Cuál es? —le preguntó Moody.

—Está en Lucas 16, donde dice que "el mendigo (pedidor) murió..."

Entonces Moody le dijo:

—Pues yo también tengo un texto para cuando tú mueras: "Hasta que... quedó pegada su mano a la espada."

Se refería a uno de los generales del rey David, Eleazar, de quien se dijo eso cuando murió. Scofield era un gran amante del estudio de la Biblia.

Autor desconocido.

28. LOS INCREDULOS Y LA BIBLIA

Hace ya más de doscientos años que el escéptico francés Voltaire dijo: "Cincuenta años de ahora, el mundo no oirá más de la Biblia." Es un comentario extraño a esta profecía, que en el mismo año en que el Museo Británico pagó al gobierno ruso más de 500.000 dólares por un ejemplar de una Biblia Griega, el antiguo códice Alef, un ejemplar de la primera edición de Voltaire se vendía en una librería de París por menos de ocho centavos.

También hace muchos años que apareció en los Estados Unidos un libro, el cual atrajo la atención particularmente de los altos círculos de la gente académica y de cultura. El título de la obra era **The Age of Reason** (La Edad de la Razón) y Tomás Paine era su autor. Probablemente Tomás Paine fue una de las más grandes inteligencias de su tiempo. Tan confiado se sentía de que sus argumentos demolerían la autenticidad de las Escrituras y que destruirían para siempre los reclamos de la Biblia sobre la conciencia de los hombres, que jubilosamente predijo que en unos pocos años a la Biblia no se la imprimiría más. No sólo eso, sino que al volver Tomás Paine a los Estados Unidos, al desembarcar, declaró con orgullo: "Cuando yo haya terminado de escribir mi libro, no quedarán en este país ni siquiera cinco Biblias."

¿Y qué pasó? Pues que hoy su **Edad de la Razón** se lee más por curiosidad que por otra cosa; en cambio, la Biblia, sigue siendo leída por millones de personas como la fuente de vida para salvación.

29. DINERO ENCONTRADO EN UNA BIBLIA

Cuenta mi hermano Ventura que en Golfito, puerto en la zona bananera de Costa Rica, solía visitar a un señor quien vivía con su hijo. Este hombre creyó al evangelio y leía siempre su Biblia. A su hijo lo exhortaba a que leyera la Biblia, pero éste no le hacía caso. El padre murió y un día, cuando Ventura fue a visitar al joven, éste se quejaba de su pobre suerte. Quería estudiar, pero no tenía dinero. "Mi padre nada me dejó, sólo su Biblia vieja que está allí arrinconada. Poco antes de morir me decía que leyera la Biblia." Entonces Ventura le pidió que le pasara la Biblia para indicarle algún pasaje para que leyera. Así lo hizo y al abrirla, ¡oh sorpresa!, en ella había dos mil colones en billetes. "¡Ahora sí voy a poder estudiar", dijo alborozado el muchacho. Algún tiempo después, ya creyente, el joven encontró muchos nuevos tesoros en la Biblia de su padre.

Adolfo Robleto

30. LA BIBLIA: MI UNICO DELEITE

Hace muchos años, estando de visita un domingo en la Primera Iglesia Bautista de León, Nicaragua, llegué temprano al templo y vi sentada a una hermana anciana de nombre Vicenta Amador. Al conversar con ella, me dijo que se sentía muy mal de su vista y que posiblemente le harían una operación en sus ojos. Me dijo que los doctores no le aseguraban que vería bien, y entonces agregó: "Mire, hermano, todavía, aunque con dificultad, puedo leer mi Biblia; pero si después ya no la voy a poder leer del todo, entonces prefiero morir. ¿Para qué vivir sin leer la Biblia?"

Nunca he olvidado las palabras de esa hermana. ¿Es un deleite para nosotros leer la Palabra de Dios?

Adolfo Robleto

31. LA BIBLIA NOS REVELA LO QUE REALMENTE SOMOS

Se dice que antiguamente en cierto pueblo remoto, sus habitantes nunca habían visto un espejo. Andando por un camino, un hombre vio brillar algo y lo recogió. Era un espejo que se le habría caído a algún turista. El hombre vio en el cristal su rostro por primera vez en su vida. Siendo supersticioso, lo llevó a la casa y lo escondió por ahí. Todas las tardes iba a ver su objeto raro furtivamente. Uno de tantos días, su esposa, haciendo la limpieza de la casa, se encontró con el espejo y vio su rostro en él. Como era el rostro de mujer, ella pensó que su marido tenía otra mujer, y sintió celos. Cuando el marido volvió a la casa, se armó una pelea tremenda porque ella lo acusaba de que tenía otra mujer y que allí estaba la prueba. El le decía: "Pero si lo que se ve aquí es el rostro de un hombre." Y en eso estaban, gritando y peleando, cuando pasó un sacerdote y oyó el escándalo. Entró para apaciguar los ánimos. Al enterarse del problema, pidió el espejo y entonces, con toda ternura, les dijo: "Pero, hijitos míos, ¡qué hombre y qué mujer!, si lo que aquí se ve es el rostro de un sacerdote santo." Y diciendo eso, se fue, y la riña terminó.

La Palabra de Dios es así como un espejo. Cuando la leemos y la estudiamos, ella revela lo que realmente somos.

Adolfo Robleto

32. LA BIBLIA

La Biblia contiene la mente de Dios, el estado del hombre, la senda de la salvación, la ruina de los pecadores y la felicidad de los creyentes.

Sus doctrinas son santas, sus preceptos obligatorios y sus designios inmutables.

Leedla para creer, creedla para vuestra seguridad y practicadla para ser santos.

Es el mapa del viajero, el cayado del peregrino, la brújula del piloto, la espada del soldado y la cartilla del cristiano.

Es aquí donde se restaura el paraíso, se abre el cielo y se descubren las puertas del infierno.

Cristo es el tema de estudio, nuestro bien es su designio y su fin, la gloria de Dios.

Debe inundar la memoria, gobernar el corazón y guiar los pies. Leedla lenta y diariamente y en actitud de oración.

Es una mina de riqueza, un paraíso de gloria y un río de placer. Se os ofrece con la vida, se abrirá en el día del juicio y perdurará para siempre.

Autor desconocido

33. LA BIBLIA EN UN ACCIDENTE DE AVIACION

Unos estudiantes de una escuela bíblica de Colombia, encontraron en un lugar apartado de esa república, a un hombre que tenía una Biblia en la mano y trataba de entender lo que leía. El hombre pidió a los jóvenes que le explicaran, y ellos, después de exponerle el mensaje de salvación, le preguntaron cómo había obtenido la Biblia, pues no era probable que hubiera caído del cielo. El hombre contestó que casi había caído del cielo, pues la había encontrado en el maletín de un hombre que había perecido en un accidente de aviación ocurrido cerca de su casa hacía tres años. Los jóvenes abrieron la Biblia y leyeron el nombre del dueño: Julio Hickerson, misionero en Colombia. Por medio de la Biblia que fue posesión preciosa de un hombre cristiano, otra alma entró a formar parte de la familia de Dios.

De La Antorcha

34. DIOS AL QUE AMA CASTIGA

Un matrimonio creyente, con la prosperidad se había enfriado y alejado del Señor y de su iglesia.

Tuvieron la gran felicidad del nacimiento de hijos gemelos que llenaron sus vidas de mucho gozo, pero sin que esta bendición los acercara al Señor, e hicieron oídos sordos a los ruegos de sus hermanos en Cristo.

Un terrible día, en un accidente fallecieron los hijitos y los padres quedaron desesperados y sin consuelo. Salieron de viaje para distraerse y aliviar su pena. Un día en un paseo en el campo vieron a un pastor guiando a sus ovejas. Mientras ellos miraban con curiosidad, notaron que el pastor llegó a la orilla de un arroyito, y quiso que las ovejas cruzaran, pero éstas se obstinaron en no pasar. El pastorcito entonces se acercó a una oveja que tenía dos corderitos a su lado, y tomando los corderitos en sus brazos pasó él el arroyo. Inmediatamente cruzó la madre y en seguida las demás ovejas.

Nuestros amigos comprendieron con claridad que Dios les estaba hablando. El, como aquel pastorcito, había tomado en sus brazos a sus pequeños hijos para llevarlos al cielo, y ellos deberían ahora retomar el camino de Cristo, el cual se habían empeñado en abandonar.

Juan B. Garaño

35. EL CIELO SATISFARA NUESTRA NECESIDAD

Un niño, como de unos ocho años de edad, estaba sumamente

enfermo y tenía una fiebre elevadísima. Le pidió agua a su mamá, y ella le dijo que lo sentía mucho, pero que tenía órdenes del doctor, de no darle agua hasta que no pasara la crisis de la enfermedad. Entonces el niño, procurando humedecer sus labios resecos con la lengua, le preguntó a su mamá:

–Mamá, ¿hay agua en el cielo?

–Sí, hijo mío –le contestó la madre–. La Sagrada Escritura dice que un caudaloso río de aguas cristalinas desciende del trono de Dios.

Entonces el niño, fijando sus ojos hacia el cielo, y con tono de satisfacción en su voz, dijo:

–¡Qué felicidad!

Autor desconocido

36. EL CIELO ES UN LINDO LUGAR

Se cuenta la historia de una pequeña niña, ciega de nacimiento. Su madre le había contado con frecuencia de las hermosuras del mundo. Un día un especialista realizó una operación muy delicada en sus ojos. Llegó el día cuando las vendas le fueron quitadas. La enfermera movió la cama del hospital hacia la ventana y afuera había un bello jardín de rosas en plena florescencia. Lenta y suavemente el doctor quitó las vendas. La operación fue todo un éxito. Ahora, por primera vez, la pequeña podía ver. Llena de excitación la niña se volvió a su madre y le dijo:

–Mamá, ¿por qué no me dijiste que era tan lindo?

Su madre le respondió:

–Querida, yo traté, pero sencillamente no podía.

Cuando veamos el cielo por primera vez yo creo que algo semejante ocurrirá. Les preguntaremos a los escritores de la Biblia: "¿Por qué no nos dijeron que era tan hermoso?" Ellos responderán: "Tratamos, pero sencillamente no pudimos. La realidad era superior a nuestras palabras."

Autor desconocido

37. "YO SOLO VOY AQUI EN VIAJE A MI HOGAR"

Después de predicar en un breve culto fúnebre en un cementerio, el pastor se dirigía hacia la puerta de salida, cuando corriendo le alcanzó una hermosa niña como de 11 años, saltando sobre lápidas y pequeñas plantas. Al encontrarse con el pastor y entablar conversación con él, éste le dijo:

—Pero, niña, ¿que no te asusta el venir corriendo sobre tantas tumbas? ¿No te da miedo el saber que te abres paso por sobre los sepulcros de tantos muertos?

Ella le respondió

—¡¿Asustarme yo?! ¿Ve aquella casa blanca al otro lado de la calle del cementerio?

—Sí —dijo el pastor.

—Pues esa es mi casa; yo sólo voy aquí en viaje a mi hogar.

¿Por qué hemos de asustarnos nosotros los **cristianos** por las cosas terribles de esta vida? Nosotros vamos solamente pasando, pues nuestro viaje es hacia nuestro hogar celestial, al otro lado de la muerte.

Autor desconocido

38. "AHORA SABEMOS MAS DEL CIELO PORQUE JENNY ESTA ALLI"

Un matrimonio cristiano norteamericano tenía sólo una hija. Ella trabajaba con una Compañía que la enviaba a distintos países en comisiones de su trabajo. Ella tenía la costumbre de escribirles a sus padres cada vez que llegaba a un nuevo lugar, y sus padres se interesaban por saber más de esos lugares y se informaban en revistas y en libros. Una vez, estando ella próxima a salir para Europa por lo que se sentía sumamente feliz, enfermó y murió. Sus padres, entonces, le pidieron al pastor que les hablara del cielo. Su padre dio un testimonio en el servicio fúnebre y dijo: "Siempre hemos buscado información acerca de los países que nuestra hija ha visitado; confesamos que no estudiábamos la Biblia tanto como debíamos hacerlo. Pero ahora hemos leído todo lo que la Biblia dice acerca del país celestial, y ahora sabemos más de ese bellísimo lugar porque Jenny está allí."

Bárbara de Hintze

39. EL CIELO ES LA MORADA DE LOS JUSTOS

El doctor W. O. Carver fue uno de los profesores que yo tuve en el Seminario. Por más de cuarenta años enseñó Nuevo Testamento y Misiones. Una vez, cuando él tenía 84 años de edad, íbamos caminando juntos por los terrenos del Seminario. El vacilaba un poco al caminar y sus manos le temblaban, pero su mente estaba tan clara como el sonido de una campana. Miramos al edificio de la capilla del Seminario que estaba en construcción. Por casi cincuenta años él había anhelado ver ese edificio. Ese día estaban sacando los andamios que habían usado los albañiles. Las paredes estaban terminadas y ya no se necesitaban los andamios. Tocándome al hombro, me dijo:

–Hermano Wayne, Dios está por hacer a un lado este andamiaje viejo mío, porque la morada celestial está casi terminada–. Y agregó:

–Porque sabemos que si nuestra morada terrestre, este tabernáculo, se deshiciere, tenemos de Dios un edificio, una casa no hecha de manos, eterna en los cielos. Un día, Wayne, usted dejará ese viejo cuerpo a un lado, y entonces usted sabrá que la morada celestial está concluida.

No muchas semanas después, los del Seminario llevamos el cuerpo del doctor Carver a la tumba, y cantamos: "Mi fe espera en ti". Y supe que aun cuando estábamos dejando en la tumba el viejo andamiaje, la vivienda celestial estaba terminada; y supe que en el último día, cuando suene la final trompeta, ese cuerpo se levantará glorificado. Esta es nuestra esperanza.

Wayne Ward

40. LOS MATERIALES QUE ESTAMOS ENVIANDO AL CIELO

Una pareja joven, recién casados, se fue en viaje de luna de miel a Europa. En Londres compraron unos muebles que les gustaron y los enviaron a su país, los Estados Unidos. Cuando visitaron París vieron allí otros muebles que también les gustaron y los compraron enviándolos por barco a la ciudad donde iban a vivir. Cuando regresaron y se establecieron en su hogar, amueblaron la casa con los muebles que habían comprado en Europa, y disfrutaron de ellos.

De igual manera, cada cristiano, durante su viaje de peregrinación por este mundo, está enviando materiales al cielo que cuando llegue allá disfrutará de ellos. ¿Qué clase de materiales está enviando usted?

Autor desconocido

41. UN SUEÑO QUE NO SE REALIZO

Las iglesias cristianas de la República Dominicana me habían invitado a participar de una serie de conferencias espirituales en las ciudades de Santiago de los Caballeros y Santo Domingo.

Habíamos trabajado toda la semana atendiendo las necesidades que ese tipo de trabajo conlleva. Un día vino Pablito, el hijo del misionero con el cual estábamos trabajando, y nos pidió que lo lleváramos a la montaña. En las regiones aledañas a la ciudad existen unas montañas cuyos bellísimos paisajes llaman la atención de todo viajero. Le prometimos a Pablito que lo llevaríamos el sábado siguiente, ya que ese día lo habíamos separado para un ligero descanso, pero sucedió algo inesperado. Ese día se nos presentó un trabajo de emergencia y nos vimos obligados a posponer nuestro paseo, eso sí, con la promesa a Pablito de que el siguiente sábado le cumpliríamos nuestra promesa. Por fin llegó la siguiente semana. El viernes en la noche nos dimos a la tarea de preparar algunos alimentos que llevaríamos al día siguiente. El lugar ya había sido escogido y todo estaría listo para partir en las primeras horas de la mañana. Nos levantamos temprano, de pronto sonó el teléfono llamándonos de una de las misiones en donde se realizaba un trabajo social y se requería nuestra presencia. Decidimos irnos y pedirle a Pablito que nos esperara, y que tan pronto termináramos nuestra inesperada visita, regresaríamos para llevarlo a la montaña. La visita se hizo larga y regresamos a la ciudad a las cuatro de la tarde. El paseo, lógicamente, no se pudo realizar.

Nuestro trabajo terminó. El día que fuimos al aeropuerto para regresar a nuestro país, Pablito estaba en la terraza del edificio juntamente con su padre para despedirnos. Cuando ya nos acercábamos a la escalerilla y tomar nuestro asiento dentro del avión, Pablito desde su lugar nos saludó y con sus manos extendidas nos dijo: "Pastor, cuando usted regrese ¿podríamos ir a la montaña?"

Pasaron algunos años y los padres de Pablito seguían trabajando en la viña del Señor con aquella dedicación que Dios les había dado.

Un día, en forma inesperada y trágica, el Señor los llamó a su presencia. La noticia trajo dolor y tristeza a todos los cristianos del mundo, especialmente a aquellos que los habíamos conocido y amado. Y Pablito regresó a los Estados Unidos, huérfano, y sin haber podido ir a la montaña.

Muchos de nuestros sueños aquí en la tierra no se logran realizar, pero nuestra esperanza de ir a un país más allá del sol, sí se realizará por medio de nuestra fe en Jesucristo.

Adrián González Q.

42. LA DISPOSICION DE HACER EL BIEN

Harold Steele, director ejecutivo del Atlanta Boys Club, llamó a las 7:30 de la mañana a Jack Stephens, un hombre de negocios. Le pidió que condujera en su automóvil a un niño de 4 años y a su madre al hospital. El niño tenía leucemia. Al conducirlo, el niño se le quedó mirando y le dijo:

—¿Es usted Dios?

—¿Por qué me preguntas eso, mi niño?

—Oh, es que mi mamá me dijo que Dios vendría y que me llevaría a un lugar bellísimo. ¿Es usted Dios?

—No, mi hijito, pero te estoy llevando a un lugar hermoso donde gente muy buena cuidará de ti.

Cuatro días después murió el niño, y fue llevado a un lugar donde no hay enfermedad ni muerte. La vida de Jack Stephens cambió. La pregunta del niño permaneció en su mente. El llegó a ser director del Club Memorial de Muchachos "Joseph B. Whitehead".

De Home Life

43. UN DIA IREMOS A NUESTRO HOGAR CELESTIAL

El maquinista hacía sonar el pito del tren siempre que tomaba una curva de su viaje diario. Frente a esa curva y en una pequeña colina, había una pequeña casa con un cerco de estacas alrededor. En la tarde de cada día, un hombre y una mujer ya ancianos, se paraban junto a la puerta y saludaban con las manos al maquinista. El, a su vez, hacía sonar el pito, sacaba su brazo por la ventanilla y les dirigía un saludo a sus padres. Después los esposos se decían el uno al otro: "Gracias a Dios que nuestro hijo volvió sano y con vida al hogar esta noche."

Un día murió el anciano, y el maquinista siempre hacía sonar su pito. Pero entonces en vez de dos era una, la señora, quien le daba la bienvenida al hogar. Algún tiempo después murió también ella. En su tristeza por la partida de sus padres, el maquinista, un fiel cristiano, se consolaba diciéndose a sí mismo: "Gracias a Dios un día mis padres dirán: Nuestro hijo ha vuelto sano y salvo al hogar celestial esta noche."

Hershel V. Ford

44. "OIRE NUEVAMENTE EN EL CIELO"

En el mes de diciembre de 1770 nació en Alemania uno de los grandes genios musicales del mundo. Se llamó Ludwig Van Beethoven quien ya antes de los cuatro años, empezó a revelar su talento singular. Estudió piano y violín con su padre y a la edad de siete años ofreció una serie de conciertos en la ciudad de Colonia. A los diez años visitó Holanda, a los catorce dirigió la orquesta de una ópera y a los diecisiete fue a Viena donde dejó maravillado al maestro Mozart.

Pero durante los años siguientes empezó a cernirse sobre la vida de Beethoven la sombra de una tragedia. Lenta pero irremisiblemente iba perdiendo el oído. Consultó a varios médicos. Se hizo construir aparatos con que creía que oiría mejor. Pero todo fue en vano. A los treinta años estaba completamente sordo. Los vecinos, al pasar frente a la casa del gran genio, lo veían reclinado sobre el piano tratando de oír su propia música. Murió a los 57 años, exclamando con indescriptible grandeza: "Oiré nuevamente en el cielo."

De Verdad

45. CONFIANZA EN DIOS

Durante el terremoto que azotó a Chile en 1960, estaba en Concepción y por varias noches disfrutamos del hospedaje de los misioneros Holmes. Cada noche teníamos nuestro culto y luego tranquilamente nos íbamos a dormir, aunque temblaba a cada momento.

Una señora, vecina del misionero, procuraba dormir en su auto que estaba en la calle. Muy nerviosa y preocupada, nos dijo: "Envidio la fe de ustedes, cómo pueden cantar y luego dormir tranquilamente, cuando yo no lo puedo hacer. Me gustaría tener la fe que ustedes tienen." Hubo una buena oportunidad de testificar del Señor. "No temeremos, aunque la tierra sea removida" (Salmo 46:2).

Un médico pidió hablar con el pastor. Estaba tratando a un enfermo que tenía cáncer. Expresó lo siguiente: "Sé que ustedes tienen una fe que admiro, por favor dígale al paciente y a su familia que él tiene cáncer. Sé que ellos sabrán afrontar la realidad porque confían en Dios; agradeceré les comunique esta verdad, ya la ciencia médica no tiene ni puede hacer nada más." Así lo hice. El hermano recibió la noticia tranquilo y aprovechó sus últimos días para hablar de Cristo a otros enfermos. Los incrédulos reconocen que Cristo da al creyente la fortaleza aun en los momentos de la muerte.

Esteban Cifuentes S.

46. LA CONFIANZA EN DIOS

En la capilla de la Academia Naval de Annapolis (Maryland), Estados Unidos, el vitral del presbiterio muestra al apóstol Pedro hundiéndose en las aguas del mar de Galilea. El momento allí evocado es aquel en que el discípulo extendió su mano hacia Jesús y gritó: "¡Señor, sálvame!" (Mateo 14:30). Parece evidente que esa obra de arte está allí para que los marinos tengan en cuenta que en los naufragios y en otras crisis de la vida es necesario clamar a Dios y confiar en él. Hemos leído que, durante la Segunda Guerra Mundial y en otros episodios bélicos mucho más recientes, hubo numerosos cristianos que oraron a bordo de sus naves cuando la situación era desesperante y pusieron su esperanza en el Supremo Hacedor. Tal vez algunos de ellos recordaron entonces la escena representada en la capilla de la Academia Naval.

De El Hogar Cristiano

47. EL SALMO 23

Se cuenta del famoso traductor de la Biblia, Juan N. Darby, que, durante unas vacaciones entre las sierras, se encontró con un pobre pastorcito de ovejas que estaba enfermo. Averiguando, descubrió que el joven se había enfermado después de buscar un cordero de su rebaño que se había perdido entre la nieve; le salvó la vida al costo de la suya porque estaba muriendo de tuberculosis como resultado de las horas pasadas a la intemperie esa noche.

Darby le contó del Buen Pastor que vino desde el cielo buscando ovejas humanas perdidas, sacrificando su vida por amor a ellas. Le enseñó el versículo primero del Salmo 23 y para ayudarle a recordarlo le hizo contar las palabras sobre sus dedos. Son cinco: "El Señor es mi Pastor" y le enseñó a poner énfasis sobre la palabra MI tomando el cuarto dedo de la mano. El señor Darby volvió el año siguiente al mismo lugar y fue a visitar la choza donde vivía el pastorcito enfermo; la madre le contó que lo había encontrado muerto una mañana y tenía tomado el cuarto dedo de la mano. Darby se sintió muy conmovido al oír esto y estaba seguro de que encontraría al pastorcito en el cielo, pues no dudaba que el muchacho había aceptado al Señor Jesús como su Pastor y Salvador.

De El Sendero

48. LA PERENNE LUZ DE DIOS

Me encontraba en el aeropuerto de Carrasco, Montevideo. El avión debía partir a las ocho de la mañana. El mediodía había llegado, pero las autoridades no daban la orden de partida por causa del mal tiempo. El cielo estaba encapotado, todo estaba gris; en el aeropuerto los pasajeros estábamos deprimidos por el ambiente reinante y por la imposibilidad de emprender el viaje propuesto.

Eran las dos de la tarde cuando los altavoces del aeropuerto anunciaron que podíamos abordar el avión. No sin temor subí las escalerillas que me dieron acceso al enorme tetrarreactor; el cielo seguía cubierto y el sol permanecía oculto.

Tuve la curiosidad de contar el tiempo necesario para atravesar las negras y bajas nubes. Un minuto y cincuenta segundos después de haber abandonado la pista el avión, me encontré con un panorama completamente diferente. Contemplé un cielo azul y un sol brillante. Las nubes que nos habían hecho sentir deprimidos habían quedado abajo, el avión, majestuoso, seguía tomando altura en un vuelo sereno y tranquilo.

A veces, los cristianos nos sentimos apesadumbrados por los conflictos o aflicciones en que nos vemos envueltos. El clima psicológico puede presentarnos un panorama sombrío. Pero todo cristiano debe tener siempre presente que tras las nubes negras de la tempestad hay un cielo azul y un sol que brilla para siempre.

Las nubes negras del conflicto o de la aflicción son temporales, pero la luz de Dios y la belleza de la vida en Cristo permanecen para siempre.

Jorge A. León

49. CONFIANZA QUE MATA

En el museo alpino de Zermatt, Suiza, se exhibe una cuerda rota. Parece fuerte y resistente, pero falló en un momento crítico. Sucedió así:

Eduardo Whymper, famoso tallador de madera y alpinista, había tenido durante años el deseo de llegar a la cumbre más alta del Matterhorn. Un día comenzó la ascensión con todo entusiasmo, acompañado de otros tres alpinistas y tres guías. Todo les fue bien hasta llegar al punto más alto de la montaña. Allí, en el elevado pico, gozaron de una vista magnífica. Al respecto, Whymper dijo después: "Una hora serena de gloriosa vida."

Luego se aseguraron las sogas para descender, en el siguiente orden: un guía, tres alpinistas, otro guía, el alpinista Whymper, y finalmente el tercer guía. Descendieron despacio, con mucha cautela por el temible precipicio.

Un grito repentino resonó por las montañas al caer uno de los alpinistas sobre el primer guía, lanzándolo fuera de su punto de apoyo. Los dos hombres siguientes fueron arrastrados, pero los experimentados alpinistas sujetaron la soga con firmeza para soportar el golpe. Ante el horror de todos, la cuerda no resistió el golpe y se cortó como una hebra de hilo. Los cuatro hombres desaparecieron en el helado precipicio a más de mil doscientos metros de profundidad.

Horas más tarde, los tres que quedaron llegaron a Zermatt, para contar la triste historia. La cuerda rota fue examinada y se descubrió bien pronto por qué no había resistido. No era el tipo de cuerda que se usa en el alpinismo. Las cuerdas que se usan para subir montañas se distinguen por una hebra roja que pasa a través de la cuerda, y ésta no la tenía.

Reproducido de El Eco

50. ¿IMPOTENTE ANTE PROBLEMAS O CRISIS?

Un predicador inglés, de nombre Henry Murhouse, había emprendido un trabajo importante que demandaba muchas preocupaciones, ejercicios y decisiones pesados. Un simple incidente de su vida familiar fue para él una tremenda enseñanza que le ayudó el resto de sus días.

Una noche volvía a su casa con un paquete con un obsequio para su esposa. Su hijita era paralítica y estaba sentada tranquilamente en su silla de costumbre cuando él entró. Al besarla, el padre le preguntó:

—¿Dónde está mamá?

—Está arriba en su dormitorio —contestó la niña.

—Bien, aquí tengo un obsequio para ella —dijo el padre.

—Por favor, papá, déjame llevarle el paquete a mamá —prosiguió la niña.

—Querida Mini —dijo el padre—, ¿cómo le vas a llevar el paquete? Ya sabes que no lo puedes hacer; no puedes caminar.

Mientras hablaba, tiernamente acariciaba el cabello de su hijita preciosa.

Sin desanimarse y sonriendo, la niña exclamó:

—Es cierto, papá querido, pero dame el paquete. Yo lo llevaré, y tú me llevarás hasta mamá.

Tomándola en sus brazos, Murhouse llevó a su hijita y al paquete también hacia arriba donde estaba la madre. Mientras lo hacía, se le ocurrió pensar que esa era su posición en el trabajo que él había emprendido para Dios. El llevaba la carga pero, ¿acaso no era Dios mismo quien lo llevaba y sostenía a él?

"No temas, porque yo estoy contigo. No desmayes, porque yo soy tu Dios que te esfuerzo. Siempre te ayudaré, siempre te sustentaré con la diestra de mi justicia" (Isaías 41:10).

Luis Palau

51. CRISTO: SALVADOR Y JUEZ

Parece una paradoja que el mismo Jesús sea para unos salvación y para otros condenación. Pero eso no depende tanto de él como de nosotros. Se trata de la actitud que tengamos frente al Hijo de Dios.

"Un muchacho fue salvado por un anciano cuando iba a atravesar una calle viniendo un coche que no había visto. El joven era un ladrón; fue apresado. Días después, ya en el tribunal, vio que el juez era quien le había salvado días antes, y clamó:

—Oh, señor, sálveme usted.

La respuesta fue:

—Ayer pude ser tu salvador, pero hoy me veo obligado a ser tu juez.

Cristo será el juez mañana para quienes no lo acepten como Salvador hoy.

De El Hogar Cristiano

52. ¿HAREMOS CASO?

Como se recordará, en un club nocturno de Kentucky, Estados Unidos, se produjo hace algunos años uno de los incendios más desastrosos que hayan ocurrido en ese país. Murieron más de 160 personas, y los edificios quedaron totalmente destruidos.

Aunque parezca mentira, todos —o casi todos— pudieron haberse salvado. Cuando se desató el incendio, uno de los empleados del club interrumpió una representación artística y pidió al público que abandonase el lugar. Muchos de los asistentes no hicieron caso porque pensaron que ese pedido era parte de la comedia. Cuando recapacitaron, resultó demasiado tarde.

Desgraciadamente, con harta frecuencia el ser humano tiende a desoír las voces de alarma que procuran resguardar su integridad física, su salud o su bienestar moral y espiritual. Ante el peligro o la advertencia, la persona se encoge de hombros y sigue adelante, pensando que a él no le pasará nada o que ya habrá tiempo para cambiar de conducta y tomar las medidas necesarias.

Reproducido de El Centinela

53. VOLTAIRE Y EL INFIERNO

Voltaire rechazó la idea de Dios, la inspiración de la Biblia y, por consiguiente, la existencia del infierno; pero nunca pudo probar sus afirmaciones, y cuando un amigo le escribió diciéndole que estaba seguro de que el infierno no existía, Voltaire le replicó: "Lo felicito, no soy tan afortunado como usted." Se dice que cerca de la hora de su muerte, dijo:

—Ofrezco una fortuna por **seis meses de vida.**

El doctor le respondió:

—¿Seis meses? Usted no vivirá seis semanas.

—Entonces iré al infierno y usted conmigo —dijo Voltaire, cuyos últimos momentos fueron tan espantosos que no es posible describir...

Copiado

54. FALSA CONSAGRACION

Como novedad irónica que representa la costumbre de muchos, pero que contradice el espíritu de un verdadero discípulo del Señor, copio el siguiente himno corregido que hace poco salió en el boletín semanal de una iglesia bautista mexicana.

Yo quiero descansar en el Señor
confiando en los **trabajos del pastor,**
quiero yo cantar y orar,
pero nunca trabajar
en la obra del Señor.

Coro
Descansar y flojear,
en la obra, en la obra del Señor.
Sí, mi anhelo es descansar
y en flojera siempre estar
con licencia del Señor

Esto indica que cantamos, pero mentimos en muchos de los casos. Cantamos: "Dulce oración" y nunca oramos al Señor. Cantamos: "Firmes y adelante", y no venimos al Capitán Cristo Jesús. Cantamos: "Dios nos ha dado promesas", pero no las creemos de corazón. Cantamos: "A Sion caminamos", pero ni siquiera vamos al templo. Cantamos: "Grato es decir la historia", pero nunca hablamos de Cristo. Cantamos: "Seguiré do tú me guíes", pero no seguimos a Cristo. Cantamos: "Todo a Cristo yo me rindo", y vivimos con un pie en el mundo y otro en la iglesia. Cantamos: "Que mi vida entera esté consagrada a ti, Señor", pero no se la ponemos en sus manos para que él la use. Cantamos: "Cristo está buscando obreros hoy", pero no obramos por él.

Mateo M. Gurrola

55. DEBEMOS SER SEMEJANTES A CRISTO

Un soldado volvió de la Primera Guerra Mundial con el rostro muy desfigurado. Estaba desanimado y amargado. Un día un cirujano plástico aceptó el compromiso de restaurar su desfigurado rostro, si se le proporcionaba una fotografía que le guiara. El hombre dijo que no quería parecerse a como era antes; y le preguntó al médico si le podía arreglar la cara en forma semejante al cuadro de Jesús que colgaba en la pared.

El médico convino en ello. Cuando los vendajes fueron quitados, el joven vio un rostro sorprendentemente semejante al del divino Maestro. Entonces decidió: "Siendo que me parezco a él, sólo hay una cosa para hacer . . . En mi vida debo llegar a ser semejante a él." Nosotros fuimos hechos a la imagen de Dios. ¿Le estamos revelando en el mundo?

Copiado

56. ASI HAY QUE SEGUIR A CRISTO

Cuando el célebre Garibaldi inició su campaña de liberación, vio en cierta esquina de una ciudad italiana a un grupo de jóvenes, y les invitó a enrolarse en su ejército. De inmediato le preguntaron qué les ofrecía, a lo que el gran patriota italiano contestó: "Solamente penurias, hambre, sed, harapos, noches de insomnio, pies lastimados por las largas marchas, incontables privaciones, pero al fin la victoria en la causa más noble." Sabiendo lo que le esperaba, toda la juventud de Italia le siguió, luchando, sufriendo y muriendo cuando fue preciso.

Autor desconocido

57. TESTIMONIO DE CONVERSION A CRISTO

El monje Arnoldi, quien vivió en el siglo XIV, confesó su fe en Cristo de diversas formas: "Señor Jesús, yo creo que solamente en ti tengo redención y justicia." En la ciudad de Basle, cuando estaban derribando las paredes de un viejo monasterio de la orden de los cartujos, cayó de una de las paredes una caja. En ella encontraron los papeles que contenían el testimonio de la conversión de un cierto hermano Martín: "Misericordioso Dios, sé que no puedo ser salvo y satisfacer tu justicia a menos que sea por los méritos y muerte de tu amadísimo Hijo. Santo Jesús, toda mi salvación está en tus manos." Esa caja había estado escondida y olvidada por 300 años.

Autor desconocido

58. EL CONVERTIDO ES PERSONA CAMBIADA

Una persona que tiene un nuevo número telefónico que no figura aún en la guía, nos cuenta que la primera persona que lo llamó allí era una mujer y le preguntó:

–¿Tiene usted riñones?

Nuestro amigo respondió que sí, y la señora inquirió entonces:

–¿Tiene costillas?

–Sí, por supuesto que las tengo.

Su interlocutora quiso saber a qué precio las daba, pero él respondió:

–Señora, no están en venta –y cortó la comunicación.

Varios días más tarde (y después de recibir otras llamadas similares) nuestro amigo descubrió que le habían dado un número telefónico que había pertenecido antes a una carnicería.

Así les ocurre a las personas después de hacer su profesión de fe; después de su decisión de cambio, sus conocidos sólo les preguntan sobre las cosas y pecados de su vida anterior.

La Voz de Betel

59. LO QUE HACE LA CONVERSION

Una vez llegó a una región atrasada de un país, en el cual prevalecían los ideales del cristianismo evangélico, un oficial del gobierno en un viaje de inspección. Al acercarse a cierto pueblo notó que en muchas casas las puertas estaban pintadas, que había pequeñas ventanas en las chozas de adobe, y alrededor de la casa macetas con geranios y otras flores que daban un aire de **bienestar y alegría**.

–¿Qué pasa por aquí? –preguntó a uno de los habitantes.

–Somos cristianos evangélicos –respondió el interrogado–, y tratamos de hacer que en todo se refleje la vida rica y abundante que Jesús nos da y por lo cual vino al mundo.

60. ¡NO PUEDE COMER LODO!

Cuando un hombre busca el cristianismo se queja de lo mucho que va a perder cuando se entrega a Cristo:

"Voy a tener que dejar tanto. Hay muchas cosas que hago hoy, que voy a tener que dejar de hacerlas."

–Pero –dijo un hermano cristiano–, hay muchas cosas que hoy usted no puede hacer. Usted no puede comer lodo o tomarlo.

–No –respondió el hombre–, pero yo no tengo el deseo de hacer eso.

–Por eso –fue la respuesta–. Cuando usted sea un verdadero cristiano, todo pecado será amargo para usted. Entonces no va a querer hacer el mal.

Al aceptar a Cristo, nosotros no estamos entregando nuestra libertad, sino nuestra esclavitud; entonces nosotros estamos libres de hacer lo que queramos, porque estamos alegres de hacer la voluntad de Dios. "De modo que si alguno está en Cristo, nueva criatura es; las cosas viejas pasaron; he aquí todas son hechas nuevas."

De Record of Christian Work

61. UN ENFERMO QUE HABIA QUE HACERLO DE NUEVO

Una señora cuya salud se hallaba bastante quebrantada y toda ella llena de achaques, se presentó un día en la clínica de un médico muy competente y prestigioso. Luego, al hallarse frente al facultativo, la dama le dijo:

–Doctor, he sabido que usted es un médico bastante acertado y considerado, y vengo para que me examine y me cure.

Al preguntarle el galeno cuál era el carácter de su enfermedad y lo que le aquejaba, la señora le respondió:

–Pues, doctor, ya hace algún tiempo que no me siento bien; padezco de dolores de cabeza y de fuerte sinusitis; los bronquios están en malas condiciones y también soy cardíaca; el sistema nervioso lo tengo arruinado y mi digestión está lejos de ser buena; el hígado está dañado y también el bazo; soy diabética; tengo reumatismo en las piernas y padezco de artritis; pero el resto está bien, doctor.

El médico, con una sonrisa en los labios, le dijo:

–Pero si usted, señora, no tiene resto, toda usted está arruinada; a usted hay que hacerla de nuevo.

Juan V. Galdámez P.

62. EL PODER DE UNA VIDA TRANSFORMADA

Un domingo en la noche, una mujer borracha entró en un templo y fue convertida. El pastor de la iglesia fue a visitar al esposo de la mujer al siguiente día, y vio que era un mecánico muy inteligente; sin embargo, se dio cuenta de que se oponía a las Sagradas Escrituras, al cristianismo, y que estaba muy apegado a las ideas del ateo Ingersol, las cuales le habían infundido un espíritu de enemistad hacia la Biblia. Estaba disgustado por causa de la conversión de su esposa y dijo que no tenía duda alguna de que ella muy pronto volvería a su vida anterior.

Pasaron seis meses, y una tarde, este mismo hombre, lleno de gran perplejidad, vino a ver al ministro para consultarle acerca de su propia condición, y le dijo: "He leído todos los libros que han estado a mi alcance sobre las evidencias del cristianismo y he podido resistir a sus argumentos; pero, en los últimos seis meses he tenido un libro abierto en mi hogar en la persona de mi esposa, que no puedo resistir ni refutar. He llegado a la conclusión de que yo estoy en el error, y que ha de haber algo santo y divino en la religión que puede tomar a una mujer borracha y convertirla en una santa que canta, amable, paciente y piadosa como es ahora mi esposa."

Juan V. Galdámez Palma

63. DIOS CAMBIA LAS VIDAS

Un muchacho huérfano y pobre, aprendiz de zapatero, se convirtió al Señor y vino a ser el evangelista Moody, quien durante su ministerio trajo tres millones de almas a los pies de Cristo. Un niño pobre, hijo de un campesino, dio su corazón a Jesús, y llegó a ser un gran presidente y libertador de los esclavos de los Estados Unidos. Un abogado borracho consuetudinario, se entregó al Salvador, y vino a ser un teólogo excelente y fundador de la Misión Centroamericana, Scofield. Un hombre muy mundano que en la cárcel se rindió a Cristo, llegó a ser uno de los mejores himnólogos de la América Latina, Alfredo Colom.

Juan V. Galdámez Palma

64. SALVADO EN EL MOMENTO DE MORIR

Mi padre tuvo amistad con un hombre que durante muchos años practicó el espiritismo. Le visitaba con frecuencia y cada vez procuraba darle el mensaje de salvación. Pero este amigo suyo rechazaba siempre el evangelio. Estaba tan metido en sus prácticas espiritistas, al grado que tenía en poco la salvación de su alma. Consideraba al espiritismo superior al evangelio.

Un día este hombre enfermó y se vio grave durante días y días. No tenía consuelo y sufría en carne propia los dolores de su enfermedad. Mi padre continuó visitándole y dándole el mensaje de salvación. Un día se puso mucho más grave y mandó llamar a mi padre. Entonces escuchó la lectura de la Palabra de Dios y prestó atención al mensaje de redención. En esta ocasión abrió su corazón y recibió a Cristo como su Salvador. Manifestó un cambio en su rostro que reflejaba gozo y paz. Después le dijo a mi padre: "Hermano Agustín, nos veremos en la mañana gloriosa de la resurrección." Momentos después murió.

Dios puede usar cualquier medio para traer al pecador al arrepentimiento. Aun en el ocaso de nuestra vida Dios puede perdonar nuestros pecados y salvarnos. Pero es mucho mejor si aceptamos a Cristo cuando tenemos suficiente oportunidad. La invitación de Dios es que vengamos a él ahora mismo, Mateo 11:28-30.

Maclovio Herrera Lorenzana

65. UNA RESPUESTA PRACTICA

Hace ya muchos años, don Ricardo Jiménez fue Presidente de Costa Rica. Se distinguió como un político sagaz, que siempre tenía la respuesta y la solución adecuada a todo. En una de sus campañas electorales, uno de sus opositores políticos lo criticó en la prensa diciendo que don Ricardo era voluble porque cambiaba de opinión. A esto, la respuesta de don Ricardo fue: "Sólo hay dos que no cambian: Dios, porque es infalible, y la bestia, porque es un animal bruto. Yo no soy Dios, pero tampoco soy bestia; por eso cambio." De más está decir que su crítico no halló qué responder.

Rogelio Archilla

66. OTRO CAMINO

El 20 de enero de 1945 abandoné las filas del clero católico después de 22 años de ministerio sacerdotal. Estuve cinco años sin definir mi credo religioso. En 1950 vine a Panamá para buscar trabajo en la Zona del Canal. Yendo un miércoles hacia la ciudad de Colón con el mismo propósito, en una de las estaciones del tren en Balboa, subieron dos norteamericanos, sentándose uno de ellos a mi lado. Al arrancar nuevamente el tren me dijo mi compañero de asiento:

—Caballero, ¿conoce usted la Palabra de Dios?

Y al ver que abría una Biblia le respondí:

—Cómo no, pues la estudié en el seminario católico.

—¿Así que usted es sacerdote romano?

—Ahora no —le respondí— porque abandoné los hábitos clericales.

Y mirándome fijamente aquel señor, me preguntó:

—¿Y qué ha hecho usted por su salvación? Mientras yo revolvía mi pasado saturado de religión sin tener una respuesta adecuada, Pablo C. Bell, que era con quien dialogaba, añadió:

—Sólo Cristo le puede salvar. A la luz de varios pasajes de aquella Biblia, el Espíritu Santo tocó mi corazón y, con una nueva visión de fe, pude exclamar:

—Sí, señor; yo acepto a Cristo como mi Salvador personal.

Al regresar aquella noche a Panamá:

—¿Hallaste trabajo? Te veo muy alegre —me decía mi esposa. Y al abrazarla le contesté:

–No; no . . . porque Dios cambió mi camino: ¡He aceptado a Cristo como mi Salvador!

Rafael Moreno Guillén

67. EL NAUFRAGIO DEL TITANIC

El Titanic, orgullo de la marina inglesa; el barco más grande y más precioso construido hasta aquella época (abril 15 de 1912), llevando a bordo 2.224 personas en el viaje transatlántico, de Southampton, Inglaterra, a New York, Estados Unidos, se hundió durante la noche al chocar con un enorme témpano de hielo en el Atlántico Norte.

Esta fue la más fatal de las catástrofes marítimas en tiempo de paz, ya que en ella perecieron 1.513 personas, entre ellas, el Rev. Juan Harper, de Glasgow, que venía a predicar a la Iglesia de Moody, en Chicago, y mientras la banda tocaba el himno "Más Cerca, oh Dios, de Ti". Un marinero aseguró que muchas mujeres perecieron sólo por no poder saltar un metro escaso que separaba al Titanic de los botes de salvamento, pues la falda angosta no se los permitía.

En esa noche trágica, de muerte y de terror, meciéndose a merced de las olas y agarrado a una tablilla, entre los centenares de náufragos, se hallaba el misionero Juan Harper cuando un joven que corría la misma suerte, milagrosamente se acercó a él; el siervo de Dios, aprovechando ese instante le dijo:

–Amigo, ¿es usted salvo?

–No –respondió el joven.

–Pues acepte por fe a Cristo como su Salvador.

Se separaron. Al rato, providencialmente, las mismas olas que los habían separado, los volvieron a juntar, y otra vez el fiel cristiano le dijo:

–Amigo, ¿ya recibió a Cristo como su único Salvador?

–Todavía no –contestó el joven.

–Pues hágalo ahora.

Nuevamente se separaron y un minuto después una ola gigantesca cubrió y sepultó al buen siervo de Jesús.

Unos cuatro años más tarde, en un servicio religioso en Hamilton, un joven escocés sobreviviente del gran naufragio, se paró a testificar, y dijo: "Yo soy el último convertido del Rev. Juan Harper; me convertí la misma noche del desastre del Titanic." Y contó esa conmovedora pero maravillosa historia.

Juan V. Galdámez Palma

68. EJEMPLOS DE CONVERSIONES

Jim Elliot relata en su diario que él fue salvo o alcanzó su salvación durante un proceso de varios años. Amy Carmichael dice haber sido salva después de haber terminado de cantar el himno "Cristo me ama". E. P. Hammond, el evangelista de los niños, fue convertido a los diecisiete años por medio del himno evangelístico "En la cruz". Charles E. Fuller se hincó, solitario, en el asiento trasero de su automóvil, en un lugar silencioso de Hollywood, y entregó su corazón y vida a Cristo. Una maestra de escuela dominical contó que ella había sido salva por medio de haber visto el verso de Juan 3:16 en un sueño.

Copiado

69. EL INMENSURABLE AMOR DE DIOS

En mi primer viaje a Venezuela, América del Sur, tuve la oportunidad y el privilegio de predicar seis veces el Domingo de Resurrección en la ciudad de Maracaibo, pues prediqué en los dos servicios de la Iglesia Bautista Los Altos de Jalisco, en dos servicios en la misión situada cerca de la Universidad de Zulia y había principiado el día predicando en un culto matutino y presenciado el bautismo de varios creyentes, en el hermoso Lago Maracaibo. La sexta predicación fue en la tarde en la Penitenciaría del Estado.

En la penitenciaría hubo una gran congregación compuesta del pueblo evangélico, un gran número de visitantes y, por supuesto, los presos, hombres y mujeres.

Cantamos, oramos, prediqué y, al extender la invitación, hubo muchas profesiones de fe. Ya estaba a punto de dar por terminado el culto cuando una de las mujeres presas levantó su mano y pidió se le permitiera decir unas palabras. Todos estábamos interesados en lo que ella diría. "Tengo ya ocho años en la penitenciaría. Estoy aquí porque maté a mi esposo. Muchos de ustedes no saben por qué lo maté. Lo maté porque dejó nuestra religión y se hizo evangélico. Yo discutía con él; le suplicaba que regresara a nuestra religión y una noche estábamos en la cocina y cuando él me dijo que jamás regresaría a nuestra religión, la ira me cegó; tomé un cuchillo y se lo hundí por la espalda. Por eso estoy aquí. Cerca de mi celda, otra prisionera tenía un radio, y un día escuché hermosos cantos que tocaron mi corazón." Luego, dirigiendo su vista hacia donde yo estaba, continuó: "Oí al hermano Estrada predicar un sermón sobre el amor de Dios hacia el pecador. Yo quedé confundida pues siempre había creído que todo lo que decían y hacían los evangélicos era del diablo. Sin embargo, todo lo que había oído por la radio era hermoso y había sido de ayuda para mi vida amargada e infeliz. Me pesa haber matado a mi esposo. He pedido perdón a Dios por mis pecados y me gozo en decirles a ustedes en esta tarde que ahora yo también soy una creyente en Cristo, lo he aceptado como único y suficiente Salvador personal de mi alma."

Leobardo Estrada Cuesta

70. INFLUENCIA DE UN HIMNO EN LA CONVERSION

Lutar Hooybar había nacido en Persia. Sus padres, que en un tiempo profesaron la religión mahometana, se habían convertido al cristianismo mediante el ministerio de unos misioneros presbiterianos. Sin embargo, Lutar se alejó de las iglesias porque observó que muchos de los llamados "cristianos" eran hipócritas. Con el correr de los años se hizo un famoso cantante y actuó en importantes películas cinematográficas junto a "estrellas" como Rita Hayworth, Charles Boyer, Clark Gable, Grace Moore, etcétera. En la mañana del Domingo de Resurrección, en 1950, un amigo lo invitó a cantar por radio el himno "En el Gólgota Vi Levantarse una Cruz", en un programa donde la actriz Colleen Townsend relataría su reciente conversión. Aceptó amablemente, y aquel día los habitantes de California escucharon su admirable voz. Como expresión de gratitud, la radioemisora le obsequió una grabación completa del programa transmitido, y él la aceptó con la alegría del que ha cumplido una buena labor profesional.

Aquel mismo domingo, cerca de medianoche, Lutar Hooybar decidió escuchar la grabación. Cuando su propia voz cantó aquel himno, cayó de rodillas y se entregó a Cristo, aceptándolo como su Salvador y Señor.

De El Hogar Cristiano

71. LA CONVERSION DE DOS PROMINENTES ATEOS

Hace tiempo que dos de los ateos más prominentes, Gilberto West y Lord Littleton, hombres intelectuales y brillantes y de los más conspicuos de su época, se burlaban del cristianismo en donde podían hacerlo. Al fin dijeron: "Hay dos cosas que tenemos que desbaratar, entonces habremos terminado con la religión cristiana y después de esto nada de ella quedará."

Las dos cosas que se proponían desbaratar son: la resurrección de Cristo como se encuentra enseñada por las Escrituras, y la maravilla de la vida del apóstol Pablo, cuya influencia es tan poderosa aun en pleno siglo veinte.

Gilberto West dijo:

—Yo destruiré la doctrina de la resurrección de Cristo.

—Y yo —dijo Lord Littleton—, explicaré la vida de Pablo.

Después de esta entrevista, cada uno se fue a su trabajo. Meses después, conforme a un acuerdo previo, se reunieron para ver los resultados de su obra.

Lord Littleton dio principio a la plática, diciendo a West:

—¿Qué tiene usted?

Gilberto West dijo:

—Oh, Littleton, tengo algo maravilloso que decirle. Cuando empecé el estudio de la resurrección de Cristo, tratando de dejar a salvo mi reputación, tuve que buscar evidencias en favor y en contra del asunto, y esto dio por resultado que mi mente y mi corazón fueron convencidos de que Cristo resucitó de entre los muertos, y entonces oré a él y él me salvó y ahora soy su amigo.

Lord Littleton dijo:

—Gracias a Dios, West, yo tengo algo de novedad que relatarle. Cuando comencé a explicar la vida de Pablo para destruirla, yo también tuve que hacer una investigación minuciosa y sincera. Tuve que buscar la verdad y usted se regocijará conmigo, cuando le diga que después de un estudio concienzudo acerca de Pablo, me encontré arrodillado, semejante a Pablo en su camino a Damasco, y mi clamor fue el mismo de Pablo: "Señor, ¿qué quieres que yo haga?" Yo soy un cristiano también, señor West.

Estos dos ateos renombrados llegaron a ser dos de los más notables cristianos, y han escrito dos hermosísimas apologías de la religión cristiana de las mejores que se han publicado.

George W. Truett

72. ¿QUE DISTINGUE AL CIELO DEL INFIERNO?

Una historia antigua nos relata acerca de un hombre que murió y fue al cielo y también al infierno. En ambos lugares vio que todas las personas estaban exactamente como en la tierra, excepto que tenían codos que no se doblaban ni una pulgada. No podía distinguir, por lo tanto entre el cielo y el infierno, hasta que vio a los habitantes de cada lugar sentados a la mesa tratando de comer. Aquí se mostraba la diferencia conmovedora. En el infierno, las personas con los codos tiesos estaban en desorden, pegándose unos a otros en la cabeza e incapaces de alimentarse porque cada uno estaba tratando de alimentarse a sí mismo. En el cielo había gran gozo y comunión en todas partes, porque cada persona con sus codos tiesos alimentaba a la persona que se encontraba al otro lado de la mesa, enfrente de ella, y viceversa. La disposición de depender de otras personas y de tratar de ayudarse mutuamente es lo que distingue al cielo de la tierra.

De El Hogar Cristiano

73. NUNCA HACEMOS LAS COSAS COMPLETAMENTE SOLOS

En aquellos tiempos en que los órganos sonaban sólo cuando alguien le daba vueltas a una manivela para impulsar el aire en los tubos, se dice que un artista dio un concierto de órgano en un teatro y lo hizo muy bien. Cuando terminó el concierto él fue muy aplaudido, e inclinando la cabeza agradeció al público sus aplausos. En eso, el muchacho fornido que había estado dándole vueltas a la manivela, se presentó en la plataforma y, acercándosele al artista, le dijo en voz baja:

—¡Qué bien lo hicimos! ¿verdad?

El artista, pretendiendo no hacerle caso, le dijo:

—Vete, es a mí a quien están aplaudiendo.

El público insistió en que el artista repitiera su concierto en otra ocasión. Y así fue. Pero cuando iba por la mitad del concierto, el muchacho se sentía como agotado y no podía mover la manivela con suficiente fuerza. El artista en el órgano estaba sudando y muy preocupado. Le habló al muchacho y le dijo:

—Andale, apúrate, haz bien tu trabajo porque si no entonces salimos o quedamos mal.

El concierto terminó con buen éxito. Al presentarse el artista para los aplausos, invitó al muchacho para que él también recibiera el merecido reconocimiento por su labor. En todo lo grande que el hombre hace, siempre hay otros que le ayudan.

Gastón Valencia

74. EL PELIGRO DE LAS COSAS PEQUEÑAS

El mayordomo de un rancho de Santa Inés, California, había terminado de preparar su alimento y decidió limpiar la parrilla. Sin meditar en lo que hacía, recogió las cenizas y las arrojó al patio. Pensaba que los carbones estaban apagados, pero vio sorprendido que la hierba seca comenzaba a arder. De inmediato les echó agua, pero el fuego tomó cuerpo y se fue extendiendo por toda la pradera.

David Trewitt, que así se llamaba el mayordomo, pidió ayuda a los vecinos, pero sus esfuerzos no pudieron detener el fuego. Los bomberos de varios lugares vinieron a aplacarlo, pero mientras lo apagaban en un lado avanzaba en otro. La inmensa lengua roja lamía todo lo que encontraba a su paso. Varios días demoraron los bomberos en aplacar el fuego. Varias vidas habían perecido en la dantesca quemazón, y muchas plantaciones, casas y propiedades quedaron completamente destruidas. Cinco millones de dólares se perdieron en aquel incendio. Todo ocurrió por unas cenizas y carbones "apagados" que fueron tirados al suelo..

De El Centinela

75. LAS COSAS PEQUEÑAS SON IMPORTANTES

Miguel Angel se encontraba en su estudio, dando los últimos toques a una de sus estatuas, cuando un amigo llegó a visitarlo. Más tarde el mismo amigo lo volvió a visitar en su estudio, y cuál no fue su sorpresa al encontrar a Miguel Angel ocupadísimo con la misma pieza de arte.

—Pero si ya habías terminado la estatua desde que te visité la última vez —le dijo—, quiere decir que no has hecho nada desde entonces —añadió.

—Por supuesto que sí —replicó el artista—. He refinado aquí, he sacado el músculo allá, le he dado más expresión a los labios y energía a los ojos.

–Ya veo –afirmó su amigo–, pero ésas son meras pequeñeces.

–Tal vez tengas razón –le contestó Miguel Angel–. Pero las pequeñeces conducen a la perfección, y la perfección no es pequeñez.

Nuestra vida está compuesta de un sinnúmero de cositas pequeñas -una palabra amable, una sonrisa, una palabra de consuelo, una acción noble, un acto cortés. Cristo Jesús dijo que todas las cosas que hacemos son consideradas en los cielos, y acciones que consideramos sin valor, los ángeles las aplauden. El divino Maestro contó acerca de la semilla de mostaza; y notó que entre la muchedumbre una mujer le tocó, se dio cuenta cuando una pobre mujer puso en el platillo de la ofrenda dos monedidas, y recalcó la bendición que una persona recibe sólo por el hecho de dar un vaso de agua en su nombre.

Rolla O. Swisher

76. EL VALOR DE LAS COSAS PEQUEÑAS

En la historia griega se registra un incidente que tuvo consecuencias funestas sólo por desatender un pequeño detalle. Las tropas invasoras se estaban acercando y se necesitaba a un joven mensajero que se encargara de esta gran misión. El caballo era un hermoso animal, lleno de brío y destreza. Pero como nadie tuvo la precaución de revisarle las herraduras antes de salir, no advirtieron que faltaba un clavo en una herradura de las patas delanteras.

Iban a buen galope, cuando el caballo comenzó a renguear. El jinete hizo todo lo posible para que conservara la velocidad, pero el animal se resistía, porque le dolía la pata. El mensaje no pudo llegar a tiempo, y como resultado se perdió la batalla. ¡Todo por un sencillo clavo!

De El Centinela

77. EL PELIGRO DE LAS ZORRAS PEQUEÑAS

Una pareja viajaba por una de las carreteras de los Estados Unidos, de pronto vio un bulto a la distancia. El conductor aminoró la velocidad y se dio cuenta de que era una señora con un letrero en la espalda, que iba caminando al lado de la calzada. Tuvo que detenerse para leer el letrero dándose cuenta de que era la doctora Moore, venida de

Inglaterra, que estaba recorriendo el país a pie, desde San Francisco hasta Nueva York, en un viaje de buena voluntad. Esta pareja, como el resto del país, siguió escuchando las noticias, con interés, para conocer el resultado final de la marcha.

Cuando la doctora Moore llegó a la ciudad de los rascacielos, fue al edificio de las Naciones Unidas donde la asediaron reporteros y curiosos. Uno de los periodistas le preguntó cuál había sido su mayor problema en esa larga travesía. Esperaba como respuesta: atravesar el desierto, subir las Montañas Rocosas, el problema del tránsito, los peligros del camino, etc. Pero todos se quedaron estupefactos con lo que dijo: "Mi mayor problema fueron los granitos de tierra que se me metían en los zapatos y me molestaban al caminar."

Bien dijo un sabio en cierta ocasión: "Ten cuidado de las zorras pequeñas, porque echan a perder las viñas." Hay que cuidar los simples detalles que pueden engendrar grandes efectos. Una palabrita maliciosa puede traer resultados lastimosos. Una lengua descuidada puede acarrear funestas consecuencias.

De El Centinela

78. HAY VALOR EN LAS COSAS PEQUEÑAS

Un predicador recaudaba fondos en Inglaterra para construir un templo mejor. Un día vio que en el platillo de las ofrendas había un papelito enrollado. Decía así: "Ninguna cosa tengo que darles, sólo mi vida. David Livingstone." Y aquel hombre dio mucho más que todas las personas presentes, porque dio su vida al servicio de la humanidad. Trabajó con los nativos del Africa y cuando murió, los africanos no permitieron que se llevaran el corazón de aquel misionero. Su cuerpo fue enterrado en Londres, pero su corazón quedó en el Africa como un recuerdo perenne de su dedicación y sacrificio.

Autor desconocido

79. EL CRISTIANISMO ES CRISTO

El célebre compositor cristiano John Petterson compuso un lindo canto en el que habla de gozo, paz, amor y felicidad. El y Dick Anthony (cantor y pianista bautista famoso) entraron en la oficina del presidente de una firma grande de grabación de música y canciones en Chicaco. A este hombre le encantó la letra y la música de este canto, y le dijo a John Petterson: "Este canto tiene muchas posibilidades de ser un gran éxito, pero si se le quita la palabra Jesús."

John pensó, y luego le dijo que no lo quitaría, pues sin Jesús no hay gozo ni felicidad. Entonces salieron, y en una esquina, parando el auto, ambos convinieron en un pacto: dar a Cristo siempre el lugar central, en sus composiciones uno, y en su cantar y tocar el otro. El problema de muchos es querer un cristianismo sin Cristo.

De El Hogar Cristiano

80. CAMINO DIFICIL Y DE GOZO

Posiblemente la hora más negra de la Segunda Guerra Mundial fue cuando las fuerzas inglesas tuvieron que retroceder a las playas de Dunquerque. Mediante un rescate heroico pudieron llevar a las tropas al otro lado del canal, a Inglaterra; pero parecía segura la invasión de Inglaterra dentro de poco. Si Hitler lograba esto, probablemente ya no podrían detenerle.

El Primer Ministro sabía que tenía que reanimar al pueblo británico para enfrentarse con una fuerza superior, así que le habló por la radio. No fue un mensaje suave y tranquilizador; les ofrecía "sangre, sudor y lágrimas". El pueblo se reanimó. Los resultados ya son conocidos.

Cuando Jesús envió a los doce apóstoles a predicar no les prometió que iban a tener una existencia fácil y encantadora, sino que sería dura y penosa.

Aceptaron el reto y salieron en su nombre, y lo demás también es historia, una historia continuada de la cual formamos parte nosotros.

Jesús nunca presentó el cristianismo como un camino fácil y cómodo. Ofreció un camino de trabajo, privaciones y sufrimiento. Pero, a la vez, prometió que sería un camino de gozo, paz y felicidad; una felicidad, un gozo y una paz lo suficientemente fuertes para sostener al hombre aun en la cruz.

De El Hogar Cristiano

81. PRACTICA Y PROFESION

Había dos hermanos cristianos. Uno era predicador y tenía su título de doctor en teología. Su hermano era médico y tenía su título de doctor en medicina. Un día, un hombre buscaba al predicador y equivocadamente se dirigió al médico preguntándole que si él era el predicador. A esta pregunta contestó el médico: "No, yo no soy el doctor que habla, yo soy el doctor que practica." ¡Dios quiera que nosotros seamos cristianos que hablan con su acción, no sólo con palabras!

De El Hogar Cristiano

82. LA VERDADERA RAZON

Tomás Arnold, el famoso maestro del colegio de Rugby, oyó, en una ocasión, a uno de sus estudiantes dar una contestación impertinente a un sujeto de mala catadura que le había preguntado por el camino a la alcaldía.

–Hijo mío –le dijo Arnold–, has debido contestar a ese hombre con mucha más cortesía.

–Pero él me preguntó de mala manera, y no es un caballero – replicó el joven.

–¡Ah! –exclamó el maestro–, recuerda que debes mostrar cortesía a los demás no porque ellos sean caballeros, sino porque tú lo eres.

De La Antorcha

83. "¡SED CRISTIANOS!"

Cuando el famoso transatlántico Titanic se estaba hundiendo, y las gentes corrían despavoridas buscando las lanchas salvavidas, se oyó una voz dirigida a los oficiales: "¡Sed ingleses!" Con lo cual recordaban un santo y seña que se refería a la grandeza de un pueblo de marinos. Iba en el Titanic el pastor Roberto Bateman, quien mientras ayudaba a colocar en las lanchas salvavidas a las mujeres y a los niños él cantaba con voz triunfante un himno. Este ferviente cristiano, en aquella hora suprema, mientras esperaba la muerte porque él cedía su lugar a quienes más lo necesitaban, dijo a quienes mostraban sus rostros pálidos por el temor: "¡Sed cristianos!"

De El Hogar Cristiano

84. QUE HACER CON NUESTROS ENEMIGOS

Un joven conversaba con un pastor sobre problemas que tenía con ciertas personas que no le querían.

–¿Qué puedo hacer para remediar este mal? –preguntó al ministro.

Este le contestó:

–Quémalos.

El muchacho, un tanto confundido con la respuesta, preguntó de nuevo:

–Pero, ¿cómo es posible que usted me aconseje semejante cosa?

–Escucha –dijo el pastor–, Pablo dijo: "Así que si tu enemigo tuviere hambre, dale de comer; si tuviere sed, dale de beber; pues haciendo esto, ascuas de fuego amontonarás sobre su cabeza." (Romanos 12:20.)

El joven comprendió perfectamente lo que el pastor le quiso decir. Esto es "vencer con el bien el mal".

Del Boletín Adelante

85. MIRAD EL CACAHUATE COMO CRECE

Al aprender acerca de los cacahuates (maníes), me di cuenta de que la naturaleza misma puede enseñarnos lecciones en el cristianismo.

Cuando las flores del cacahuate florecen y han sido polinizadas, se inclina el tallo y se sepulta debajo de la tierra. Allí crece el cacahuate, se desarrolla y madura conteniendo generalmente dos o más semillas en cada vaina. Este producto se usa en forma muy variada.

Así como los cacahuates crecen juntos en la tierra y se vuelven algo útil, los seres humanos se han de inclinar ante Dios y encontrar su desarrollo creciendo juntos en Cristo. El los guía a la madurez y utiliza sus dones para la gloria de Dios y para beneficio de sus semejantes. "Creced en la gracia y el conocimiento de Nuestro Señor y Salvador Jesucristo." (2 Pedro 3:18.)

Del Boletín La Voz de Betel

86. LOS CRISTIANOS PRIMITIVOS

En el año 125 de nuestra era, el filósofo Arístides, de Atenas, entregó al emperador Adriano una defensa de la religión cristiana, que incluyó la siguiente descripción de sus compañeros creyentes:

"Se aman los unos a los otros; las necesidades de las viudas no son ignoradas, y rescatan a los huérfanos de las personas que les hacen daño. El que tiene algo, da al que no tiene, sin quejarse y sin jactarse... Si encuentran a algunos pobres, pero no tienen comida que sobra para compartir con ellos, ayunan dos o tres días para que los demás puedan tener lo necesario."

87. TRES CLASES DE CRISTIANOS

Antes de encontrar la vida victoriosa, los discípulos estaban a merced de las circunstancias. Más adelante fueron dueños de las circunstancias. Aprendieron a moldear la vida; no a dejarse moldear.

Hay tres especies de cristianos: los de remo, los de vela y los de motor. El tipo de "remo" es el humanista, que depende sólo de sí mismo, que trata de batirse con sus propios recursos. Pero en cuanto esos recursos son escasos, su progreso es muy lento. El tipo de "a la vela" está a merced de los vientos. Son personas que dependen de las circunstancias y de otras personas. Si los vientos les son favorables, si quienes les rodean les halagan van bien. Pero si las cosas se les tornan contrarias se detienen. No son cristianos en quienes se pueda confiar. Y luego tenemos el tipo "motor". Estos son los que poseen un poder interior y continúan adelante, sean o no favorables los vientos. Es verdad que marcha mejor y más rápidos si el viento es favorable, pero sea como sea, van siempre adelante. Están interiormente preparados. Estos no dependen de sí mismos ni de las circunstancias, sino que dependen de Cristo. Se puede contar siempre con ellos.

Stanley Jones

88. LOS CRISTIANOS PUESTOS PARA CIRCULAR

Un Ministro de Guerra británico dio la orden a efecto de que todo el oro fuera reunido para hacer frente a una crisis nacional que se acercaba. Después de una búsqueda a través de todo el imperio, sus empleados regresaron rindiendo su informe en el sentido de que no se podía disponer de ninguna cantidad de oro.

–¡Cómo! –exclamó el Ministro de Guerra–. ¿Quieren ustedes decir que no han encontrado ningún oro?

–Señor –contestaron ellos–, el único oro que hemos encontrado es el oro con que están hechos los santos de las iglesias.

–Bueno –exclamó el Ministro–, entonces debemos fundir esos santos y poner en circulación su metal transformado en monedas.

Esto hace que se me ocurra pensar que la más grande necesidad de la iglesia es que los santos deben ser fundidos y puestos en circulación. ¿Cómo se puede justificar un cristiano que permanece frío e indiferente ante las necesidades tremendas que confronta el mundo actual?

Copiado

89. NUESTRA VIDA ES UN SERMON

E. Stanley Jones cuenta la historia de un hindú quien dijo: "Yo una vez vi a Cristo. Fue en Bombay. La plaga estaba en el peor momento, y yo vi a una mujer cristiana que salía de un hospital. Había estado cuidando de los enfermos y de los moribundos. Sostenía sus manos levantadas frente a ella, no queriendo que nadie la tocara para no infectar a alguien con la terrible enfermedad. Estaba gritando: '¡Plaga, plaga!'

¿Hemos reflejado nosotros alguna vez a Cristo? ¿Ve la gente a él en nosotros? Nuestra vida es un sermón.

90. ES UN GOZO SUFRIR POR CRISTO

Los verdaderos cristianos se han gozado siempre de poder sufrir por el evangelio. Guy de Brez, pastor protestante francés, estaba encarcelado en el castillo de Tourney, en Bélgica. Una señora que le visitó quedó asombrada de que pudiera comer y dormir con tanta tranquilidad. "Señora", le dijo él, mis cadenas no me aterran ni me quitan el sueño; por el contrario, me vanaglorío en ellas considerándolas más valiosas que si fueran de plata o de oro. El ruido de mis cadenas produce en mis oídos el efecto de un instrumento musical, ya que me siento ligado a ellas por defender la verdad del evangelio."

José Borrás

91. HAY QUE AYUDAR AL HERMANO CAIDO

En la biografía de Sundar Sing, se cuenta que viajando por un lugar despoblado encontró un hombre caído en la nieve, casi muerto de frío. Le pidió a otro viajero con quien se había encontrado en el camino, que juntos llevasen al hombre moribundo adelante hasta donde encontraran albergue. El otro se negó alegando que no podía, y siguió adelante. Sundar Sing tomó al caído, lo rodeó con sus brazos y siguió con él dando tumbos, cayendo, levantándose, luchando. El calor de los cuerpos y del esfuerzo reanimó al enfermo quien poco a poco fue adquiriendo fuerzas, y pudo caminar de por sí, aunque lentamente. Más adelante hallaron un montón de nieve que parecía tener la forma de un cuerpo humano. Sundar Sing escarbó en la nieve, y encontró que era el cadáver del viajero que no había querido ayudar al caído. Sundar, ayudando al caído se ayudó a sí mismo. "Vé, y haz tú lo mismo." ". . . haciendo esto, te salvarás a ti mismo. . ." Ayudemos al hermano caído.

José Juan Corti

92. HONRADEZ CRISTIANA

Predicaba yo en una campaña evangelística en Juticalpa, Honduras, cuando después del culto se entrevistó conmigo un señor de apellido Sánchez, diciendo:

—Es el caso, pastor, que tengo una finca muy productiva, pero los mayordomos que he tenido me han robado gran parte de los frutos, sin encontrar ayuda en la ley.

–Pero, señor Sánchez –le repuse– ¿qué puedo hacer yo en este problema?

Y él me replicó:

–Estoy convencido de que todo lo que aquí se predica se cumple fielmente por los oyentes, con sinceridad y temor de Dios, y vengo a que usted me recomiende a uno de estos hombres para que sea el mayordomo de mi finca.

Rafael Moreno Guillén

93. LA CRUZ EN EL CORAZON

Cuenta Juan A. Mackay que él pasó cuatro días en compañía de don Miguel de Unamuno, cuando éste se hallaba en su destierro en Italia. Una mañana, don Miguel se levantó temprano y se dirigió a la maqueta de material plástico que estaba lista para que un escultor, llegado de España ex profeso, esculpiera el busto de don Miguel. Unamuno tomó un punzón y con él hizo el trazo de una cruz sobre el corazón del busto. Don Juan le dijo:

–Pero, don Miguel, ¿qué dirán de usted los anticlericales de España, que usted parece un beato con esa cruz?

Don Miguel respondió:

–No es una cruz colgada al cuello sino una cruz en el corazón.

Y así interpretó él la vida: como un corazón sufriente, crucificado.

A. R.

94. EL MOMENTO DECISIVO DE LA VIDA

Todo el destino depende de una simple elección. En los montes Alpes de Suiza, hay un lugar donde se puede echar un pedacito de madera en cierta dirección y llegará, camino del Danubio, al mar Negro; echándolo en otra dirección, viajará a través del Rin hacia el mar del Norte; echándolo aun en otra dirección, camino del Ródano llegará al Mediterráneo. Aunque estos tres mares están tan distantes uno del otro, el destino final del pedacito de madera está determinado por la dirección en que es echado.

Es igual en la vida. Nuestro destino será en la dirección a que nos hayamos movido.

De El Hogar Cristiano

95. DIOS Y LA CONFIANZA EN EL, Y NO EL SUICIDIO, ES LA SOLUCION AL PROBLEMA DE LA DESESPERACION

Miguel Angel Quevedo, de nacionalidad cubana y quien fuera editor y dueño por muchos años de la famosa revista internacional BOHEMIA, viviendo en el exilio en Miami, llegó al extremo de la desesperación y en una carta que dejó escrita, resumió la condición agónica de su espíritu diciendo "NO PUEDO MAS". Y él mismo, con un revólver, se quitó la vida. A continuación la carta que él escribió:

"A las Autoridades competentes y a la opinión pública:

"Conste por la presente, de una manera cierta e indubitable, que no se debe culpar absolutamente a nadie de mi muerte.

"Desde que Fidel Castro, engañándonos a todos, me hizo salir de mi Patria, por mi propia decisión, perdiendo millones en dinero y poder, por no aceptar su régimen maldito desde hace casi 10 años, sufrí un golpe psicológico tan tremendo y me he sentido espiritualmente tan mal desde entonces, que cada día, minuto a minuto y hora a hora, nunca he tenido un momento de tranquilidad espiritual y cada vez más y más, he experimentado las sensaciones de angustia y de desamparo más trágicas e inenarrables que se puedan concebir.

"No he querido seguir viviendo bajo ese tormento. Porque **YA NO PUEDO MAS.**

"Que me perdonen todos a los que en alguna forma pueda haber ofendido, y sobre todo mi hermana Rosa Margarita, lo único que hasta ahora me había hecho soportar, por ella, este calvario espiritual.

"Así pues, **enfáticamente** reitero que NO SE CULPE A NADIE DE MI MUERTE.

"Solamente las razones espirituales anteriormente enumeradas, son las culpables de esta determinación.

Perdón a todos,
Miguel Angel Quevedo."

Reproducido de un diario de Miami

96. ¿QUE HACER CON TANTO DINERO?

Llegó a su oficina privada un poco más tarde que de costumbre, en el piso 44 del edificio Pan Am, de Nueva York. Era una mañana como todas, y nada hacía sospechar la tragedia que iba a ocurrir. Vestía traje azul de buena calidad. Cerró la puerta con llave, y luego de alguna vacilación, tomó su portafolio y rompió con él los vidrios de una ventana que no se abría. Quitó cuidadosamente varios trozos grandes de cristal roto, se subió por el orificio y, haciendo pie en el alféizar de la ventana, se arrojó al espacio en un salto suicida que puso fin a su existencia.

Así terminó sus días Eli Black, presidente de una compañía multimillonaria de los Estados Unidos, probablemente uno de los mayores magnates del mundo. El financista era la cabeza de un imperio comercial en el que trabajan 53.000 empleados. Una sola de sus industrias alcanza ventas por valor de dos mil millones de dólares al año. Hombre de gran capacidad administrativa y prestigio, había logrado salir a flote en forma airosa de varias crisis económicas.

Pero, el señor Black estaba desesperado. Los miles de millones de dólares que le pertenecían, el prestigio que poseía, el respeto que se le profesaba, las comodidades que disfrutaba, no fueron suficientes para conjurar su angustia. Las ansias más hondas y los problemas más agobiantes del corazón humano, no se resuelven con elementos de carácter material. "No sólo de pan vivirá el hombre", declaró Jesús.

De El Centinela

97. ESPERANZA DE SER MEJORES

En América del Sur existe una leyenda que ha sido incorporada a la literatura europea. En un lugar de la selva -dice la leyenda- se oye cada mañana un gran clamor de los monos. Dios les prometió, en la antigüedad, hacerlos hombres al amanecer. Los monos se sienten decepcionados y, todas las mañanas, recorren la selva llorando.

El conocido autor español José María Pemán se valió de esta leyenda para componer una obra de teatro con el título de "Los monos gritan al amanecer".

En la literatura francesa la misma leyenda tiene otro simbolismo. André Malraux la cita en "La Esperanza". Para Malraux, el célebre autor de "La Condición Humana", el grito de los monos es el grito de toda la humanidad que llora su desesperanza, su vacío, su frustración.

Si no se espera otra vida, entonces la que conocemos carece de sentido. Si esta vida no tiene una proyección eterna, sólo nos queda, como los monos, llorar nuestra insignificancia cada mañana; lamentarnos en los amaneceres por lo pronto que acaba el día; recorrer las selvas de este mundo gritando a los vientos la brevedad de la vida sobre la tierra.

Juan V. Galdámez Palma

98. EL PROBLEMA DE LA DESESPERACION

Sam Dawkins es un hombre que intentó secuestrar un avión de la línea **Piedmont Airlines** en los Estados Unidos. Exigía que le condujesen a La Habana, Cuba, y amenazó con matar al piloto y demás ayudantes si no accedían a su orden. El piloto consintió, pero una de las azafatas, valiéndose de astucia, logró sorpresivamente dominar al secuestrador. Este, una vez capturado, dijo que su esposa había muerto de cáncer; que él había sido dañado en la guerra y que no tenía absolutamente nada por lo cual vivir. En otras palabras, que por desesperación había intentado tal cosa.

La desesperación es cosa de todos los días y azote de infinidad de personas. Vivimos en un mundo en el que aun los que no están desesperados están expuestos, sin embargo, a los extravíos y abusos que cometen quienes se encuentran en tan lamentable estado emocional. Hoy por hoy, un sentido de insatisfacción y de frustración domina a muchos individuos. En medio de la multitud, muchos lloran su soledad. Rodeados de abundantes bienes materiales, muchos siguen siendo pobres. Los placeres de la carne y la farándula de la vida no logran desarraigar la tristeza crónica que aplasta a tantísimos hombres y mujeres. La desesperación es una bomba atómica que ya estalló y el número de sus víctimas no ha terminado aún.

Adolfo Robleto

99. EL DIABLO Y SUS DIABLURAS

Según Armando Benzi, de 33 años, y su esposa Susana de 42, residentes en Alessandría, Italia, fueron atacados por Satanás el 26 de septiembre. El ataque consistió, según ellos, en tirar al suelo varios de los muebles, remover otros y golpear en el rostro a la señora y abusar de ella.

En vista de lo sucedido, decidieron poner la denuncia ante las autoridades civiles y eclesiásticas del lugar, acusando al diablo de haberse introducido intrusamente al hogar. Desde entonces, dice el relato, se ha desatado una tremenda persecución contra Satanás en los pueblos circunvecinos para darle caza.

Si este relato no fuera trágico, sería cómico. ¿No es acaso él quien se ha introducido al corazón y al hogar de todos aquellos que no han hecho de Cristo el Señor de sus vidas? ¿No es él quien incita a la infidelidad conyugal? ¿No es él quien hace brotar la cizaña en los hogares, destruyendo la paz?

Agustín Ruiz V.

100. ¿A QUIEN SERVIMOS? ¿AL DIABLO O A DIOS?

Un joven que entró en la universidad le hicieron una "novatada". Le vistieron de diablo y a eso de las 7 de la noche le pusieron en el cementerio y le dejaron solo. El empezó a caminar, y los automóviles casi chocaban queriendo huir del diablo. Se metió en un templo de negritos, y el pastor salió disparado como una bala. Los asistentes salieron por las ventanas; pero una negra muy gorda no pudo escapar. El "diablo" se sentó junto a ella e iba a decirle que él no era el diablo, pero ella, muy asustada no le dejó hablar sino que le dijo: "Señor diablo, cierto es que por años yo he asistido a este templo, pero quiero decirle que aquí en mi corazón yo siempre le he tenido."

De El Hogar Cristiano

101. EL DIABLO EN EL CULTO

Mientras se dirigía al culto, un cristiano se halló con Satanás en el camino, y cuál no sería su sorpresa al oír de éste que él también iba a la iglesia.

–¿Dónde y qué vas a hacer allá? –le preguntó el creyente.

–Voy a defender mis intereses.

–¿Y cómo lo vas a hacer?

–¡Qué ingenuo que eres! Me valgo de mil maneras. Por ejemplo, el domingo por la mañana provoco un contratiempo de cualquier nada: el desayuno retardado, un botón extraviado, el cuello de la camisa mal planchado, y la discordia empieza. ¡Que vayan después al culto con ese ánimo, a ver qué provecho sacan! Después, en el templo, uno que llega tarde; un paraguas o bastón que se cae; la tos de uno y el estornudo de otro; la puerta que se golpea; las conversaciones de los amiguitos; todo esto es motivo más que suficiente para que no se preste atención a lo que diga el predicador, ni se concentren en la devoción.

De Adelante

102. "NI DEIS LUGAR AL DIABLO"

Un hombre anunció en el diario local la venta de su casa. Era una casa amplia, hermosa, bien situada y a un precio favorable. Varias personas llegaron a verla. Una de tantas se decidió a comprarla. Entonces el dueño le dijo: "Se la vendo, pero con una sola condición: que me permita clavar en la pared de uno de los cuartos un clavo." Al interesado comprador le pareció peregrina, simple e inofensiva dicha condición. "¿Qué vale dejarle clavar un clavo?", se dijo para sí. Además, el precio era tan bajo y la casa tan buena, que no quiso dejar pasar la oportunidad. El trato se cerró, y el nuevo dueño, con su familia, entró a disfrutar de su nueva casa.

Pasaron varios días, y uno de tantos, el antiguo dueño se presentó. "Vengo a ver mi clavo", dijo, y entró hasta el cuarto. Después de unos momentos salió y se fue. Al transcurir varias semanas, volvió. Tocó a la puerta, le abrieron, y al entrar dijo: "Voy a colgar mi sombrero de mi clavo." Y así lo hizo. Repitió sus llegadas, muchos días y a diferentes horas, siempre con el pretexto de que iba a ver su clavo y coger su sombrero. Las cosas llegaron al punto de fastidiar e incomodar a los dueños de la casa. Cuando éstos le protestaron enojados, el hombre les dijo que ellos habían aceptado la condición impuesta por él, y que él no hacía más que llegar a ver lo que le pertenecía. La situación se volvió tan insoportable, que el nuevo dueño decidió vender la casa.

Esto es precisamente lo que hace el diablo con nosotros. La casa es nuestro cuerpo, nuestra vida. Pero el diablo nos engaña; se nos presenta como un ser inofensivo; sus palabras nos suenan agradables, y nosotros, ingenuamente, le permitimos la entrada. Cuando nos damos cuenta del error, ya es muy tarde; él domina nuestra vida. El remedio para esto es no entrar en ninguna clase de arreglo con Satanás. Creemos que somos fuertes, pero él es más fuerte y más astuto que nosotros. El consejo del apóstol San Pablo es muy oportuno. Dice él: **"Ni deis lugar al diablo"** (Efesios 4:27). El diablo finge hacernos bien, pero en realidad nos hace mal. Hay que huir de él así como huímos de una víbora.

Adolfo Robleto

103. DIOS NO TIENE LA CULPA DE QUE EL HOMBRE ANDE SUCIO Y EN EL MAL

Un pastor y un barbero ateo se encontraban caminando en cierta ocasión por los barrios bajos de la ciudad. El barbero le dijo al pastor:

—Esta es la razón porqué no puedo creer en un Dios de amor. Si Dios fuera tan amoroso como dice que es, no permitiría tal pobreza, tanta enfermedad y tanta desesperación. El no debía permitir que esos vagabundos fueran unos adictos a las drogas y a otros vicios que destruyen el carácter. No, no puedo creer en un Dios que permite tales cosas.

El pastor guardó silencio, hasta que se encontraron con un individuo sucio y completamente descuidado. Su pelo le llegaba hasta el cuello, y la barba se veía enmarañada e hirsuta. Entonces el pastor dijo:

—Si usted fuera un buen barbero, no permitiría que un hombre como ése continúe viviendo en este barrio sin alguien que le corte el pelo y lo rasure.

A lo que el barbero, indignado, le contestó:

—¿Por qué me echa la culpa de la condición de ese hombre? Yo no puedo evitar que él sea como es. El nunca me ha dado la oportunidad de ayudarle. Si él viniera a mi barbería, en un santiamén lo arreglaría en tal forma que se vería como un caballero.

El pastor, entonces, le dio una mirada penetrante al barbero y le dijo:

–¿Se da cuenta por qué no puede echarle la culpa a Dios? Porque la gente insiste en andar en los caminos de maldad, aunque Dios continuamente está invitando a los hombres a que acepten su salvación. La razón del porqué esta gente permanece en la esclavitud de sus pecados y malos hábitos o vicios, es porque rechazan a Aquel que murió por salvarlos y libertarlos.

El barbero vio con claridad el punto que le quiso enseñar el pastor.

Del Boletín Adelante

104. ¿ES POSIBLE VER A DIOS?

Cuando Yuri Gagarin completó su sensacional vuelo orbital alrededor de la tierra, Nikita Kruschev declaró que "Gagarin no había visto a Dios en el espacio". Seguramente el líder soviético, ahora fallecido, no estaba haciendo otra cosa que sacando partido a la posición marxista en contra de todo lo religioso. Pero no nos extrañó que Gagarin no hubiera encontrado a Dios. Si no lo había podido descubrir en las obras de la creación en la tierra, tampoco lo encontraría en el espacio. El Nuevo Testamento nos afirma que "nadie ha visto a Dios jamás". Así que la declaración no es nueva.

Por otra parte, cuando los tripulantes del Apolo II salían en su viaje espacial, al contemplar el globo terráqueo desde la distancia, prorrumpieron en la expresión de asombro y maravilla contenidas en el Salmo 19: "Los cielos cuentan la gloria de Dios, y el firmamento anuncia la obra de sus manos." La diferencia entre el cosmonauta y los astronautas estriba en que éstos ya habían descubierto a Dios en su experiencia mucho antes de partir en su viaje sideral.

Esto nos enseña una lección que se expresa muy bien en el viejo refrán: "No hay peor sordo que el que no quiere oír." Con relación a Dios, esto significa que no se puede probar su existencia a uno que no quiere creer. La misma Palabra de Dios nos dice: "Es necesario que el que se acerca a Dios crea que le hay." Es decir, que el requisito básico para conocer a Dios es la fe. Sin ella no es posible tener ni una pizca de conocimiento de Dios.

Reynaldo Toledo

105. IMPOSIBILIDAD DE ESCONDERNOS

En las afueras de cierta ciudad vivía un astrónomo ateo que decía no creer en Dios porque no lo podía ver jamás, a pesar de sus potentes telescopios.

Poseía el astrónomo un huerto de manzanas en su granja. Uno de los tantos días cuando se ausentaba de su hogar para dirigirse a la montaña donde estaba establecido el observatorio, recomendó a sus hijitos que no fueran a arrancar las manzanas porque aún estaban verdes. Se fue al observatorio y después de otear un poco el espacio, se le ocurrió dirigir el lente hacia su propia granja y sorprendió a sus hijitos saltando el cercado, arrancando las manzanas y comiéndoselas verdes.

El incrédulo ateo, conmovido, dijo: "Pobres hijos míos, ellos no pueden verme; mas yo sí los puedo ver a ellos. Si quizá será lo mismo conmigo y Dios: Yo no lo puedo ver a él, pero él sí me puede ver a mí."

"Y no hay cosa creada que no sea manifestada en su presencia; antes bien todas las cosas están desnudas y abiertas a los ojos de aquel a quien tenemos que dar cuenta." Hebreos 4:13.

Germán Núñez B.

106. EL TEXTO MAS FAMOSO DE LA BIBLIA

A orillas del río Támesis, en Londres, se yergue un antiguo monumento: aquel monumento egipcio que se llama la aguja de Cleopatra. Cuenta aquel monumento con treinta y tres siglos de edad, y originalmente ocupaba un sitio delante del Templo del Sol, en la ciudad de On, a orillas del río Nilo. Fue llevado a Inglaterra este antiguo obelisco, con mucha dificultad y enorme gasto, y cuando los edificadores deseaban colocarlo en su nuevo sitio, para que allí quedase por algunos milenios más, tuvieron la idea de dejar en los cimientos algún documento que tuviese interés para las generaciones futuras. ¿Y cuál fue ese documento? Pues, dentro de un jarrón depositaron copias de un famoso texto bíblico en más de doscientos idiomas. El texto a que atribuyeron tanta importancia reza así:

Porque de tal manera amó Dios al mundo, que ha dado a su Hijo unigénito, para que todo aquel que en él cree, no se pierda, mas tenga vida eterna. Juan 3:16

Del Boletín Adelante

107. EL CORAZON DE LA BIBLIA

Se ha dicho que Juan 3:16 es "el corazón de la Biblia", y el evangelio en miniatura; pues en este texto tenemos las diez más grandes verdades acerca de la redención:

"Porque de tal manera . . ."	La medida más grande.
"Amó . . ."	El sentimiento más grande.
"Dios . . ."	El ser más grande.
"Al mundo . . ."	El grupo de personas más grande.
"Que ha dado . . ."	La expresión más grande.
"A su Hijo unigénito . . ."	La dádiva más grande.
"Para que todo aquel . . ."	La inclusión más grande.
"Que en él cree . . ."	La sencillez más grande.
"No se pierda . . ."	La desgracia más grande.
"Mas tenga vida eterna . . ."	La posesión más grande.

Adolfo Robleto

108. LA JUSTICIA DE DIOS

Se cuenta que durante la guerra civil en EE. UU., un soldado golpeó a un capitán. Lo sentenciaron con severidad. Unos amigos influyentes trataron de interceder por el soldado; por medio de un abogado hablaron con el presidente Abraham Lincoln. Este los atendió cortésmente y les dijo: "Vayan al Congreso, y si pueden conseguir que hagan una ley que autorice a un soldado a golpear a su capitán, yo perdonaré al joven." Los amigos comprendieron la lección. El presidente no podía ser parcial sólo porque aquel joven tenía amigos influyentes. Dios es un Dios justo, así como es misericordioso.

Autor desconocido

109. PREGUNTAS ACERCA DE DIOS

Un niño de siete años tenía mucho interés en saber acerca de Dios, y, frecuentemente, formulaba estas preguntas a su padre: "Papá, ¿cómo es Dios? ¿Qué es Dios? ¿Dónde está Dios? ¿Qué hace Dios?" El padre trataba de contestarle con palabras sencillas, asequibles a la mentalidad del pequeño. El niño, después de varios días, dijo a su padre: "Papá, yo no creo en Dios, porque está muy alto y no lo entiendo."

Sin embargo, Jesús dijo que el reino de los cielos es de los niños.

Javier-José Marín Conesa

110. ¿DONDE ESTA DIOS?

En mi búsqueda incesante por Dios, le pregunté a un anciano muy sabio:

–¿Dónde está Dios?

–Y él me contestó:

–Escudriña los cielos, mira a los lirios del campo, abre el corazón del átomo y entonces verás a Dios.

Y el anciano siguió su camino.

Yo acepté su consejo y escudriñé, miré e investigué, pero no pude ver a Dios, ¡porque yo estaba ciego!

Luego me encontré con otro que parecía tan sabio como el anterior, y a él también le pregunté:

–¿Dónde está Dios?

Y él me contestó:

–Vete a tu recámara y cierra la puerta; vete al océano y métete en medio de la tormenta; vete a la ciudad y anda en la calle más transitable; y entonces escucharás a Dios. Y él siguió su camino.

Así que yo pasé muchas horas en mi recámara, días en el océano, y años en la ciudad, y no pude escuchar a Dios, ¡porque yo estaba sordo!

Entonces me propuse ir a ver a otro más sabio que el anterior. Y le rogué que me dijera dónde está Dios.

–Vé a lo alto de las montañas nevadas, y desciende a los valles, y viaja cerca y lejos en el mundo, y llama a Dios.

Y él se fue.

Entonces ascendí a las montañas más elevadas; descendí a los valles más bajos; viajé aquí y allá, y por dondequiera llamé a Dios. Pero él no me pudo oír, ¡porque yo estaba mudo!

Cultivé mi inteligencia y aprendí toda clase de ciencia; sin embargo, mi vacío no sacié.

Les pregunté a unos y a otros, pero ninguno pudo satisfacer mi deseo. Busqué a Dios dondequiera, pero en ninguna parte pude encontrar la respuesta a la pregunta de mi corazón: ¿Dónde está Dios?

Inquirí en oración y súplica, rogué y traté de escuchar, aquí y allende los mares. Entonces Dios, en su gracia y misericordia, envió al Sabio entre los sabios. "Dios estaba en Cristo", me dijo con toda sencillez.

Yo lo miré y vi a Dios. Le hablé y me escuchó. El me habló y yo lo escuché.

¡Ahora Dios está en mí!

Tom Kelley

111. ¿A QUE ES SEMEJANTE DIOS?

El doctor José Sizoo nos relata acerca de un pequeño niño en el kindergarten, quien estaba dibujando un cuadro. La maestra le preguntó:

—¿Qué estás dibujando?

El contestó:

—Estoy dibujando un cuadro de Dios.

Ella dijo:

—Pero tú no puedes hacer eso; nadie sabe a qué es semejante Dios.

El niño dijo:

—Lo sabrán cuando yo termine.

Cuando Jesús hubo terminado, nosotros supimos a qué es semejante Dios. Pues, usted ve, fue el propósito de Jesús el reproducir sobre el lienzo de esta vida la imagen y el carácter de Dios.

De La Trompeta

112. LA RECONCILIACION CON LA CRUZ

Hace años, cuando, por culpa de esa condenada filosofía, chapoteaba yo en el ateísmo teórico, cayó en mis manos cierto libro de Carlos Vogt, en que leía un pasaje que decía, más o menos: "Dios es una equis sobre una gran barrera situada en los últimos límites del conocimiento humano; a medida que la ciencia avanza, la barrera se retira."

Recuerdo que escribí al margen de estas palabras: "De la barrera acá, todo se explica sin él; de la barrera allá, ni con él ni sin él. Dios, por lo tanto, sobra."

¿Y hoy? Hoy me parece eso que escribí entonces una completa barbaridad. Lo que hay entre la Acrópolis y nosotros es el cristianismo, la terrible verdad del cristianismo. Entre nosotros y la razón helénica está la cruz, la sublime locura de la cruz.

Miguel de Unamuno

113. DIOS ES UN MISTERIO

Después de su conversión al cristianismo, el maniqueo Agustín de

Hipona se entregó de lleno al profundo estudio de la teología. Deseando penetrar la realidad de la Trinidad, se retiró a las playas mediterráneas para estudiar a solas el tema que le obsesionaba. Y paseándose por la playa ensimismado y absorto, le molestaba ver que un pequeñín con una concha derramaba agua en un agujero que había hecho en la arena. Por fin, estalló su impaciencia y le dijo:

–Pero, ¿qué haces, chiquillo?

–Sencillamente –le respondió el rapaz– quiero echar el mar en este hoyito.

–¡Necio! –le replicó el teólogo–, loco debes ser queriendo meter el inmenso mar en la estrechez de este agujero.

Y dice la leyenda que el niño le respondió:

–Más necio eres tú pretendiendo encerrar a Dios en tu mezquina mente.

Rafael Moreno Guillén

114. ¿HA VISTO ALGUIEN A DIOS?

Un cadete de marina me preguntó en cierta ocasión: –Capellán, ¿ha visto a Dios?

–No –le dije–. Y te puedo preguntar, ¿has visto el Polo Norte?

Ninguno de nosotros ha visto el Polo Norte magnético, pero sabemos que allí está. Sabemos que la brújula siempre señalará el norte cuando se navega en esa dirección.

Se cuenta la historia del jovencito con su cometa (barrilete). El día estaba perfecto, con nubes blancas y hermosas en el cielo. El barrilete al fin se perdió entre las blancas nubes. Un caballero se aproximó y preguntó:

–Hijo, ¿qué estás haciendo?

–Estoy remontando mi cometa.

El caballero volvió a preguntar:

–Pero, ¿cómo puedes estar seguro de ello cuando no la divisas?

–Tiene usted razón, señor, no la veo, pero cuando siento que hala yo sé que allí está arriba.

Al igual que era invisible la cometa del jovenzuelo, así también nuestro Dios permanece escondido de nuestros ojos físicos, pero nosotros sabemos que allí está cuando sentimos el "halar" de su Santo Espíritu en nuestra vida. Amén.

Quote

115. CONOCEMOS A DIOS EN SU PALABRA

El recinto de la Facultad de Filosofía y Letras de la Universidad de Buenos Aires se hizo pequeño. Una multitud inusitada lo colmaba de bote en bote. El aula magna, las aulas de clase, los laboratorios, los pasillos, vestíbulos y salas de profesores, todo estaba ocupado por una masa compacta de gente que se había dado cita a la misma hora. Había estudiantes y profesores, intelectuales y gente común, jóvenes y personas de más edad, hombres y mujeres. ¿Qué ocurría?

Esa noche debía hablar allí José Ortega y Gasset. En los diversos ambientes se habían instalado altavoces para que la voz del genial filósofo español fuera escuchada con claridad, aunque no todos pudieran verlo.

Aunque el orador disertó acerca de temas filosóficos, que podrían parecer abstrusos y secos, la atención fue extraordinaria, podría decirse perfecta. Uno de los muchos que se acercaron para felicitarlo le dijo emocionado: "Maestro, usted habla como escribe. ¡Cuánta satisfacción haberlo escuchado esta noche!"

¿Por qué había una concurrencia tan extraordinaria? ¿Por qué tanto interés en escuchar aquella prolongada conferencia? Sencillamente, porque aquella masa lectora ya conocía al orador. Habían leído sus libros. Lo habían oído hablándoles a través de cada página de sus diversas obras. Y es una ley psicológica que cuanto más se asocia uno con alguien a quien se respeta, se admira y se ama, más se le conoce; y cuanto más se le conoce, más se le respeta, se le admira y se le ama.

Por eso es menester tener una estrecha relación personal con Dios, a fin de conocerlo como Creador y como Padre amoroso; y un contacto íntimo con Cristo, para conocerlo como Maestro, Salvador personal y Amigo incomparable. Y la mejor forma de conocer a Dios es leyendo y meditando su Palabra.

Reproducido de El Centinela

116. APLICANDO LA DISCIPLINA DONDE MAS NOS DUELE

Aplicar disciplina es cosa sumamente necesaria, pero hay que saber hacerlo. Se dice que un director de escuelas tenía dificultades con una que quedaba en el campo. Era una escuela muy pequeña, con pocos alumnos, y todos eran rebeldes y difíciles de manejar. Por causa de ellos tres profesores se habían retirado. El director ya no sabía qué hacer, pues la escuela tenía mala fama y nadie quería hacerse cargo de ese grupo de muchachos.

Por fin, un hombre solicitó el puesto. Cuando el director lo vio, tuvo desconfianza, pues el maestro era un hombre delgado y hasta frágil. Pero no había otro a quien conseguir. Le dio el puesto. A las pocas semanas el director fue al campo a visitar la escuela. Para su sorpresa, vio que todo estaba marchando bien por la primera vez en mucho tiempo. Los alumnos estudiaban, el maestro aun parecía un poco gordo y se veía contento.

–¿Cómo ha logrado usted esto? –le preguntó el director, admirado–. Esta escuela ha dado más problemas que cualquier otra. Parece un milagro que todo anda bien.

Con una sonrisa modesta, el maestro dijo:

–No fue tan difícil. Le digo la verdad. Al principio, cuando llegué, sí lo fue un poco, pero cada vez que un discípulo se portaba mal, me le comía el almuerzo.

Sin duda, el método que usó para disciplinarlos les hizo bien a los alumnos igual que al maestro.

Autor desconocido

117. HAY QUE ESTAR LISTOS PARA HACER LAS COSAS A SU TIEMPO

En Brasil hay algunos puertos que no han sido dragados todavía, y aun embarcaciones pequeñas que conducen pescados al pueblo, no pueden entrar sino en el momento de pleamar.

Los pescadores, por consiguiente, esperan el momento oportuno y, entonces, entran en el puerto y llevan su mercancía al mercado.

Entre estos pescadores, el que demore un poco, al venir la bajamar ya no puede entrar en el puerto, y teniéndose en cuenta el clima cálido del país, muy pronto se pudren los pescados. Los pescadores brasileños, por lo tanto, tienen que estar atentos a la hora que la marea sube, si no quieren perder sus pescados.

De igual manera deben obrar los hombres en las demás circunstancias de la vida. Velar constantemente el momento oportuno de actuar, y aprovecharlo.

118. EL DIA DE DESCANSO SEMANAL

Según los códigos teodosio y justiniano, el emperador Constantino dictó en el año 321 una ley que ordenaba el descanso dominical, prohibiendo en ese día el trabajo de los artesanos, los actos judiciales y todos aquellos deberes del campo que no fuesen de necesidad urgente. En el año 813, Carlomagno decretó una ley para todos sus dominios imperiales, que prohibía cualquier clase de labores serviles en domingo. En el Congreso Internacional de Ginebra, celebrado en 1921, se redactó un convenio que ayudó a implantar el descanso dominical, con carácter obligatorio, en casi todos los países del mundo. Es interesante observar que, desde épocas muy remotas, el descanso semanal se practicaba en toda clase de pueblos. Los chinos lo hacían los lunes, los mahometanos los viernes, los judíos los sábados y algunas tribus africanas los martes. Los legisladores, los médicos, los sociólogos, los psicólogos y otros especialistas han reconocido unánimemente la importancia del descanso semanal, para que el hombre pueda cultivar su vida espiritual.

119. LA IGLESIA ANTES QUE TODAS LAS COSAS

Durante los últimos años de su vida, el general Jackson acostumbraba visitar Nueva Orleans para ver a sus antiguos amigos, camaradas del ejército, y participar en la celebración del día de la victoria, obtenida el 8 de enero, que cayó en domingo. El general Plauche visitó al gran héroe y le rogó que acompañara al regimiento al campo el día del aniversario de la gran batalla. El general Jackson respondió muy cortésmente: "Voy a la iglesia mañana." Los preparativos militares siguieron adelante, y el domingo, a las diez, el general Plauche fue al hotel de San Carlos e informó al general Jackson que la manifestación cívica y militar estaba lista para recordarle el día de su gloria, porque Jackson era el héroe de esa fecha.

El general Jackson, mirando al general Plauche con mirada penetrante, le repuso: "Le dije que iba a la iglesia hoy." El general Plauche se retiró murmurando: "Debería haber comprendido que él iba a cumplir su palabra." La manifestación quedó aplazada para verificarse el día siguiente.

Del Boletín Adelante

120. EL DOMINGO

Un pastor le pidió a uno de los miembros de su Iglesia que enseñara la clase de los muchachos de quince años, pero el miembro rehusó. Su esposa le dijo al pastor que el esposo había rehusado enseñar esa clase porque jugaba golf todos los domingos y creía que no debería enseñar esta clase mientras hiciera lo otro. Finalmente, lo convencieron de que debía abandonar el golf de los domingos y dar esa clase. Cinco meses después, este mismo hombre pasó al frente con el sexto muchacho que había ganado para Cristo. Este era el último de los muchachos que había ganado para Cristo en ese tiempo. El pastor le preguntó:

–¿Ha valido la pena, o le gustaría volver a jugar golf los domingos?

Llorando de gozo, este hombre dijo:

–Este es el mejor momento de mi vida. Hubiera preferido emplear mi tiempo hablándoles a otros de Cristo, que en cualquier otra cosa. Siento no haber comenzado a enseñar en vez de perder mi tiempo los domingos en otras cosas.

Sí, el lugar de cada uno de nosotros, los domingos, es en la casa de Dios, haciendo su voluntad.

Autor desconocido

121. ESTUDIAR ES IMPORTANTE

En España, cierto campesino llevó un día a su hijo a la universidad. Al entrevistarse con el presidente, y poniendo una bolsa con dinero sobre el escritorio, le dijo:

–Señor, le traigo a mi hijo para que me lo eduque; pero le pido que no se quede él mucho tiempo aquí, porque lo necesito en el campo.

El presidente, hombre sabio y prudente, mirándole con simpatía le respondió:

–Señor, aquí le preparamos a su hijo para lo que usted quiera; si quiere que él sea una calabaza, pues en unos pocos meses se lo entregamos, pero si quiere que él sea una encina, entonces él tendrá que quedarse aquí por varios años. Todo depende de lo que usted quiera de su hijo.

El padre, en su sencillez, comprendió la lección y entonces, sacando todavía más monedas de sus bolsas, se las dio al presidente diciéndole:

–Pues haga de mi hijo una encina para que sea algo grande en la vida.

Autor desconocido

122. LO UNICO QUE NO DEBEMOS PERDER ES LA ESPERANZA

En la galería Tate de Londres hay una famosa pintura hecha por Federico Watts, que da un concepto artístico de la esperanza harto expresivo. Presenta a una mujer con los ojos vendados, sentada sobre el globo del mundo, sosteniendo en las manos un laúd con todas las cuerdas rotas menos una. No obstante, ella está inclinada, escuchando atentamente para captar la música de la cuerda solitaria. He allí la esperanza triunfante sobre todos los pecados, penas, tristezas y tragedias de este mundo. Cuando le queda solamente una cuerda al arpa de la vida, aun ésta da música dulce, espiritual, poderosa para satisfacer el alma anhelante.

Juan Pablo Tamayo

123. CRISTO ES LA UNICA ESPERANZA

Hace muchos años naufragó un submarino cerca de la costa de

Provincetown, Massachusetts, en los Estados Unidos de Norteamérica. Con premura unos buzos descendieron y dieron vueltas alrededor de la nave, tratando de averiguar si quedaba vivo alguno de los hombres que viajaban allí. De pronto uno de ellos sintió un ruido suave, como si alguien golpeara con un metal en la pared del submarino. Escuchando atentamente, se dio cuenta de que alguien adentro trataba de comunicarse con él usando el alfabeto de los telegrafistas. El buzo pudo descifrar el mensaje: "¿Hay esperanza para nosotros?"

¿Hay esperanza? Esta es la pregunta que constantemente hace la humanidad perdida. Y sí, la hay. Cristo es la única esperanza para una humanidad que ha naufragado en el océano del pecado.

Charles W. Bryan

124. INSPIREMOS EN ELLOS ESPERANZA

Karl Meninger dijo: "Lo mejor que el siquiatra puede hacer por sus pacientes es encenderles la llama de la esperanza."

En cierto sentido, eso es lo mejor que el pastor puede hacer por su congregación. Algunos de los feligreses que asisten al culto lo hacen llenos de desesperación y de muchas otras necesidades, pero lo que más necesitan es la esperanza.

Una de las armas del ministro del evangelio es la esperanza. Las buenas nuevas que proclama al desesperado y al frustrado son de esperanza en un mundo de caos y confusión.

Al jubilarse cierto fabricante de cosméticos, se le pidió que revelara el secreto de su éxito. Al principio rehusó; sin embargo, al festejar el cumplimiento de sus setenta y cinco años de edad, después de un poco de insistencia, decidió compartirlo. Dijo: "Además de las fórmulas usadas por otros consultores de belleza, usé un ingrediente mágico: nunca les prometí a las mujeres que mis cosméticos las harían hermosas, sólo les di esperanza."

Cuando el evangelista Billy Graham visitó a Sir Winston Churchill, el gran estadista le preguntó: "¿Tiene usted esperanza?"

Nuestras congregaciones nos hacen la misma pregunta cada vez que estamos frente a ellas. Cuando tengamos el privilegio de hablarles, inspiremos en ellas esperanza. Prediquémosles acerca de Cristo, la redención, la reconciliación y la renovación espiritual. Que nuestras palabras sean de vida, de esperanza y de paz.

C. Neil Strait

125. "ME DEJO LA ESPERANZA"

Se cuenta que en cierta ocasión, cuando el famoso Alejandro el Grande se disponía a partir con su ejército en una de sus campañas militares, reunió a sus amigos más íntimos y empezó a obsequiar a cada uno con sus pertenencias personales. A uno le regaló su espada; a otro le entregó el anillo; a alguien más le dio un pañuelo. Al ver que lo estaba dando todo, uno de los presentes le preguntó:

–¿Y para ti qué te dejas?

La respuesta de Alejandro fue inmediata: –Me dejo la esperanza.

¿La esperanza de qué? La esperanza de triunfar, de alcanzar la meta, de realizar lo que me he propuesto, de aprovechar los tesoros del tiempo y las riquezas del espíritu. Y en verdad que esa esperanza animó al célebre general macedonio, pues de él la historia nos dice que jamás perdió una sola batalla. A una edad muy joven había conquistado muchos países, vencido a muchos reyes y difundido la cultura y la lengua griegas.

La esperanza es una virtud muy necesaria. Aún más, ella es indispensable para vivir una vida feliz, una vida de verdadero valor. El que no tiene esperanza está muerto en vida. Porque vivir es más que respirar. El que no tiene esperanza es como una noche sin aurora, como un **cielo sin estrellas, como una jaula sin ave y como un jardín sin flores.** La esperanza en el enfermo es medicina para su cuerpo; la esperanza del prisionero es ventana de luz en su celda oscura; la esperanza del necesitado es la llave que le permitirá abrir nuevos horizontes.

Abriguemos la esperanza de ver días mejores. Más allá del velo de la noche, avizoremos la mañana hermosa de un nuevo día. En cada botón miremos la flor que se abre; en cada niño contemplemos al hombre fuerte que se levanta; y en cada fracaso sintamos que nos estamos preparando para un nuevo triunfo. Pero nuestra principal esperanza debe estar puesta en Dios, quien es la realidad suprema. El rey David decía: **"Alzaré mis ojos a los montes; ¿de dónde vendrá mi socorro? Mi socorro viene de Jehová, que hizo los cielos y la tierra"** (Salmo 121:1, 2).

Adolfo Robleto

126. MIRANDO DE LEJOS LA CRUZ

Lidia es una joven que cuando niña fue abandonada en un hospital. Por eso fue adoptada por un matrimonio que no podía tener hijos. Pero pronto este matrimonio fue bendecido con la llegada de un hijo propio, luego otro y finalmente llegó el tercero.

Así, Lidia fue creciendo junto con sus hermanastros sin problema alguno. Pero ya en la adolescencia se comenzaron a notar las diferencias. Ella era la "adoptada" y no la "hija" de ese matrimonio.

Una **gran tristeza invadió el corazón de Lidia. Se sintió sin padre y** sin madre, abandonada en la vida, sin amor, totalmente vacía.

Su habitación estaba ubicada en el séptimo piso. Su único recurso era suicidarse. Quiso hacerlo, pero al acercarse a la ventana divisó a lo lejos una cruz. Pertenecía al edificio de una iglesia bautista. Esa cruz le hablaba, le llamaba de algún modo. Le pareció que esa cruz tenía algún significado. Lidia cambió de decisión y en vez de arrojarse por la ventana como pensaba hacerlo, se dirigió al templo.

Actualmente Lidia es una fiel miembro de la iglesia. Su vida es una sonrisa. Cristo le dio vida cuando ella quería quitársela.

Todo comenzó cuando vio a lo lejos una cruz.

Ariel Lemos

127. "YO APUNTO A LAS ESTRELLAS"

En cierta ocasión, el célebre científico y técnico alemán, Wernher von Braun, naturalizado en los Estados Unidos de Norteamérica, resumiendo su inmensa y prodigiosa labor en el diseño y fabricación de los cohetes interespaciales, dijo: "Yo apunto a las estrellas." Y en verdad que tal fue el sueño de su vida. Saturno V, el cohete que impulsó al hombre a la luna, fue obra suya. Y sus planes ambiciosos le hicieron pensar en la posibilidad de que él mismo un día viajaría hacia el espacio, en la nave espacial "Enterprise" en la que él mismo empezó a trabajar. No lo logró, sin embargo, porque a la edad de 65 años un cáncer del colon puso término a su vida.

Wernher von Braun, quien además de haber sido un genio en la nueva ciencia de la cohetería espacial fue un fiel creyente en Dios, fue un hombre con un ideal en su vida, con una visión, un sueño. Lo que él deseaba alcanzar está allá arriba, más allá de la luna y del sol, a una distancia colosal que apenas se la puede divisar. Por eso dijo: "Yo apunto a las estrellas." Pues aunque la vida es corta, nuestros sueños deben ser grandes.

Adolfo Robleto

128. EL ESPIRITU SANTO Y NOSOTROS

Desde la bahía de Nueva York hasta donde comienza el agua profunda se extiende un canal de casi veintiséis kilómetros de largo y sumamente angosto. En años pasados era bastante difícil navegar en el canal cuando había neblina o tempestad. Entonces, alguien ideó el plan de poner un cable, en el fondo del río arenoso, que transmitiese signos eléctricos a través del agua, guiando así a los barcos a caminar por el centro del canal hasta llegar al mar.

Para el cristiano, el silbo apacible del Espíritu Santo le advierte que no está viviendo en la forma debida para que se vea la semejanza de Cristo en su vida. Tal como la señal eléctrica, el Espíritu nos protege de los bancos de arena del pecado. Cuando nos falta mucho, algunas veces nos desanimamos.

De El Hogar Cristiano

129. DONES DEL ESPIRITU SANTO

¿Cuáles son los dones del Espíritu Santo que obran en nuestra vida? Algunos de los dones de que disfrutan aquellos que están bajo el influjo del Espíritu Santo son los siguientes:

En el hogar . . . bondad
En el negocio . . . honradez
En la sociedad . . . cortesía
En el trabajo . . . entereza
En el juego . . . imparcialidad
Al desafortunado . . . compasión
Al afortunado . . . parabién
Al pecado . . . resistencia
Al penitente . . . perdón
A toda persona . . . respeto y amor
A Dios . . . adoración y servicio.

El Espíritu Santo no imparte los mismos dones a todos los cristianos. Sea cual fuere el don que recibamos como resultado de la presencia del Espíritu Santo en nuestra vida, queda bajo nuestra responsabilidad el usar esta dádiva para la gloria de Dios y para el beneficio de la humanidad.

De El Hogar Cristiano

130. FORTALEZA PARA VIVIR

Un joven artista estaba tratando de copiar una de las más hermosas pinturas del mundo, hecha por Rafael. Había ido a Florencia a estudiarla, y luego se dedicó a copiar esta obra maestra. Al terminar, el artista veía que había hecho una pintura hermosa, pero que no podía en ninguna manera compararse con la excelencia del original. "¡Ah, si pudiera posesionarme del espíritu de Rafael!", exclamó el joven, "sólo entonces podría pintar como el gran maestro."

Cuando aceptamos al Señor Jesucristo él nos da la ayuda del Espíritu Santo para darnos la fortaleza que necesitamos para vivir y servirle según su voluntad. Mientras más nos domine el Espíritu Santo en nuestra vida, tendremos más poder para hacer de nuestra vida una obra maestra.

De El Hogar Cristiano

131. PODER POR MEDIO DEL ESPIRITU SANTO

Un obrero de la **General Motors** había tratado de cortar cierto nuevo metal muy duro. Después de repetidos esfuerzos inútiles llevó el metal al **administrador general de la corporación**, quien era un reconocido ingeniero de automóviles e inventor, y le dijo que no podía cortarlo.

El le preguntó:

–¿Ha usado el diamante para cortar metales?

El trabajador dijo que no; y luego fue a tratar de hacerlo y pudo cortarlo con el diamante.

Entonces el administrador le dijo:

–El metal no es demasiado duro, **sino que nuestras herramientas** no son suficientemente fuertes.

Cristo sabía que las herramientas de los primeros discípulos no eran lo suficientemente fuertes para hacer el trabajo difícil que él les había asignado. El reconocía que la fortaleza humana no tenía la suficiente potencia para esparcir el evangelio en un mundo hostil. Por eso, Cristo había insistido en que sus discípulos esperasen hasta que hubiera venido el Espíritu Santo en el día de Pentecostés, antes de dedicarse a la tarea de obedecer la gran comisión. Fueron preparados para su inmensa tarea por el poder del Espíritu Santo que vino a morar en sus vidas aquel día.

En semejante forma nuestras herramientas humanas son débiles para llevar a cabo el trabajo de Cristo y para vivir como Cristo. Cada uno de nosotros debe tener su propio Pentecostés, y eso ocurrirá cuando dejemos que el Espíritu Santo nos llene, lo cual puede hacerse ahora mismo.

De El Hogar Cristiano

132. EL MODO SEGURO DE VIAJAR POR LA VIDA

Los que desean hacer un viaje por Europa saben que hay dos maneras de llevar a cabo tal viaje. Una de ellas es haciéndose cargo por sí mismos de todos los detalles del viaje: encargándose de comprar los boletos, de su equipaje, de hacer sus propias reservaciones de hotel y de viaje y muchas otras cosas más. Si no se conoce el idioma del país por el cual se viaja, será muy difícil entenderse con personas que no conocen su idioma. Cuando se viaja de esta manera se siente una constante inquietud por temor de que por falta de comprensión llegue a cometerse un error lamentable en el curso de dicho viaje.

Existe otro método, en que el viajante se vale de una agencia de turismo, la cual se encarga de obtener los boletos, de que tenga un viaje cómodo, de darle instrucciones exactas, de proveerle dirección cuando sea necesario, y está al tanto para ayudar e instruir al viajante dándole la garantía de un viaje seguro y feliz.

Posiblemente trate el individuo de viajar por la vida sin la ayuda del Espíritu Santo. Esta manera de viajar tiene como final tristeza y derrota. Un modo mucho más seguro de viajar por la vida es ir acompañado por el Espíritu Santo, quien nos dará ayuda por el camino.

De El Hogar Cristiano

133. ¿SABEMOS LO QUE TENEMOS?

A un hombre le regalaron un par de guantes forrados de piel. Como vivía en un clima tropical y, por cierto, no necesitaba los guantes, los guardó en una gaveta y pronto se olvidó de ellos. De modo que no le servían porque no los usaba. Algún tiempo después le llamaron para que trabajara en una ciudad de clima frío y entonces se acordó de los guantes. Al fin encontraría uso para aquello que él consideraba un regalo sin utilidad. Cuando metió la mano en uno de los guantes, sintió que algo impedía que el dedo pulgar se acomodara en su lugar. Para su gran sorpresa, lo que impedía era un billete de diez dólares enrollado. Revisó los otros dedos del guante y descubrió que en cada uno de ellos había un billete de cien dólares. Los billetes habían estado allí todo el tiempo, pero él no se había dado cuenta.

El Espíritu Santo está en la vida del creyente en todo momento. Pero el creyente debe depender de él. Sea usted lleno del Espíritu Santo y permita que su vida esté dirigida y dominada por él.

134. LUZ QUE SACA DE TINIEBLAS

En el museo del pueblo en donde nació Helen Keller tienen una máquina de escribir especial, construida en tal forma que cuando una persona escribe un mensaje en la forma común, los símbolos correspondientes del método Braille aparecen en un lugar circular en el fondo. La persona sordomuda puede colocar sus dedos sobre este lugar circular y leer en Braille lo que se está escribiendo a máquina. Este es uno de los modos ingeniosos para "abrir los ojos de los ciegos" y "sacar de casas de prisión a los que moran en tinieblas".

A los judíos se les hacía difícil aceptar lo que Jesús decía; y aun sus propios seguidores tenían dificultad en comprender que su ministerio era también para los gentiles.

Necesitamos recordar que el mensaje del Salvador tiene que ser compartido con todas las personas del mundo, y nosotros somos responsables de compartirlo.

De El Hogar Cristiano

135. LAS BUENAS NUEVAS DE SALVACION

El teólogo Karl Barth ilustra, con la historia de algunos soldados japoneses que fueron encontrados muchos años después de la victoria de los aliados sobre el Japón en la Segunda Guerra Mundial, lo difícil que resulta aceptar las buenas nuevas de la salvación. Separados de su regimiento durante la invasión de las fuerzas aliadas, se escondieron en la jungla. Pensando que todavía estaban en guerra, abrían fuego contra cualquiera que se acercara a su escondite. Por varios años habían vivido temiendo a sus enemigos, y sufriendo de soledad por la separación de sus familiares. Atentos sólo a sus necesidades primordiales, desconocían los acontecimientos mundiales.

Cuando finalmente fueron encontrados y se les dijo que la guerra había terminado, rehusaron creerlo. Sospechaban que había una trampa en lo que se les decía para lograr su rendición. ¡Ellos no saldrían de su escondite para ir a la prisión! La noticia que podría haber aliviado sus tensiones, la nueva de que no necesitaban temer y de que podían regresar a sus hogares para reunirse con sus familiares bajo una completa amnistía, era demasiado buena para ser verdad. Casi imposible de creer.

Los soldados no habían hecho nada para ganar el perdón. No habían elevado ninguna petición formal. Sin embargo, varios años antes el conflicto había terminado. En cierto sentido, aunque lo desconocían, estaban en condiciones de ser aceptados. Todo lo que tenían que hacer era salir de la jungla, aceptar el ofrecimiento de amnistía y retornar a sus hogares y familiares.

Vida Feliz

136. EL EVANGELIO ES GARANTIA

Se cuenta de un comisionista que se dedicaba a la venta de plumas de fuente. Se acercó a un pequeño comerciante y le rogó que le comprara sus plumas. El comerciante le dijo:

—No puedo comprarle por ahora, pues tengo plumas.

—Pero éstas —contestó el comisionista—, son de una marca especial, son excelentes. Cómpreme siquiera una docena.

Tanto insistió el agente vendedor que el tendero le dijo:

—Póngame una docena de esas plumas.

Cuando el vendedor comenzó a escribir la factura, el comerciante, que era un hombre listo y observador, notó que la factura se escribía con una marca de pluma distinta a la que le ofrecía en venta.

—Cancele la factura —dijo el comerciante—, pues no deben ser muy buenas sus plumas cuando usted mismo no las usa.

Y esta anécdota nos señala que así también hay muchas religiones. Dicen tener muy buena marca, pero cuando llegan los problemas serios de la vida, no ayudan a resolverlos; resultan tan inútiles como las plumas del referido agente vendedor. La única mercadería que cuenta es la de Cristo.

El Nuevo Evangelista

137. OPORTUNIDAD DE TESTIFICAR

El viaje de regreso a las sierras se había convertido en una odisea para la misionera. No encontraba ningún medio disponible: largas colas frente a las boleterías de omnibuses y trenes indicaban que aquellas **vacaciones de invierno habían sido aprovechadas por mucha gente.**

Finalmente, consiguió trabar amistad ocasional con alguien que le indicó una compañía de turismo desconocida. Aunque con reticencia, sacó pasaje, pues lo importante era viajar. Con muy pocos pasajeros se inició el viaje; pronto descubrió la verdad: el ómnibus no era adecuado, frecuentes paradas para arreglos, hasta que les informaron que no podía andar más. El conductor les devolvió el importe del pasaje, quedando aún muchos kilómetros para llegar.

Buscaron un pequeño restaurante sobre la ruta, donde les informaron que cinco **horas después pasaba** un ómnibus que les podría llevar a su destino. ¿Qué hacer? La misionera tomó su decisión: uno a uno fueron escuchando su testimonio personal, y recibiendo una porción bíblica. Su asombro creció cuando encontró un creciente interés en algunos de ellos, que querían escuchar más acerca de Jesucristo. Fue tal el resultado que, una vez reemprendido el viaje, siguieron conversando hasta llegar a su destino, unas horas después. La oportunidad se presentó, y aquella fiel sierva de Jesucristo aprendió una nueva experiencia acerca del evangelismo personal. Las oportunidades deben ser aprovechadas, para instar "a tiempo y fuera de tiempo".

Rubén O. Zorzoli

138. HAY ALGO MEJOR PARA USTED

El pastor Raymundo Herrera andaba visitando y llegó a cierta casa. Llamó a la puerta, golpeando con la mano; de adentro se oyó una voz fuerte que decía:

–No hay, no hay.

El insistió y al fin abrió una mujer, la cual salió con un revólver. Ella dijo que es que así golpeaba el limosnero.

–¿Y por qué tiene ese revólver, mujer?

–Es que recibí un telegrama de mi hermano diciéndome que todo el dinero que le había prestado para un negocio se le había desaparecido, y por eso me voy a matar.

–Pero, ¿y de quién es esta casa?

–Pues es mía.

–Pero esta casa vale mucho dinero, más del que acaba de perder; usted no debe quitarse la vida, hay algo mejor para usted.

Y el pastor le habló del evangelio. La mujer se convirtió y llegó a ser una fiel miembro de la iglesia.

A. R.

139. ¿CUAL ES NUESTRO METODO PARA EVANGELIZAR

Cierto hombre se hacía pasar como un buen creyente en la iglesia a la cual asistía. No había tenido una experiencia profunda con Dios, pero gustaba llamarse evangélico.

Este hombre adolecía de cierta debilidad en su vida personal: Tomaba licor con frecuencia. Cada vez que se emborrachaba no dejaba de gritar a los cuatro vientos que era evangélico.

En una ocasión entró a una cantina para tomar licor. Allí se encontró con un amigo suyo. Muy pronto empezaron a beber hasta caer de borrachos. De pronto surgió entre ellos una discusión acalorada y empezaron a pelear. El hombre "creyente" dominó al otro y lo tiró al suelo. Luego se le subió encima y lo golpeaba diciendo: "¿Aceptas o no al Señor Jesucristo como tu Salvador?" Cada vez que decía esta frase le daba una bofetada a su compañero.

Muchas veces los creyentes cometemos el error de evangelizar con métodos drásticos y duros. Algunos métodos son tan ofensivos que la persona queda herida y rechaza el evangelio. Cristo usó el método del amor y la compasión para evangelizar y ganar almas para su reino. Jamás olvidemos que nuestros hechos cuentan mucho en la evangelización de las almas perdidas.

Maclovio Gómez Lorenzana

140. NEGLIGENCIA PARA TESTIFICAR

Cuando en el seminario nos pidieron entregar un trabajo escrito de cómo presentar el mensaje de salvación en menos de cinco minutos a una persona moribunda, no imaginé de cuánta utilidad me sería años después en mi pastorado. Estando en Maracaibo, Venezuela, me avisaron por teléfono que una señora agonizante quería hablar con un pastor. Llegué al hospital y en una cámara de oxígeno vi a una señora desesperada, inquieta y agonizante. Sus familiares le rodeaban. Le hablé de Cristo y su perdón y le pregunté si deseaba entregarse a Cristo y aceptarle como su Salvador; que cogiera mi mano en señal de aceptación. Así lo hizo la señora, y le vino una tranquilidad y quietud que causó admiración a los que la rodeaban. Oré con ella y luego me pidió que llamara a sus familiares por nombre para despedirse. Minutos después partió a la presencia de Dios.

En su entierro, prediqué el evangelio, destacando la decisión de ella antes de morir. Al terminar, se me acercó una cristiana y me dijo: "Qué peso me sacó de encima, pastor; ella era mi amiga; cuando supe que murió, me sentí muy avergonzada ante el Señor, porque a ella le hablé de todo, pero nunca le hablé de Cristo. Me desesperé al saber de su muerte y que estaba perdida. Por eso, cuando usted mencionó que ella aceptó a Cristo, di gracias a Dios y sentí un gran alivio, he recibido una gran reprensión".

Esteban Cifuentes S.

141. HAY QUE TESTIFICAR

El finado E. Stanley Jones estuvo en la India cuando el parlamento de esa nación discutía una nueva constitución para el país. Una frase algo difícil de la constitución decía: "Se garantiza el derecho a la persona de profesar, practicar y propagar su fe."

Algunos de los legisladores quisieron omitir la palabra "propagar", la cual significaba que habría conversiones. Durante el debate, un miembro del parlamento, que profesaba el hinduísmo, se levantó y dijo: "El deber de propagar su fe es inseparable de la fe cristiana; así que si no se les da el derecho de propagarla, tampoco se les da el derecho de profesarla ni de practicarla." La frase en cuestión fue aprobada.

¿No es extraño que un político hindú viera lo que muchos cristianos no han reconocido, que el deber de propagar su fe es inseparable de la fe cristiana?

La conclusión práctica es esta: Los que no propagan su fe, no la practican y no tienen el derecho de profesarla.

W. T. Purkiser

142. SU UNICO CUIDADO

Nos dijo un amigo, que venía de visitar un faro, que había preguntado al guardafaro si no le daba miedo vivir allí tan solo.

–No –dijo aquél–, no tengo miedo, porque nunca tengo que pensar en mí mismo.

–¿Cómo no pensar en usted mismo?

La contestación fue la siguiente:

–Sé que sobre esta roca estoy completamente seguro, y mi único cuidado es tener siempre las luces encendidas, para que los que se hallan en peligro en el mar las vean y se salven.

Esto también es lo que hace el verdadero cristiano. Por sí mismo no se apura, porque está en la roca, Cristo. Sólo piensa en las almas que puedan hundirse en el mar del pecado, y procura que la luz del evangelio brille para guiar a las almas náufragas a la seguridad que se halla en Jesucristo.

143. TESTIFICANDO MIENTRAS VAMOS

En las montañas del estado de Kentucky, en los Estados Unidos, hay una expresión corriente que se usa cuando uno quiere que otro le haga un favor. Por ejemplo, cuando el granjero sale hacia el establo, su esposa puede decirle: "Puesto que tú vas al establo, traéme los huevos." O él puede decirle a ella: "Puesto que tú vas a la cocina, traéme la pipa."

La gran comisión, además de su imperativo "id", tiene algo de este mismo elemento. Es como si Cristo dijera: "Puesto que tú vas al centro, o a tomar café, o a asistir a una reunión, tráeme un discípulo."

De El Hogar Cristiano

144. BUSCANDO A DIOS FUERA DE LA IGLESIA

Me encontraba en Lausana, Suiza, en 1974, participando del Congreso de Evangelización Mundial. Cierta tarde salí de mi hotel y comencé a caminar por la orilla del lago Leman. Me llamó la atención una joven de alrededor de dieciocho años que tenía su mirada como perdida en las aguas. Seguí mi camino y al volver me la encontré en las mismas condiciones. Siendo un participante de un Congreso de Evangelización me sentí movido a hacer un intento de hablar en francés. Me decidí a hablarle. Le pregunté si tenía algún problema. Movió la cabeza para indicar una respuesta negativa.

–Perdóneme, señorita, pero la expresión de su rostro me hizo pensar que tenía un problema, yo soy un pastor evangélico.

La joven dijo:

–Gracias, Señor, por haber contestado mi oración.

Levantando el rostro, añadió:

–He venido al lago a buscar a Dios porque pienso que en el templo no se le puede encontrar.

Se refirió largamente a algunas experiencias desilusionantes en una institución religiosa y, finalmente, dijo que le estaba pidiendo a Dios que la orientara y que le hablara de alguna manera. Me senté junto a ella y pude ayudarla espiritualmente.

Lamentablemente hay personas en algunas iglesias cuyo testimonio negativo hace que algunos piensen que a Dios no se lo puede encontrar en el templo y lo buscan fuera. El cristiano debe siempre recordar quién es y para qué Dios le ha colocado en el mundo como su testigo.

No es cuestión sólo de hablar de evangelización; es necesario ser portadores de Cristo, encarnar su Evangelio y compartirlo. El cristiano nunca está franco, siempre está de servicio, porque es un soldado de Jesucristo. El mercenario lo es sólo cuando tiene puesto el uniforme y está bajo la vigilancia de sus superiores.

Jorge A. León

145. ACOMPAÑADO DE UN ASESINO

Una de mis experiencias más emocionantes en mis trabajos en la república de México fue este incidente que me sucedió en la Baja California en 1953, donde trabajé por seis años y donde Dios nos concedió

levantar un amplio templo en el hermoso puerto de Ensenada, centro
de mis actividades misioneras. Salí una mañana de Ensenada, como a
las cinco, cuando aún estaba oscuro y con mucha neblina. Había viajado bastante en mi auto cuando comenzaba a clarear el día, y de pronto
pude ver una mano que se levantaba pidiendo que lo llevara. Me detuve y lo recogí. El hombre resultó ser un americano. Comenzamos a pla-
ticar y me dijo que tenía cincuenta años. Luego yo me identifiqué con
él, como era mi costumbre hacer siempre que tenía oportunidad de llevar a alguien, y le dije:

—Soy un ministro del evangelio.

No dijo nada por algunos momentos, pero luego me dijo:

—¿Y tú sabes con quién vas hablando?

—No —le dije.

—Pues yo soy un asesino.

¿Se pueden imaginar lo que yo sentí con semejante declaración?
Sentado a mi lado un asesino en un camino desierto, pues no se veía ni
un auto que viniera de frente, ni uno que viniera detrás de nosotros. Al
fin le dije:

—¿Cómo es eso?

A lo que él contestó:

—Soy un asesino porque maté a un hombre. ¿Crees tú que Dios
me puede perdonar? Tú eres un ministro, dime toda la verdad.

A lo que yo le contesté:

—Seguro que Dios te puede perdonar, no importa cuán grande
sea tu culpa, si tú te arrepientes de todo corazón y le pides perdón.

Esto conmovió grandemente a este pobre prófugo de la justicia.
Casi lloró de emoción. Luego me dijo:

—Mira, ahora te voy a decir toda la verdad. No maté a uno, maté a
cinco. ¿Tú crees que Dios me puede perdonar semejante crimen?

—Sí, señor —le contesté por segunda vez—, no importa cuán grande y cuán negro haya sido tu pecado, si tú le confiesas a él y te arrepientes de todo corazón.

Luego él me contó la siguiente historia:

—Yo tenía ahorrados en mi casa como $100.000 (cien mil dóla-
res). Solamente mi esposa y yo lo sabíamos; nunca pensé que era mejor depositarlos en un banco. Mi esposa cometió la imprudencia de comunicar este secreto a unos amigos íntimos nuestros. Ellos hicieron
planes para engañarme y robarme ese dinero. Me di cuenta por casualidad, y me preparé para defenderme. Cuando ellos trataron de matar-
me para robarme, yo me defendí y maté a los cinco, aunque ellos tam-

bién me hirieron–. Luego me enseñó la palma de su mano derecha perforada por una bala, y en su mejilla derecha una cicatriz de un rozón de bala, y continuó:

–Me llevaron a la cárcel de por vida. Estuve preso en Brownsville, Texas, por catorce años y ocho meses, cuando logré fugarme y pasé a Matamoros, México. De allí un amigo me arregló pasaje en un barco de carga rumbo a Panamá. Pasé por el canal de Panamá y ayer llegué a Ensenada, y espero poder entrar a California. Ellos no me buscan por acá. Tengo un amigo en Lynwood y espero encontrar asilo con él. Esta es mi historia.

Luego me dijo:

–Mira, a muchos antes que a ti había pedido que me llevaran, pero nadie lo hizo, sólo tú, un ministro evangélico. Era lo que yo necesitaba.

En eso llegamos a la frontera y él pasó caminando para no comprometerme en caso de que hubiese problemas. Pasó sin dificultad y otra vez lo recogí, y casualmente otra persona que iba rumbo a Lynwood se lo llevó Se despidió de mí muy agradecido, y yo seguí mi camino dando gracias a Dios que, a pesar del susto que primeramente sentí, pude ver la mano de Dios que me dio la oportunidad de poder ayudar a ese pobre prófugo de la justicia, que buscaba paz para su conciencia acusadora. Muchas veces he pensado si Dios me concediera volver a ver a ese hombre y saber lo que Dios le tenía reservado.

José I. Almanza

146. EVOLUCION

¿Leyó usted la historia de los tres monos que discutían la teoría de la evolución? Sentado en un árbol, uno dijo a los otros: "Escúchenme ustedes. Oí un rumor que por cierto ha de ser falso -que el hombre desciende de nuestra noble raza. ¡Ay! ¡Si la pura idea es una lamentable desgracia!"

Entonces, enumerando las cosas que los monos no hacen, continuó diciendo: "Nunca verán a un mono ponerle cerca a un cocotal y luego dejar que todos los cocos se pudran sin permitir que nadie los aproveche. Hay otra cosa que un mono no haría: estarse fuera toda la noche, pelearse o usar un revólver o un cuchillo para quitarle la vida a otro mono. Sí, el hombre descendió -el muy perverso. Pero, hermanos míos, no descendió de nosotros."

Ray O. Jones

147. LA EVOLUCION: UNA TEORIA

Hace ya algún tiempo un hombre me dijo:

—No creo en Dios.

—Y si no cree en Dios, ¿en qué cree? —le pregunté.

—Creo en lo que veo —me respondió—, en lo que se puede comprobar por medio de los sentidos.

—Hay una cosa cierta —le dije—, usted y yo estamos aquí. ¿De dónde venimos?

—Venimos del mono.

—Cree en la teoría de la evolución, ¿no es cierto?

—Sí, señor —me dijo—. Eso es lo que creo.

—¿Ha visto algún mono en proceso de convertirse en hombre?

—Tengo que confesarle que no lo he visto.

—¿Sabe de alguien que alguna vez, en alguna ocasión de la historia, haya visto a un mono en proceso de evolución?

—No. Tampoco sé de alguno que haya visto tal cosa.

—Luego entonces, confiesa que cree en lo que no ve, en lo que nadie ha visto ni verá jamás. Usted ha dicho que necesita pruebas palpables para creer. ¿Puede presentarme pruebas sensibles, palpables, razonables, sensatas, que corroboren la teoría de la evolución?

El hombre se quedó pensando un momento y dijo:

—La verdad es que no tengo esa clase de pruebas.

¡Y cómo iba a tenerlas! Si la evolución fuera una ley de la naturaleza, nos encontraríamos ahora mismo con peces, lagartos, gatos, perros y monos en proceso de evolución. Esto no existe, ni hay evidencias de que haya existido jamás.

Autor desconocido

148. UNA FE TENAZ EN DIOS

Don Carmelo Dezeta fue un cristiano a carta cabal. Vivía en Buenos Aires, Argentina, y alcanzó la edad de noventa y tres años. Prácticamente, durante toda su vida fue un hombre saludable, pero siendo ya anciano, su cuerpo débil no resistió la enfermedad que le vino, y a causa de una infección los médicos se vieron en la necesidad de amputarle la pierna derecha.

Un hermano en Cristo, que fue a visitarle en el hospital, le relató al pastor Alberto Mottesi la fortaleza de espíritu en que encontró a don Carmelo. Cuando entró en la sala para visitarle, le vio que estaba con los ojos cerrados. El visitante le preguntó:

–¿Cómo está, don Carmelo?

A lo cual, sin abrir los ojos todavía, don Carmelo contestó:

–Jehová dio, Jehová quitó; sea el nombre de Jehová bendito.

El hermano pensó que don Carmelo no le había entendido la pregunta, y se la repitió. Don Carmelo dijo:

–Jehová es mi luz y mi salvación; ¿de quién temeré? Jehová es la fortaleza de mi vida; ¿de qué he de atemorizarme?

El visitante pensó que don Carmelo estaba como soñando, y que no se había percatado aún de su presencia. Al hacerle la misma pregunta por la tercera vez, don Carmelo abrió los ojos, pero todavía sin ver directamente a su visitante dijo:

–Todo lo puedo en Cristo que me fortalece.

El hermano salió de la sala gratamente impresionado de la fe tenaz de don Carmelo.

Alberto Mottesi

149. LA FE DE JORGE MÜLLER

El capitán de un barco contó la siguiente historia:

La última vez que navegué por aquí, hace cinco semanas, me aconteció algo extraordinario que revolucionó mi vida por completo. Teníamos a bordo a Jorge Müller, de Bristol. Durante veinticuatro horas yo no había abandonado el puente de mando, cuando se acercó Jorge Müller y me dijo:

–Capitán, he venido para decirle que necesito estar en Quebec el sábado por la tarde.

–Es imposible –le repliqué.

–Está bien, si su barco no puede llevarme, Dios proveerá otro medio. Durante cincuenta y siete años nunca he faltado a ninguno de mis compromisos. ¿Quiere acompañarme a orar?

Miré a aquel hombre de Dios y me dije, "¿de qué manicomio habrá escapado este hombre?" ¡Nunca había oído cosa semejante!

–Señor Müller –le dije–. ¿No se da cuenta de lo densa que es esta niebla?

–No –contestó–. Mis ojos no miran a la densidad de la niebla, sino al Dios vivo, quien controla todas las circunstancias de mi vida.

Se arrodilló y oró una oración simplísima, y cuando terminó yo iba a orar; pero Müller, poniendo su mano sobre mi hombro, me dijo que NO orase, "primero, porque usted no cree que Dios contestará; y segundo, porque YO CREO QUE EL HA CONTESTADO, y no hay necesidad de que usted ore acerca de ello."

–Capitán –me dijo–, yo he conocido a mi Señor durante cincuenta y siete años, y durante todo ese tiempo no he faltado ni un solo día en tener audiencia con el Rey. Levántese, capitán, abra la puerta y verá cómo la niebla ha desaparecido.

Me levanté, y verdaderamente, la niebla había desaparecido.

El sábado por la tarde Jorge Müller estaba en Quebec cumpliendo su compromiso.

150. FE ANCLADA EN CRISTO

Durante sus vacaciones en la costa, una familia presenció una gran tempestad. Las olas subían a enormes alturas mientras que los vientos fuertes sacudían violentamente las embarcaciones que estaban amarradas al muelle.

Un niño de doce años, que miraba desde la ventana, se fijó en que sólo la boya flotaba serenamente en aquel turbulento mar y se mantenía en su lugar a pesar de los vientos fuertes. El niño comentó con los demás que la boya era la única cosa que había alli afuera que parecía no tener miedo, porque aunque se hundía de vez en cuando, siempre volvía a subir sin daño y en el mismo lugar.

Entonces el papá les explicó que la boya se mantenía firme a pesar del viento fuerte porque estaba amarrada a un ancla en el fondo del mar, y agregó que también así es nuestra vida. Cuando nuestra fe está anclada en Cristo podemos enfrentarnos sin temor y con calma a cualquier viento contrario en la vida. No existe bendición como la de una perfecta confianza en el Señor.

De El Hogar Cristiano

151. LA FE NOS SOSTIENE

Charles B. Howard era un hombre de Dios, predicador y profesor en el Campbell College, en el estado de Carolina del Norte de los Estados Unidos. La madre de él estaba tuberculosa. Se cuenta que antes de nacer Charles Howard, el médico le dijo a ella que tendría que operarla para salvarle la vida. Ella no quiso perder el hijo, de modo que no permitió que la operaran. Y murió cuando nació él, y una hermana de la madre crió al niño.

Después, cuando él ya tenía veintidós años de predicar la palabra de Dios, el médico que asistió a la madre le dijo que ella rogaba siempre a Dios que le naciera un hijo varón, y que confiaba en Dios en que él sería un fiel siervo de Dios. La fe no es sólo para las cosas de hoy. Hay que confiar en Dios para todo, sea en lo de mañana o en lo de mucho más allá. "Es, pues, la fe la certeza de lo que se espera, la convicción de lo que no se ve" (Hebreos 11:1).

152. ¡MIRE POR ARRIBA!

Un día estaba caminando Juan Wesley con un hombre muy preocupado, que casi parecía dudar de la bondad de Dios.

—No sé qué haré con todos estos afanes y temores –dijo.

En ese momento Wesley notó una vaca que les miraba por encima de un muro de piedra.

—¿Sabe usted por qué esa vaca mira por encima del muro? –preguntó Wesley.

—No –respondió su compañero, perturbado.

—Se lo diré. Es porque no puede ver a través de él.

Eso es lo que hay que hacer con el 'muro' de los temores. Miren más alto, por encima de él. La fe nos ayuda a mirar más allá, por encima de las dificultades, al Señor quien es nuestra ayuda.

Del Boletín Adelante

153. CREER PARA VER

Thomas Henry Huxley fue un distinguido biólogo inglés del siglo XIX. Mientras se encontraba cumpliendo una misión para la corona de Inglaterra, se detuvo un fin de semana en un pequeño pueblo. El domingo por la mañana le dijo a uno de sus asistentes:

–Supongo que usted va a ir a la iglesia. ¿Por qué no se queda en casa y me habla sobre su religión?

–Oh –replicó el otro–, yo no estoy lo suficientemente capacitado como para responder a sus preguntas y argumentos.

Pero Huxley continuó:

–Lo que quiero es que me diga simplemente lo que su religión hizo por usted.

El hombre estuvo de acuerdo, y durante toda esa mañana le habló acerca de lo que había visto y experimentado por su fe cristiana. Finalmente, luego del conmovedor testimonio de su subalterno, Huxley dijo:

–Daría mi brazo derecho por creer así.

Aquí encontramos a un cristiano que creía, y sobre la base de su fe fue capaz de ver y experimentar el gozo de la plenitud espiritual. Desafortunadamente, Huxley quería ver primero y luego creer. Las cosas mejores y más grandes de la vida han sido vistas por aquellos que primero creyeron.

Pablo Alberto Deiros

154. ¿DONDE SE HALLA LA FELICIDAD?

NO EN EL DINERO: Jay Gould, el millonario norteamericano, al morir dijo: "Supongo que soy el hombre más miserable sobre la tierra."

NO EN EL PLACER: Lord Byron, quien vivió una vida de placeres y comodidad, escribió: "El gusano, el cáncer y la pena son sólo míos."

NO EN EL PODER MILITAR: Después de que Alejandro el Grande había conquistado el mundo entonces conocido, lloró en frustración porque no había más mundos que conquistar.

NO EN LA INCREDULIDAD: Voltaire, el notorio incrédulo, escribió: "Desearía no haber nacido nunca."

NO EN LA POSICION Y LA FAMA: Lord Baconsfield disfrutó de las dos cosas en muy buena proporción, pero escribió: "La juventud es una equivocación; la adultez es una lucha; la vejez es una pena."

¿DONDE ESTA LA FELICIDAD? La respuesta es simple: solamente en Cristo. El dijo: " . . . y se gozará vuestro corazón, y nadie os quitará vuestro gozo" (Juan 16:22). Y Salomón escribió: "Y el que confía en Jehová es bienaventurado" (Proverbios 16:20).

De La Trompeta

155. LO QUE EL DINERO NO PUEDE COMPRAR

Hace algún tiempo, triste y solitario se despidió de este mundo el millonario Howard Hughes, atendido únicamente por unos pocos. Murió como había vivido, como un misántropo que no quiere ver ni ser visto, y al morir, muchos ambiciosos alegaron ser sus herederos, dando así origen a conflictos y contiendas.

Hace pocos días murió otro "pobre" ricachón que poseía la bicoca de cuatro mil millones de dólares; pero que, según su propio testimonio, nunca fue feliz. Construyó en un acantilado de Malibú, California, un museo de Artes, en el cual, según sus últimas palabras, deseaba ser sepultado al morir. Pero resulta que las leyes de California, prohibieron tal entierro, de modo que aquel hombre ni siquiera ese deseo pudo cumplir a pesar de sus millones. Pobre Paul Getty.

Muchos hay que erradamente piensan que la felicidad se puede comprar con el dinero; sin embargo, estos dos ejemplos, son más que suficientes para probar que no es así. Ninguno de los dos hombres fue feliz a pesar de sus millones. Pues si aun las cosas de esta vida no se pueden conseguir con el dinero, ¡cuánto menos la salvación! Ya lo dijo el mismo Señor: "La vida del hombre no consiste en la abundancia de los bienes que posee." Palabras parecidas dijo también Pedro: "El don de Dios no se compra con dinero."

Agustín Ruiz V.

156. ¿QUE ES LO QUE ESTAMOS BUSCANDO?

"Había un hombre de negocios tan preocupado por los problemas de la vida, que había perdido la paz. Una noche, sintiéndose desalentado y vencido buscó la soledad para recapacitar en su situación, y decidió remar en su lancha a la orilla del río. Allí en la margen apareció una luz extraña la cual se esfumó al acercarse él a ella. Siguió remando y de trecho en trecho se volvía a ver la luz, siempre un poco más allá, para desaparecer en seguida. "¡Fuegos fatuos!", pensó él. "Esto es lo que he estado persiguiendo durante mi vida —siempre en busca de la felicidad y la paz, sin alcanzarlas jamás."

Equivocadamente los seres humanos estamos habituados a medir la felicidad en proporción a los bienes materiales que se posean. Sí, es cierto que cuanto mayor número de posesiones se tengan, es también mayor la oportunidad que se tiene de satisfacer los deseos materiales; pero también es cierto que hay algunos deseos y necesidades en el corazón del ser humano que no se pueden comprar con todo el dinero del mundo. ¿Se puede comprar con dinero la salud, la verdadera felicidad del hogar, la verdadera amistad, el evitar tener problemas?

De El Hogar Cristiano

157. UN PROPOSITO EN LA VIDA

Si su vida no tiene un propósito definido será un círculo de eventos sin sentido. Será como aquel hombre que se encontraba cavando una zanja. Alguien con curiosidad se acercó y le preguntó qué estaba haciendo y por qué lo hacía. El interrogado, desde el fondo de la zanja, contestó: "Estoy cavando una zanja para reunir el dinero suficiente, para comprar el pan, que me dé la energía necesaria, para seguir cavando la zanja." Este hombre iba a morir cavando una zanja y jamás habría de prosperar. La razón: su vida no tenía propósito definido.

Pero las cosas pueden ser diferentes. Había tres hombres trabajando en la construcción de un gran templo. Alguien fue con la misma pregunta que en el caso anterior: "¿Qué están haciendo y por qué lo hacen?" Uno de los interrogados respondió: "Con este trabajo estoy ganando bastante dinero por día." Otro dijo lacónicamente: "Estoy poniendo ladrillos." Y, finalmente, un tercero respondió: "Estoy construyendo una catedral para la gloria de Dios." ¿Quién de los tres era el hombre más feliz y cuya vida tenía propósito? Seguramente el tercero. Se sentía parte de un proyecto de trascendencia y magnitud eternas. Y esto lo hacía feliz.

Pablo Alberto Deiros

158. ARMONIA EN EL HOGAR

Un hombre, no muy contento con su vida de hogar, bajaba un día al poblado vecino.

Se encontró con una anciana, fuente inagotable de consejos sabios.

El hombre narró a la anciana todos sus problemas.

–Lo siento por los hijos –dijo la buena mujer.

–Por los hijos no –respondió el hombre–. Siéntalo por mí.

La anciana le mostró al hombre una larga escalera, firme y estable.

–Esta escalera –le dijo ella–, es una parábola del hogar. La esposa es una de sus varas laterales. El marido es la segunda. Estas varas deben estar unidas por los peldaños del amor, la simpatía, la amabilidad, etcétera. Cuando falta esa unión, el hogar se desintegra y los hijos no llegarán a cumbre alguna.

–Además –agregó el hombre–, la escalera descansa sobre un piso firme.

–Los santos Evangelios –respondió la anciana– son el piso firme para toda familia bien establecida. Léelos todos los días y obedece sus enseñanzas.

Autor Desconocido

159. JESUS EN EL HOGAR

Un gran escultor alemán se ocupaba durante algunos años en hacer una estatua del Señor Jesús. Después de haber trabajado por algún tiempo, le parecía que su obra ya estaba acabada.

Para poner a prueba el éxito de su trabajo, llamó a una niñita a su estudio y le preguntó:

–¿Quién es éste?

La niña miró y luego replicó:

–Es un gran hombre.

El artista se sintió desilusionado y desalentado. Había esperado que su concepto del Maestro fuera tan exacto que el ojo puro de la niña lo hubiera reconocido de una vez. Pero había fracasado. Comenzó otra vez su obra, y después de unos dos años más, volvió a invitar a la niñita a su estudio, y señalando con la mano su nueva estatua, le hizo la misma pregunta que antes:

–¿Quién es éste?

La niña contempló la figura en silencio por algunos momentos, mientras la admiración y reverencia llenaban su corazón y se expresaban en su rostro; entonces, con lágrimas en los ojos, contestó en voz baja y suave: 'Dejad a los niños venir a mí'. Esta vez el trabajo del artista no había resultado en balde. Había producido una estatua en la cual el instinto de la niña veía las facciones del Redentor. Su obra había aguantado la prueba más severa.

Semejante prueba debería aplicarse a nuestros hogares. ¿Qué cosa se necesita para hacer un ideal hogar cristiano? La presencia del Señor Jesús. El es quien constituye el ambiente del hogar verdaderamente cristiano, dándole un carácter y una fragancia que no se pueden equivocar.

Autor desconocido

160. HOGAR DE MIS RECUERDOS

Juan H. Payne, autor de la canción "Hogar de mis recuerdos", nació en Nueva York, en 1792. Murió en Tunisia, Africa, en 1852. Como actor de teatro recorrió diversos estados de la Unión Americana y no pocos países europeos. El anhelo de formar un hogar propio ardió intensamente en el corazón de Payne, pero no pudo realizar ese ideal porque las mujeres que pretendía le daban inmediata negativa. Así lo hicieron porque creían que el poeta, soñador y andariego, carecía de la estabilidad necesaria que todo jefe de hogar debe tener.

No obstante, la mujer siguió siendo para Payne la joya más hermosa de la naturaleza. Se dice que un día, cerca de Milán, Italia, Payne observó a una muchacha campesina que cruzaba los campos mientras entonaba una melodía. Beldad y melodía se grabaron hondamente en el alma del poeta. Poco después, al impacto de esa tonada, surgió el poema que entonamos año tras año durante el día del hogar, canción que empieza así:

> Hogar de mis recuerdos,
> a ti volver anhelo;
> no hay sitio bajo el cielo
> más dulce que el hogar.

Es interesante ver que de todo cuanto Payne escribió, sólo "Hogar de mis recuerdos" se salvó del olvido e inmortalizó el nombre del autor. Todo indica que aquellos amores, fugaces o no, que no llegan al altar del matrimonio pueden inmortalizarse en creaciones del espíritu. Uno de esos frutos es sin duda alguna, "Hogar de mis recuerdos", hijo espiritual de un romántico norteamericano y una beldad italiana. Otro es la novela "María", de Jorge Isaacs, hija espiritual de Efraín y una jovencita llamada María, amor que no llegó al matrimonio por cuanto la muerte cortó la vida de la amada. Efraín y María no tuvieron hijos de la carne, pero he ahí, en la novela, una hija que inmortalizó el nombre de sus progenitores.

Reproducido de "La Biblia en América Latina"

161. ¿ES LA IGLESIA UN EJERCITO?

Un joven había regresado del servicio militar y el pastor le pidió que diera un breve testimonio sobre sus experiencias en el ejército. El muchacho aceptó pero solicitó que, antes, la congregación cantase el himno "Firmes y Adelante". Después dijo:

—Acabamos de cantar "Firmes y Adelante, huestes de la fe"... pero lo malo es que ahora yo sé cómo funciona un ejército y me resulta difícil compararlo con nuestras iglesias. La disciplina de los soldados es muy distinta a la manera de actuar de muchos cristianos. Supongamos, nada más, que, al pasar revista del batallón el sargento notara que algunos soldados faltan en las filas y preguntara por ellos:

—¿Por qué no se ha presentado el soldado fulano?

—Está enojado con el soldado perengano, mi sargento, y resolvió no venir más al cuartel —responde otro conscripto.

—Bueno —replica el sargento— alguna vez se le pasará el disgusto y entonces volverá al regimiento. ¿Y el soldado mengano?

—Mengano me pidió que le informe que está un poco cansado por el "orden cerrado" del otro día y porque lo mandaron "de imaginaria" dos veces en una semana, mi sargento. Y también dijo que si no dejan de molestarlo con tantas actividades, se va a ir al ejército de otro país.

—Es una pena —manifiesta el sargento—; le mandaré una cartita para que reflexione. ¡Ajá! Hay otro que falta. ¿Dónde está el soldado zutano?

—Zutano tuvo que asistir a una importante reunión de los dirigentes del club "Los Once Unidos" y manda a decir que lamenta muchísimo que hoy no le será posible venir al cuartel, pero que él estuvo en las maniobras del mes pasado. También le manda muchos saludos, mi sargento, y dice que siempre está recordando al batallón...

—Muchas gracias —contesta el amable sargento—; díganle que

venga cuando pueda, aunque sea un poco más tarde. Por último, ¿qué pasa con el soldado Pascualín?

—El soldado Pascualín se quedó acostado, mi sargento. Dice que tiene mucho sueño y que le duele el callito. Pidió que usted vaya a visitarlo...

Repentinamente, el joven que contaba esta amena historia se detuvo y preguntó a la congregación:

—¿Creen ustedes que un ejército podría ser así? Sin embargo, nosotros cantamos "Firmes y adelante huestes de la fe". Pero si la iglesia fuera un verdadero ejército, muchos miembros serían fusilados.

(Adaptado de "Amanecer", México)

162. LA MAGNOLIA BLANCA
(Efesios 4:13)

Cuenta una fábula china, que un padre tenía tres hijos muy unidos. Vivían con sus tres esposas en la finca que era del padre y de ellos. El trabajo del padre con la cooperación de ellos les había traído una gran prosperidad. La hermosa casona donde vivían lucía un bello y variado jardín, y en el centro del mismo una lindísima magnolia blanca se mantenía fresca y rebosante de vida.

El anciano padre les repetía con frecuencia: "Hijos, el día que yo fallezca, no se vayan a desunir, porque la desunión sería la destrucción de toda su prosperidad." Sin embargo, a pesar de que tanto se los había encargado, al no más morir los hijos decidieron separarse, ya que todos querían ser jefes.

Acaloradamente comenzaron a repartirse la hacienda. Y al llegar a considerar la magnolia, se dijeron: "¿Qué haremos con ella?" Lo más fácil, dividirla a ella también, de modo que dispusieron que a uno le tocaría el tronco, al segundo el tallo y al tercero las ramas. Muy bien, se dirigieron al jardín y al acercarse a la hermosa magnolia notaron con asombro que se había secado. Reprendidos retroceden, se acuerdan de las amonestaciones del padre y abrazándose los tres matrimonios, dicen: "Lo mismo nos pasará a nosotros si nos desunimos; nos secaremos." Hacen pacto de permanecer en unión. Y al instante ¡milagro! notan que la querida magnolia de nuevo reverdece, reflorece y se engalana de hermosura.

La iglesia que se desune se seca.

Germán Núñez B.

163. UNA IGLESIA UNIDA ES FUERTE

"En la unión está la fuerza y en la fuerza la victoria"

El sultán de Marruecos poseía una enorme catapulta, antigua máquina de guerra, que era llamada la catapulta sagrada. La misma era manejada por 4.000 vasallos. El sultán era un tirano despótico y cruel. Ejercía una bárbara opresión sobre su débil pueblo. Cuando alguien se quejaba del maltrato que les daba, ordenaba que dirigieran la catapulta hacia la casa del presunto insolente y la enorme máquina arrasaba la casa con todos sus habitantes y pertenencias. La máquina sembraba el pánico.

Pero, un día se presentó un inglés ante los marroquíes y les dijo:

–No se intimiden por la catapulta. Les voy a mostrar un arma más poderosa que ella.

–¡Imposible! No puede ser –dijeron ellos.

–Sí –replicó el inglés–; pero es necesario salir al campo para contemplarla –añadió.

Llegaron al lugar señalado y, naturalmente, de inmediato se dieron a buscar esa fantástica arma, que según el inglés, era más poderosa que la catapulta sagrada. Pero no, nada vieron, era un arma invisible.

El inglés les dio un delgado hilo para que lo amarraran al tronco de un arbusto y lo templaran. Por supuesto el hilo se reventó de una vez. Mandó que unieran dos y sucedió igual. Luego pidió que unieran tres, cuatro, cinco y más, formando cordones cada vez más fuertes, los que se iban reventando, pero con mayor dificultad, hasta que formaron una cuerda tan **gruesa** y fuerte que al templar nuevamente el arbusto salió de raíz. Al punto los sencillos vasallos gritaron: "Ya sabemos... ya sabemos... la unión, la unión."

Los marroquíes presentes enseñaron la lección a los 4.000 vasallos y unidos dirigieron la temible catapulta, esta vez, hacia el palacio del sultán y lo aplastaron con toda su familia y cuanto tenía.

Nadie puede contener a una iglesia unida en el Señor.

Germán Núñez B.

164. POR DORMILONA

En la isla de San Andrés, que pertenece a Colombia y donde la mayoría de sus pobladores son gente de color, un domingo en la noche se estaba celebrando el culto en una capilla. Una hermana que estaba presente se durmió durante el culto. La capilla se alumbraba con la luz de lámparas y, mientras el pastor predicaba, la luz se apagó. Entonces el pastor dijo que era mejor terminar el culto y que todos se fueran a sus casas. Los asistentes empezaron a salir. La señora se despertó y vio como sombras que se movían en la oscuridad. Entonces, afligida, gritó y dijo: "Por favor, hermanos, oren por mí porque me estoy quedando ciega."

A. R.

165. LA SUBJETIVIDAD DE LOS JUICIOS
SOBRE LA IGLESIA

Dos matrimonios comenzaron a asistir a mi iglesia el mismo domingo. Los dos procedían de pequeñas ciudades del interior. Varias semanas después hice visitas a estos matrimonios. El primero de ellos se sentía muy satisfecho. Ambos esposos estaban maravillados por la fraternal acogida de que habían sido objeto por parte de los miembros de la iglesia. Una familia les había invitado a cenar, otras les había llevado a pasear en su automóvil. Se sentían satisfechos de la atmósfera espiritual y fraternal que se respiraba en la iglesia.

El segundo matrimonio, asumió una actitud completamente diferente. También los habían invitado a cenar, pero la señora comentó que la ama de casa no era "muy espiritual", a juzgar por la forma en que trató a su hijo. La misma familia que sacó a pasear al otro matrimonio tuvo esa atención con ellos. Pero la reacción fue la siguiente: "Son unos estirados, querían lucirse mostrando que tenían un buen automóvil, por eso nos invitaron." En la opinión de este matrimonio, la iglesia era fría y la congregación "no tenía la unción del Espíritu al cantar".

Al comenzar a inquirir sobre sus otros familiares, estas personas mostraron que al "convertirse" toda la familia se había peleado con ellos. La señora le había puesto pleito a su propio padre por cuestión de una herencia.

Los dos matrimonios reaccionaban con relación a la misma congregación. El primero era un matrimonio mental y espiritualmente sano, el segundo expresaba su enfermedad. No existe iglesia perfecta, porque está constituida por seres humanos. Pero toda iglesia es santa porque está vivificada por el Espíritu Santo. Hay "cristianos golondrinas" que peregrinan de congregación en congregación buscando la perfección que ellos no tienen. Lo que estas personas realmente necesitan es reconocerse como lo que son, pecadoras, y rendirse a Cristo.

Dijo el gran pensador cubano José Martí: "Hasta el sol tiene manchas; los desagradecidos miran las manchas." Demos las gracias a Dios por la iglesia, donde podemos edificarnos unos a otros y cumplir, junto con otros hermanos, la misión a la cual el Señor nos ha llamado.

Jorge A. León

166. LA IGLESIA, ENFERMERA DEL MUNDO

Una madre vivió la angustia de sentirse sola frente a la enfermedad. Su esposo, que era marino, estaba muy distante y, en medio de la angustia, a ella le era imposible comunicarse con él. Sus tres hijos estaban gravemente enfermos. Ella también padecía la misma enfermedad, pero no podía darse el lujo de quedarse en cama, aunque lo necesitaba. Sacando fuerzas de sus flaquezas se convirtió en la enfermera de sus hijos moribundos, fue la eficaz colaboradora del médico y ayudó a la salvación de su familia.

La iglesia, como esta madre, también está enferma. Dos mil años de historia muestran sus manchas y sus arrugas (Efesios 5:27). No tiene sentido que tratemos de ocultar los defectos de la iglesia; aun en nuestra congregación local podemos encontrar fallas. Pero con todo, es el cuerpo de Cristo (Romanos 12, 1 Corintios 12, Efesios 4) y la única esperanza para el mundo, porque es el único instrumento con que Dios cuenta.

La iglesia puede estar enferma, pero es la única enfermera con la cual puede contar el mundo moribundo.

No obstante, la iglesia debe tomar conciencia de sus dificultades porque, sana, estará en mejores condiciones para cumplir la tarea para la cual Dios la ha colocado en el mundo.

Jorge A. León

167. EL VEHICULO CON TRES CLASES DE PASAJEROS

A cierto pueblo llegó un turista con ansias de conocer lugares pintorescos. Se dirigió al mercado de donde salía un automóvil a cierto sitio de interés turístico. Al pedir el turista hacer el viaje, el chofer le dijo que en su auto había tres clases de pasajeros y que el precio del viaje era de conformidad. Había pasajeros de primera, de segunda y de tercera clase. Aunque el turista no notó ninguna distinción dentro del carro, tomó a broma aquello y compró boleto de primera. Al rato, el automóvil se llenó con más pasajeros y así, bastante apretaditos, el chofer inició el viaje.

Al llegar a cierta pendiente en el camino, el chofer detuvo el vehículo y, volviendo el rostro hacia atrás, dijo muy campante: "Pasajeros de tercera salgan del vehículo y empiecen a empujar el carro; pasajeros de segunda salgan y párense a ver; pasajeros de primera se quedan sentados en sus asientos." Y así lo hicieron. Al turista, aquella escena le pareció extraña y divertida, y se alegró que aunque no sabía el porqué de todo aquello, él había comprado boleto de primera clase.

Esto ilustra la situación de muchas iglesias. Pareciera como que hay tres clases de miembros: los de tercera, los de segunda y los de primera. Los de tercera son aquellos hermanos que llevan adelante la obra del Señor; ellos son los que sudan la gota gorda, como se dice. Los miembros de segunda son los que siempre están observando lo que hacen los demás. Y los miembros de primera son los que todo lo quieren fácil; que todo se haga para ellos porque se creen con todos los derechos. Ojalá que todos los hermanos miembros de nuestras iglesias sean semejantes a los pasajeros de tercera clase; éstos son la garantía del crecimiento y pujanza de la obra.

Adolfo Robleto

168. EL ASNO DE BURIDAN

Se aplica esta frase a los que, atraídos por ideas opuestas, no saben con cuál quedarse. Buridán, doctor escolástico del siglo XIII, hízose conocer por sus comentarios a los libros de Aristóteles y se destacó en la cátedra de filosofía de la universidad de París, de la que fue también rector en 1347. Debe toda su popularidad al ejemplo que él presentaba a menudo de un asno que, hambriento y sediento, murió entre un montón de cebada y un cubo de agua por no haberse decidido a empezar por uno de ellos.

Dice José Ingenieros: "Viven solicitados por tendencias opuestas, oscilando entre EL BIEN Y EL MAL como el ASNO DE BURIDAN." (El hombre mediocre)

"Vosotros de DOBLE ANIMO, purificad vuestros corazones."

"El hombre de doble ánimo es inconstante en todos sus caminos." "Apártate del mal, y haz el bien y vivirás para siempre." Lea Santiago 4:8; 1:8; Salmos 37:27.

Del Boletín La Voz de Betel

169. JESUS Y LOS INTELECTUALES ESCEPTICOS

Siempre ha habido intelectuales que han dicho que Jesús es un mito o, quizá, un gran hombre bueno. Han ridiculizado a la Biblia y se han reído de quienes adoramos a Cristo Jesús como el Hijo de Dios.

Uno de tales fue el doctor Cyril E. M. Joad, decano del departamento de filosofía de la Universidad de Londres. El doctor Joad creía que Jesús era sólo un hombre; que Dios era una parte del universo y que, si el universo se destruía, Dios sería también destruido. Afirmaba que no había tal cosa como pecado, que el hombre estaba destinado a una utopía; y que, a su debido tiempo, el hombre tendría el cielo sobre la tierra.

En 1948, en el suplemento de **Los Angeles Times,** vi un fotograbado de ese erudito y venerable anciano, y la leyenda al pie del grabado se refería al cambio dramático que había ocurrido en su vida. El declaró cómo por muchos años había sido antagónico al cristianismo. Ahora él había llegado a creer que el pecado era una realidad.

Dos guerras mundiales y la inminencia de otra le habían demostrado concluyentemente que el hombre es pecador. Ahora él creía que la única explicación respecto al pecado se encontraba en la Palabra de Dios, y la única solución se hallaba en la cruz de Jesucristo. Antes de su muerte, el doctor Joad llegó a ser un celoso seguidor del Salvador.

Otro caso sobresaliente es el de Lew Wallace, quien fue un famoso general y un genio literario. El y su querido amigo Robert Ingersoll, el famoso escéptico, se pusieron de acuerdo en escribir un libro que destruyera para siempre el mito del cristianismo.

Por dos años, Wallace estudió en las principales bibliotecas de Europa y América, buscando información que le capacitara para escribir un libro que destruyera al cristianismo. Mientras escribía el segundo capítulo de su libro, repentinamente se halló sobre sus rodillas, clamando: "Mi Señor, y mi Dios."

La evidencia de la deidad de Cristo fue abundantemente conclusiva. Ya no podía seguir negando que Jesucristo era el Hijo de Dios. A quien él se había determinado exponerlo como un fraude, le capturó y vino a ser un cristiano. Tiempo después, Lew Wallace escribió **Ben Hur,** probablemente la mejor novela que se haya escrito acerca de los tiempos de Cristo.

170. CRISTO: UNIVERSAL E INDIVIDUAL

En el año 1912 Londres fue escenario de una gran exposición de pinturas. Había óleos representando todas las latitudes. La belleza del Canadá, las costumbres de Australia, el verdor de Escocia, etcétera. Sin duda, los lienzos de mayor prestigio fueron presentados por un renombrado artista africano que con trazos magistrales ganó de inmediato el aplauso del público. En sus obras de la agreste selva, su mundo traído al lienzo al desnudo, apareció la imagen de un Cristo negro. La originalidad de su trabajo la explicó con palabras llenas de emoción. Lo pintó negro porque así lo sentía suyo, compañero de su raza y su dolor, partícipe de su desprecio y soledad.

A través de todos los siglos el hombre ha tratado de interpretar a Cristo. Leonardo D'Vinci, lo pintó como italiano; el Greco, con rostro de español y cada uno de nosotros lo asimilamos a nuestra singular experiencia. Este es el misterio de Cristo, que siendo universal es también individual, compañero de nuestra vida, amigo inseparable, consejero, Redentor, Salvador eterno. Cristo quiere ser hoy tu Señor, ancla de fe en tu vida, antorcha de tu esperanza y objeto de tu adoración y amor.

De El Hogar Cristiano

171. JESUCRISTO: LA LUZ DEL MUNDO

Un maestro religioso oriental decía: "En este edificio hay muchas ventanas. Por medio de cada ventana la luz entra. Cada ventana pudiera decir: 'Tengo la luz', pero la verdad es que ninguna tiene toda la luz sino que cada una distribuye una parte de la luz para que entre todas iluminen el salón. Asímismo pues, las religiones proveen la luz. El budismo, la **cristiandad**, **el** mahometismo; cada una proporciona algo de luz pero ninguna debe decir: 'Soy la luz.' "

Un cristiano que estaba en la sala escuchando le interrumpió: "Perdone, señor, pero usted se equivoca. Cristo no es la ventana. Es el sol. El no refleja la luz sino que de él procede la luz." Sólo hay un camino. "Yo soy la luz del mundo,..." dijo Cristo.

Autor desconocido

172. CRISTO, EL TESORO MAS VALIOSO

El 26 de noviembre de 1966, el arqueólogo Howard Carver, junto con un hombre erudito y rico, Lord Carnarvon, abrió una sepultura que por miles de años había estado escondida. Era la tumba de Tutankhamen, monarca egipcio, enterrado hacía 3.300 años en el valle de los reyes en Egipto. Después de la muerte del rey, su joven reina le colocó un collar de flores. Cuando excavaron la tumba, los botoncitos, los lirios y las ninfas guardaban todavía un poco de color. Se dice que este es el más importante hallazgo que se ha hecho en la arqueología. Es el más grande en un solo lugar. Se emplearon diez años en registrarlo y llevarlo al lugar donde se encuentra ahora, el museo Egipcio de El Cairo. Entre otras cosas encontraron estatuas, sillas y animales todos hechos de oro, y un trozo de oro que tenía incrustadas piedras preciosas. La tumba revelaba mucho de la vida en Egipto en el año 1.350 antes de Jesucristo. Todo esto parecía como un paraíso recuperado. Moisés despreció "los tesoros de Egipto" por el vituperio de Cristo.

Autor desconocido

173. LA ENCARNACION ES IDENTIFICACION

Se dice que el rey Santiago V de Escocia solía, de vez en cuando, quitarse sus ropas reales para ponerse ropa humilde de campesino. Viajaba libremente por su tierra, de incógnito, haciendo amistad con la gente común, observando sus dificultades y sus obstáculos y simpatizando con ellas en sus tristezas. Cuando volvía a su trono podía gobernar en una forma más competente a su pueblo, y con una compasión y misericordia paternales. En igual forma Dios vino a la tierra en la persona de Cristo, como ser humano, para que él nos pudiera comprender mejor y suplir nuestras necesidades como seres humanos.

De El Hogar Cristiano

174. LA VIDA CENTRAL DE TODOS LOS SIGLOS

Nació en una oscura aldea, hijo de una mujer campesina.

Creció en otra aldea, donde trabajó como carpintero, hasta la edad de treinta años. Entonces enseñó, predicó el evangelio, y sanó toda enfermedad y toda dolencia.

Nunca escribió un libro.

Nunca tuvo una oficina.

No estableció una familia ni poseyó un hogar.

No fue a la universidad.

Nunca visitó una ciudad grande.

Nunca viajó a más de trescientos veinte kilómetros del lugar de su nacimiento.

Nunca hizo ninguna de las cosas que se asocian usualmente con la grandeza.

Jamás presentó credenciales, porque no las tenía; él era su propia credencial.

Había llegado apenas a los treinta años cuando la corriente de la opinión pública se volvió en su contra.

Sus amigos huyeron.

Fue entregado a sus enemigos y se le sujetó a la farsa de un juicio.

Fue clavado en una cruz, entre dos ladrones.

Mientras agonizaba, sus verdugos echaban suertes sobre sus ropas, única propiedad que tuvo en este mundo.

Cuando murió, fue depositado en una tumba prestada, gracias a la piedad de un amigo.

Casi veinte siglos han pasado, y ahora es la figura central de la raza humana, y guía del progreso del hombre.

Ni todos los ejércitos que hayan marchado, ni todas las escuadras que hayan navegado, ni todos los parlamentos que hayan sesionado, ni todos los reyes que hayan reinado, puestos juntos, habrán afectado la existencia del hombre sobre esta tierra, como lo ha hecho esa única vida central de todos los siglos.

Del Boletín Adelante

175. EL FILOSOFO RENAN Y JESUS

El gran escritor francés, Ernesto Renán, que tanto atacó al cristianismo, escribió con honestidad intelectual en un momento de serenidad: "Descansa ahora en tu gloria, Noble Iniciador. Tu obra está terminada, tu divinidad establecida. No temas más ver derrumbado el edificio de tus afanes. Por miles de años el mundo te ensalzará y tú serás la señal alrededor de la cual pelearemos nuestras más encarnizadas batallas. Mil veces vivirás y mil veces serás más amado. Desde tu muerte has venido a ser la piedra angular de la humanidad, a tal punto que sacar tu nombre del mundo sería verlo conmoverse desde sus cimientos. Entre ti y Dios los hombres no pueden distinguir. ¡Conquistador absoluto de la muerte, toma posesión de tu reino! Y por el camino real que has trazado te seguirán generaciones enteras de adoradores." "Cualesquiera que puedan ser los fenómenos inesperados del porvenir, Jesús no será superado. Su culto se renovará sin cesar; su historia provocará lágrimas sin fin; sus sufrimientos enternecerán los mejores corazones, y todos los siglos proclamarán que entre los hijos de los hombres no ha nacido uno más grande que Jesús"

(Vida de Jesús, Caps. 25 y 28).

176. CRISTO

No fue médico - y curó todas las enfermedades.

No fue abogado - y explicó todos los principios básicos de la ley.

No fue escritor - e inspiró las obras cumbres de la literatura.

No fue poeta ni músico - y es el alma de todos los poemas inmortales.

No fue artista - y llenó de luz a los genios de todos los tiempos.

No fue estadista - y fundó las más sólidas instituciones de la sociedad.

No fue general - y conquistó a millones de corazones en el mundo.

No fue descubridor - y demostró a los mortales los mundos de la inmortalidad.

Del Boletín Adelante

177. AUTORIDAD DE JESUCRISTO

Una vez el rey de Siria, Antíoco Epífanes IV, se propuso invadir a Egipto. Roma quiso detener tal invasión y envió a Popilio Lenas con el objeto de que persuadiera a Antíoco a abandonar su proyecto de invasión. Popilio alcanzó a Antíoco en las fronteras de Egipto. Se pusieron a conversar largamente de muchas cosas, pues ambos se conocían de hacía tiempo en Roma. Popilio no llevaba ejército, ni siquiera una guardia de protección. Después de hablar un rato, Antíoco le preguntó por qué había venido. Popilio le dijo quedamente que Roma quería que abandonara la invasión y regresara. Antíoco replicó: "Voy a pensarlo."

Con una sonrisa torva, Popilio tomó en la mano el cayado y marcó en la arena un círculo alrededor de los pies de Antíoco. "Piénsalo", le dijo en voz baja, "y resuélvelo antes de que te salgas de este círculo que he marcado."

Popilio no llevaba soldados para dar vigor a sus palabras, pero con la reconocida fuerza de Roma pudo obligar a Antíoco a que obedeciera. Popilio, como el embajador de Roma, tenía toda la autoridad del imperio poderoso que representaba. Así Jesús, revestido con todo el poder y la autoridad del cielo, podía impartir sus órdenes.

Autor desconocido

178. EL PILOTO DE NUESTRA VIDA

Navegaba tranquilamente el barco en las aguas plácidas del océano. Era un viaje de placer, en el que la tripulación acomodada disfrutaba de una excursión marítima encantadora. La convivencia de unos y otros hacía aun más grata la travesía. La situación, sin embargo, repentinamente cambió. El cielo, antes despejado, empezó a encapotarse de oscuros nubarrones. El viento, como potro sin frenos, empezó a soplar furioso sobre el mar, y éste, al igual que un monstruo que se despereza, se irguió en altas olas de crestas blancas pero amenazantes. El inmenso barco, rey de las aguas, era ahora un frágil juguete en las garras del mar embravecido.

Sobre cubierta la alegría se esfumó. Hombres y mujeres, con el rostro lívido de espanto, se tambaleaban buscando apoyo de qué asirse. El presentimiento de que el barco se hundiera, era como un puñal clavado en el corazón. Un muchachito de nueve años, sin embargo, andaba de aquí para allá como si nada pasara. Se le miraba impávido.

–Pero, ¿que no te das cuenta de la situación peligrosísima en que nos encontramos todos? –le dijeron algunos–. ¿Cómo es que tú no pareces preocupado?

El niño, mirándolos, les dijo:

–¿Y quién está en el timón del barco?

–Tu padre –le respondieron–; él es el capitán.

–Entonces, si mi padre está en el timón –agregó el muchacho–, éste barco no se hunde, a pesar de la tormenta.

Y no se hundió.

La vida de cada ser humano es como un barco que navega. Y muchas veces azota la tempestad y amenaza el naufragio. El peligro es abismo que se abre a nuestros pies. Y el puerto de anclaje se ve muy distante. Es entonces cuando la desesperación nos invade. Todo el escenario se vuelve obscuro. Y sentimos miedo. Pero es aquí donde surge la pregunta: "¿Quién está en el timón?"

La seguridad de arribar felizmente al puerto de nuestro destino está, precisamente, en quien tiene el timón en sus manos. Si él conoce la ruta, y domina a los elementos de la naturaleza, todo saldrá bien. El Piloto de tu vida y de la mía es Cristo. Un día él calmó la tempestad y sosegó a los vientos en el mar de Galilea. Cuando volvió la paz, **"los hombres se maravillaron, diciendo: ¿Qué hombre es éste, que aun los vientos y el mar le obedecen?"** (Mateo 8:27). ¿Está el timón de tu vida en las manos de ese Piloto divino y poderoso?

Adolfo Robleto

179. LA ROCA INCONMOVIBLE DE LOS SIGLOS

William Gladstone, célebre político y estadista inglés, muy recordado y famoso por las reformas sociales que realizó, cuando se encontraba en su lecho de enfermo y muy cercano a la muerte, sus amigos que lo rodeaban le preguntaron cuál himno quería que le cantaran antes de emprender "el viaje inevitable". El renombrado hombre público, con voz débil pero firme, contestó: "Roca de la eternidad, fuiste abierta para mí".

El príncipe Alberto, esposo de la reina Victoria de Inglaterra, cuando ya se acercaba el fin de su vida, dijo a sus amigos y siervos que le hacían compañía: "Yo he tenido en la vida todo lo que mi corazón pudo desear: riqueza, honores y fama. Pero en esta hora crítica de mi existencia cuán pobre me sentiría si tan sólo descansara en esas cosas vanas y pasajeras." ¿Era acaso que él descansaba en algo mejor que la fama, los honores y las riquezas? Sí, por supuesto, su confianza estaba en la Roca de los siglos.

Durante la Primera Guerra Mundial y en la gran batalla del Marne, un buen cantor fue malamente herido en la garganta, por lo que requirió una seria operación. Cuando el cirujano le notificó que como resultado de la intervención quirúrgica él perdería la voz y que ya nunca podría hablar, el cantante dijo con tristeza: "Por veinte años yo he cantado y muy pronto jamás podré hacerlo. Entonces por última vez voy a cantar un himno." Todos los que lo acompañaban silenciosos se preguntaban qué melodía de su extenso repertorio iría a entonar el famoso cantor y, para sorpresa de ellos comenzó a cantar su himno favorito: "Roca de la Eternidad".

Juan V. Galdámez P.

180. EL CRISTO SILENCIOSO

En un pueblecito del estado de Michoacán, México, hay una imagen muy venerada con la fama de ser muy milagrosa, llamada el Cristo Silencioso. Dicha imagen tiene un candado grande en la boca, y prendidos a sus vestidos hay innumerables dones de oro y plata, obsequiados por sus devotos. A sus pies unas velas arden continuamente. Se dice que guarda con toda fidelidad cualquier secreto que se le encomienda, pues es el Cristo Silencioso.

Pero el Cristo al que nosotros servimos no es el Cristo Silencioso. Porque palabras de gracia brotaron de sus labios, palabras que el mundo jamás olvidará. Con cuánto amor invitó: "Venid a mí todos los que estáis trabajados y cansados, pues yo os haré descansar."

Eduardo G. Wyman

181. DANDOSE COMO JESUS SE DIO

Fue cercano a los días de Navidad en que el buque se hundió. La acostumbrada travesía del río de la Plata, entre Uruguay y Buenos Aires, había concluido para esta nave.

Esa noche hubo neblina. Era cierto. Pero también hubo fiesta y bochinche en los camarotes y en las salas. Nadie supo cómo es que el incendio se produjo y se propagó por toda la cubierta hasta llegar a la sala de máquinas. Fue una de las pocas veces en que el fuego y el agua fueron tan amigos para devorar a sus víctimas.

Cuando estaban en medio del río y el fuego consumía todo, la gente procuraba salvarse como podía. Algunos botes fueron echados al agua pero no alcanzaron para todos. Tampoco los salvavidas alcanzaban. La única salida era arrojarse al agua.

Un tripulante, Luis Viale, decidió nadar hasta la costa pero antes de arrojarse al agua observó a una mujer con su niño en brazos. Rápidamente el marinero tomó consigo al niño y lo llevó con gran esfuerzo hasta la costa. Luego hizo lo mismo con la madre. Pero al llegar a la costa el cansancio era tal que falleció casi instantáneamente. Pero la señora y el niño estaban a salvo.

Hoy esta madre cuenta la dicha de haberse salvado, pero esta dicha está teñida por el amargo recuerdo de Luis Viale que dio su vida por salvarles.

Gracias a Dios que la muerte de Cristo está revestida de gozo y esperanza porque dio su vida, y volviéndola a tomar, nos da vida también a nosotros.

Ariel Lemos

182. YO SOY EL CAMINO

Un piloto norteamericano que volaba sobre Birmania tuvo que lanzarse en paracaídas porque su avión estaba averiado. Cayó ileso en un bosque y un nativo le encontró perdido. El birmanés iba abriéndose paso entre la maleza con el machete. El piloto desesperado, gritó:

—¿Cómo hallo el camino de salida?

Y el birmanés, en su pobre inglés, le dijo:

—Yo soy el camino. Usted nomás sígame, y estará a salvo.

El tenía miedo de seguir perdido y de que lo encontraran los guerrilleros y lo hicieran prisionero. Así nos dice Jesús: "Yo soy el camino."

Billy Graham

183. EL MURIO POR MI

Le preguntarán: "¿Qué heridas son estas en tus manos?" No hace mucho tiempo en los Alpes de Suiza, en la alta montaña, salió el guía, un guía muy conocido, con cuatro americanos para escalar unas cumbres en **Dents duMidi.** Iban sujetos al guía con una cuerda, como es costumbre, todos amarrados a la cuerda. Todo fue bien en las primeras ascensiones, pero al llegar a un sitio donde la senda que orillaba la montaña era estrecha, el último de la fila resbaló y cayó al precipicio. El tercero trató de aferrarse. No pudo y cayó arrastrado por el peso. Tras él cayó el segundo. Y para no detenernos en detalles, el primero también. En pocos instantes cuatro hombres colgaban sobre el abismo. Gritaban desesperados, y se aferraban de la cuerda como aquel que se ahoga y trata de aferrarse a algo que lo sostenga a flote. El pobre guía se afirmó como pudo en la roca, y tiró de la cuerda. Durante algunos momentos pudo sostenerse. Pero el balanceo de aquellos cuerpos, y el peso, era más que sus fuerzas. Poco a poco, en medio de su angustia, la soga se fue corriendo y yéndose de sus manos hasta que al fin, con un grito, los cuatro cayeron al abismo.

Se ventiló la causa en Berna contra el guía. Estaba el embajador de los Estados Unidos presente allí, abogados, familiares que habían ido de los Estados Unidos. Y toda una audiencia de gentes suizas en su mayoría, miraban severos al guía. Todo el mundo en su fuero íntimo lo declaraba culpable. Por él, por su imprudencia, cuatro vidas habían perecido. Después que hubieron depuesto todos, el juez miró al guía y le dijo: "Ahora es su turno. ¿Tiene usted algo qué alegar?" El pobre hombre comenzó a desenvolver sus manos que estaban envueltas en gasas; quitándose las gasas las puso a un lado, y mostró sus manos. Todos pudieron ver las manos despellejadas y hendidas por un surco, todavía rojo de sangre; un surco que ya nadie podría curar. Estas manos habían quedado inútiles para siempre. Mostrando sus manos al juez y a la audiencia, dijo: "Señor juez, mire mis manos. Yo hice cuanto pude para salvarlos de la muerte." Cuando la gente miró aquellas manos, calló. Allí estaba el testimonio elocuente. Las manos heridas, llagadas, inutilizadas para siempre.

Yo puedo pensar en la escena en la gloria, a mi Salvador, el Buen Pastor, allí, mostrando a su Padre sus manos: "Padre, mira mis manos. Tendrán para siempre las marcas del Calvario. Yo hice cuanto pude para salvarlos del abismo."

Fernando Vangioni

184. CRISTO PAGO POR NOSOTROS
(1 Pedro 3:18)

Era yo un jovencito. Mi hermano inmediato mayor a mí era propietario y administrador de una refresquería que tenía establecida en el mercado de Maracaibo, Venezuela.

A la autoridad del mercado se le llamaba juez de Abasto. Era en la época del dictador Juan Vicente Gómez. El juez dictó ciertas disposiciones que perjudicaron el negocio, en vista de lo cual decidió intervenirlas. Inmediatamente vino una cita para comparecer ante el juez. Mi hermano me dijo que si a él lo detenían, el negocio, de donde provenía mi sustento, se arruinaría y, en consecuencia, me propuso que yo lo sustituyera. Me advirtió que me pondrían preso, pero que él me enviaría al cuartel de policía comida y refrescos. A esto convine yo con mucho gusto.

Me presenté ante el juez de Abasto quien de una vez me envió al cuartel de la policía. Estuve varios días detenido y realizando trabajos duros y sucios.

Mi hermano había cometido una falta y él era el que merecía la prisión. Sin embargo, yo había asumido la responsabilidad y había tomado su lugar. El quedó libre porque yo pagué por él. Aunque había violado la ley, no podían castigarlo porque yo estaba expiando o quitando su transgresión. Jurídicamente hablando, yo encerrado, era mi hermano, y él, libre, era yo.

Exactamente. Todos nosotros hemos violado la ley de Dios. Merecemos la condenación eterna que es el fallo de la ley. Pero el Hijo de Dios asumió nuestra responsabilidad y puso sobre sí nuestra culpa. El tomó nuestro lugar y recibió el castigo de nuestros pecados allá en la cruz. Si lo recibimos como nuestro Salvador personal, ante Dios ya nuestros pecados fueron castigados en la persona de él. Nosotros quedamos libres porque Jesús pagó por nosotros y ahora podemos decir con Pablo: "Ninguna condenación hay para los que están en Cristo Jesús."

Germán Núñez B.

185. HUBO UNO QUE TOMO NUESTRO LUGAR

Se cuenta que la misionera, señora Jane McRae, había recibido de los Estados Unidos un cargamento de paquetes de ropa para que la distribuyera entre los niños de la escuela donde ella enseñaba, en un país musulmán. Tuvo que desenvolver cada paquete para sacar una pequeña Biblia que se había puesto allí. El gobierno no permitía la distribución general de literatura religiosa. Sólo que alguien la solicitara, se le podía entregar la Biblia. De modo que repartir las Biblias a los niños era un problema serio. La misionera las recogió todas y las metió en una bolsa grande para llevarlas a su casa. En el camino unos muchachos le quitaron la bolsa a la señora y se fueron corriendo. Pero al darse cuenta de que no había comida en el saco, disgustados regaron los libros por la calle. La autoridad, entonces, acusó a la señora McRae de distribuir literatura religiosa. Fue citada para que se presentara al día siguiente delante del tribunal.

A las dos de la madrugada oyó que alguien llamaba a la puerta. Al abrir, se encontró con una mujer y una muchacha muy bonita, quien era una de sus discípulas. La muchacha le dijo que su padre, un oficial del ejército árabe, quería hablar con ella inmediatamente. Al ver el rostro de la joven, la señora McRae se dio cuenta de que estaba asustada y que la cosa era urgente. Entonces se vistió con rapidez y acompañó a las dos mujeres hasta la casa del oficial. Una vez allí, él le dijo que le contara lo que había pasado con las Biblias. Cuando la señora hubo terminado su relato, el hombre le dijo: "Por ser usted mujer no podrá presentarse delante del tribunal. Se deshonra. Ya no tendría más el respeto del pueblo ni podría seguir sirviendo aquí." El hombre dio varias vueltas en el cuarto y, de pronto, dijo: "Yo iré en su lugar." La señora McRae no sabía en el momento que para él también sería deshonra. Tiempo después supo que él había perdido su rango militar por haberla ayudado. Nunca más lo volvió a ver, ni a la hija de él. Más tarde supo que por lo que él había hecho por ella, tuvo que ir, junto con la hija, al exilio. Con la voz temblorosa ella dijo emocionada: "El se presentó ante el tribunal en lugar de mí."

Es esto lo que hizo mi Salvador por mí. El fue condenado y castigado en mi lugar.

186. CRISTO MURIO POR NOSOTROS

Durante la violencia y el sadismo practicados por los nazis en los campos de concentración durante la Segunda Guerra Mundial, ocurrió algo que ilustra muy bien el sacrificio personal.

El día 17 de febrero de 1941, Maximilian Kolbe, un polaco, fue encarcelado en Auschwitz por la policía secreta alemana. Un día, a fines de julio del mismo año, la guardia del campamento descubrió que se había escapado uno de los prisioneros. Para evitar que se repitiera tal cosa por parte de los demás prisioneros, los nazis tenían la costumbre de matar a diez hombres por cada individuo que se escapaba. Los escogían a la ventura. La muerte que les esperaba a estos diez hombres era muy cruel, pues los dejaban morir de hambre. En el momento en que los llevaban, uno de ellos gritó: "¡Tengan misericordia! Tengo mujer e hijos."

Kolbe, que presenciaba aquello, se adelantó y se ofreció para reemplazar a este padre de familia. Se fue Kolbe con los otros nueve hombres a la casita donde tenían que sufrir de hambre hasta que les llegara la muerte. Estando allí juntos Kolbe fue quien más consolaba y fortificaba a los demás. Aguantó el hambre por dos semanas cuando por fin le pusieron una inyección letal. Murió el 14 de agosto.

El guardia anotó solamente que el prisionero 16670 había muerto. Sin embargo, el hombre, por quien él había hecho el sacrificio se acuerda muy bien. Cada año, el día 14 de agosto, se lo pasa en meditación, recordando a ese amigo que dio la vida por él.

Autor desconocido

187. AMOR DE MADRE Y AMOR DE CRISTO

Bien podemos cantar: "Mi lugar Jesús ocupó, mi deuda por él se pagó, llevó mis dolores, sufrió mis pesares, y las puertas del cielo me abrió." Leland Wang, un evangelista chino, dijo que cuando él era niño, en cierta ocasión se portó muy mal, hizo males; su madre se dispuso a corregirlo y con vara en mano, le llamó, pero él en lugar de obedecerle, corrió de ella, burlándose. Siendo que era imposible para ella alcanzarlo, se paró y dijo: "Me siento avergonzada de mí misma, pues estoy criando a mi hijo, que ahora rehúsa recibir corrección de su madre cuando hace mal. Me castigaré a mí misma." Y comenzó a pegarse a sí misma, en su brazo. Leland Wang, su hijo, que la estaba viendo, sintió pena y regresó a su madre y se puso a su disposición para ser castigado. Pero ya no hubo necesidad para ser castigado, pues se había arrepentido de sus hechos. Wang dice que ese incidente no lo puede olvidar, y que lo ha ayudado a entender el grande amor de Cristo Jesús, que voluntariamente tomó el lugar de nosotros los pecadores en la cruz, para sufrir nuestro castigo.

Esteban Viera

188. LA SANGRE DE CRISTO

Fue Johann Albretch Bengel, 1687-1752, un famoso teólogo alemán, hombre de letras y profunda piedad, autor de comentarios bíblicos y otras obras teológicas.

Siendo profesor de teología del Seminario de Denkenford, sufrió una enfermedad, por lo que recibió la visita de un seminarista.

El doctor Bengel pidió al joven estudiante que le dijera algunas palabras de consuelo.

El joven le respondió:

—Señor, soy un alumno, un simple estudiante; no sé qué decir a un profesor como usted.

El enfermo exclamó:

—¿Qué? ¿Un estudiante de teología como usted no puede impartir una palabra de consuelo?

Entonces el joven, haciendo un esfuerzo citó el texto: "La sangre de Jesucristo su Hijo nos limpia de todo pecado" (1 Juan 1:7).

Y el doctor Bengel, conmovido, dijo:

–Esas son las palabras que quería oír, son suficientes–, y tomando la mano del joven la estrechó afectuosamente.

La sangre de Cristo es preciosa: 1 Pedro 1:19. Redime: Hechos 20:28. Limpia: 1 Juan 1:7. Purifica: Colosenses 1:20. Reconcilia: Efesios 2:13. Abre el cielo: Hebreos 10:19, 20.

Enrique Piña

189. "EN MEMORIA DE MI"

Se cuenta que en Alemania tuvo lugar una historia sentimental que le dio nombre a una de las flores más conocidas en Europa. Es la historia de un músico pobre que amaba intensamente a su novia. Queriendo ofrecerle el más alto grado de felicidad se fue de su lado con el propósito de hacer fortuna y lograr fama. Cuando hubo ganado ambas cosas, regresó a su pueblo para unirse a su prometida. Una noche paseaban a orillas del río Rhin, cuando él vio en la ladera de un barranco un grupo de florecillas azules que quiso cortar de inmediato para ofrecerlas a su dulce compañera. Al procurar alcanzarlas, su pie resbaló haciéndole perder el equilibrio y deslizándolo a las corrientes de las aguas turbulentas. La historia dice que mientras el río lo arrastraba, él logró echar las florecillas en la ribera y desapareció con este grito en los labios: "¡No me olvides!" Desde entonces hasta ahora, esa pequeña florecita, tomó ese nombre, con el cual es conocida no solamente en Europa, sino en todas partes del mundo. Ellas son el símbolo de un sacrificio, un monumento del amor de un hombre hacia una mujer.

La Biblia cuenta que una noche el Señor Jesucristo, después de haber celebrado la cena Pascual con sus discípulos, les quiso dejar el recuerdo memorable de su sacrificio en la cruz como la expresión de su amor redentor. Tomó pan y lo bendijo, lo partió luego y distribuyó a todos diciendo: "Esto es mi cuerpo que por vosotros es partido." Y tomando la copa, la dio, diciendo: "Tomad esto y repartidlo entre vosotros." "Haced esto en memoria de mí." Desde entonces hasta nuestros días esto es el símbolo más emotivo, el acto conmemorativo del sacrificio de Jesucristo como expresión de su amor por el género humano. Su grandeza está en su significado.

Hugo Ruiz

190. CONSUMADO ES

El doctor F. W. Boreham, de Australia, hace los siguientes comentarios sobre la frase: "Consumado es." Nos recuerda que en el griego es una sola palabra **Tetelestai.**

"Esta es una palabra del agricultor. Cuando de su ganado nace un ternero o un potrillo tan hermoso y tan bien formado que parece absolutamente libre de defectos, con una mirada de orgullo y satisfacción exclama: **Tetelestai.** Consumado es."

"Además, es la palabra del artista. Cuando ha hecho un pintor o un escultor los últimos retoques de un paisaje, o las últimas cinceladas de un busto de mármol, se atrasa unos pasos para contemplar y admirar mejor su obra maestra, y no viendo nada que requiera corrección, murmura satisfecho: **Tetelestai.** Consumado es."

"Luego es la palabra del sacerdote. Sucede que algún adorador devoto trae al templo un cordero sin mancha y sin defecto, en lugar de un animal cojo, ciego o perniquebrado, como algunos suelen ofrendar a Dios. Viendo a la víctima, el animal más perfecto del rebaño, él exclama con profunda aprobación: **Tetelestai.** Consumado es."

"Y cuando en la plenitud de los tiempos, el Cordero de Dios fue ofrecido sobre el altar de las edades, el altar de la cruz, siendo él mismo el sacerdote y el sacrificio, con un gozo tan profundo que ahogó toda su angustia, mientras terminaba de ofrecer un sacrificio sin mancha o defecto, perfecto, completo, suficiente para siempre, clamó en santo triunfo: **Tetelestai.** Consumado es."

Copiado

191. DIOS NOS LIBRA DE LA MUERTE

Después de la Guerra Civil de los Estados Unidos, Ira Sankey, un cantante de profesión, se hizo famoso cantando himnos evangélicos. Una noche de diciembre de 1875 viajaba en un buque de vapor que navegaba en el río Delaware. Muchos pasajeros estaban en la cubierta. Le pidieron a Sankey que cantara y él, con el gozo de siempre, comenzó a cantar.

Parado allí delante de aquella gente, alzó el rostro hacia el cielo en un momento de oración. Como estaban ya casi en la última quincena del mes, él quiso cantar un himno de Navidad, pero algo le detuvo y empezó a cantar el himno "Libres Estamos, Dios Nos Absuelve". Al terminar de cantar, un hombre de cara curtida se le acercó y le preguntó a Sankey:

—¿Sirvió usted en el ejército de la Unión del Norte?

—Sí, en la primavera de 1860 –contestó Sankey.

—¿Se acuerda usted de una noche muy clara en que usted estaba de guardia?

—Sí –contestó muy sorprendido.

—Pues yo también esa noche estaba de guardia, pero yo prestaba servicio en el ejército de la Confederación. Lo vi a usted allí en su puesto y dije para mí, "ese tipo no se irá vivo de ese sitio". Levanté la pistola y apunté. Yo estaba en la sombra mientras que la luz de la luna alumbraba el sitio donde usted se hallaba parado. Cuando iba a disparar usted hizo lo mismo que acaba de hacer ahorita. Levantó los ojos al cielo y empezó a cantar. Entonces quité el dedo del gatillo. "Lo dejaré que termine de cantar", me dije. "Después le disparo. Será mío porque el tiro no se equivoca." El canto era el mismo que usted acaba de cantar. Me acuerdo bien de la letra:

> Libres estamos, Dios nos absuelve;
> En él confiamos, paz nos devuelve.
> Nos vio perdidos; nos socorrió;
> Aunque enemigos, nos amó.
>
> El nos redime, nada tememos;
> Verdad sublime, no la dudemos.
> Nuestra cadena Cristo rompió;
> Libres de pena nos dejó.

La canción me hizo recordar mi juventud y a mi madre. Ella era una mujer reverente y temerosa de Dios. Tantas veces la oí cantar esa misma canción. Cuando usted terminó de cantar a mí me fue imposible matarle, pues pensé: "El Dios que puede salvar a este hombre en el momento en que de seguro le llegaba la muerte, tiene que ser todopoderoso." Entonces bajé la mano con la pistola.

Y mientras usted cantaba ahora, me acordé de todo eso. Sentí una vez más la gran pena. Ahora quisiera que me ayudara a encontrar a ese Dios que usted conoce.

Con mucha emoción Sankey abrazó al que había sido su enemigo. Esa misma noche Sankey le contó al hombre la historia del gran amor que llevó a la cruz al Hijo de Dios, y el hombre conoció la seguridad espiritual que se proclama en el himno:

El nos redime; nada tememos;
Verdad sublime, no la dudemos.
Nuestra cadena Cristo rompió;
Libres de pena nos dejó.

Jesús, el Mediador del nuevo pacto, vino a buscar y a salvar lo que se había perdido. En él todos pueden conseguir el perdón y la paz.

Hershel V. Ford

192. SOLO LA SANGRE DE CRISTO LIMPIA LA CONCIENCIA DE PECADO

Cuando se realizó la Exposición Colombiana de 1893, se reunió en Chicago, el parlamento de las Religiones. El doctor Hale fue el defensor de los unitarios; el profesor de religión hindú, Vio Kanada, fue el que representó al hinduísmo y Joseph Cook, el que representó al cristianismo.

Después de que los demás representantes elogiaron las glorias de las varias religiones que profesaban, le llegó su turno al doctor Cook. Dramáticamente se acercó al frente de la plataforma y anunció en voz fuerte: "Les presento a la dama Macbeth." La dama Macbeth fue la heroína del drama "Macbeth", una tragedia teatral escrita por Shakespeare. La dama Macbeth hizo que su marido matara al rey Duncan, mientras éste era huésped en el castillo de los Macbeth. Era ella una mujer muy dura, pero por fin la conciencia le hizo reconocer lo horrible del crimen que había cometido. A pesar de sostenerlo con descaro estando despierta, las horas cuando dormía le eran un tormento. La congoja la enloquecía. Llamaron al médico de ella, y estando él presente, la dama se paseaba en su alcoba hablando dormida. La aturdida conciencia de la pobre mujer daba expresión al delito, aun cuando la dama quiso guardarlo en secreto. "¡Fuera de allí, condenada mancha! ¡Fuera le digo! . . . Está aún el hedor, la sangre. Todos los perfumens de Arabia no podrán purificar esta mano. ¡Ay de mí!" (Acto V, Cuadro 1).

Esa era la dama de quien habló el doctor Cook delante de aquel inmenso grupo de gente en Chicago. Después de presentarla así, se dirigió al doctor Hale, el unitario, y le preguntó: "¿Hay algo, señor Hale, en la religión suya que pueda purificar la conciencia de esa mujer?" El doctor Hale no tenía qué contestarle. Le hizo al indostán la misma pregunta, y él también se quedó sin contestar. Luego, alzando los brazos hacia la concurrencia, dijo apasionadamente: "La sangre de Jesucristo nos limpia de todo pecado."

No es posible servir a Dios mientras las obras muertas de los pecados manchan la conciencia. Para poder servir al Dios santo hay que quitar la mancha que deja el pecado. No basta la ceremonia religiosa, ni la penitencia ni ninguna determinación, ni ninguna obra. Sólo la obra de Cristo, el sacrificio de su sangre es lo que trae la paz al corazón del culpable.

Autor desconocido

193. EL GRANDIOSO EVENTO DE LA RESURRECCION

Hace unos años, cuando el primer ser humano puso sus plantas sobre la luna, el entonces presidente Richard Nixon de los Estados Unidos, lleno de gran emoción declaró: "Aquel evento era el hecho más grandioso de la historia humana . . .", a lo cual respondió el eminente líder y evangelista cristiano Billy Graham: "Con todo el respeto que el señor Presidente se merecía, no estaba yo de acuerdo con esa declaración, ya que el evento más grande de la historia había sido y continuaba siendo la Resurrección de Jesucristo de entre los muertos."

¡La iglesia de Dios puede decir un AMEN bien grande! Pues no hay otro suceso que sea de más trascendencia y repercusión en la humanidad que la victoria de Jesús sobre la muerte y el pecado.

Roberto Peón Oliva

194. LA RESURRECCION DE CRISTO DISIPO LAS SOMBRAS DEL VALLE DE LA MUERTE

Dice Stanley Jones que luego de la batalla de Waterloo se difundió la noticia con señales luminosas: "Wellington vencido . . ." En ese momento la niebla interrumpió la comunicación e Inglaterra quedó sumida en la tristeza. Pero cuando se disipó la niebla el mensaje fue completado: "Wellington (ha) vencido a Napoleón", y la tristeza se trocó en gozo. Así, el monte Calvario dejó la impresión: "Jesús vencido", y las tinieblas cubrieron la tierra, y el dolor y la desesperación empañaron las esperanzas de la humanidad. Pero en la gloriosa mañana del domingo, fue disipada la niebla y se transmitió el mensaje completo: "Jesús (ha) vencido a la muerte."

De El Hogar Cristiano

195. LA RESURRECCION DE CRISTO

El doctor Billy Graham dice que el epitafio de la tumba de Jesús sorprende por su notable diferencia con las inscripciones en las lápidas de los cementerios. Cuando visitamos otros sepulcros leemos: "Aquí yace..." y luego sigue el nombre, la fecha del fallecimiento, y tal vez algunas palabras sobre las virtudes del difunto. Pero el epitafio de la tumba de Jesús no está escrito en letras metálicas ni grabado en mármol: lo pronunciaban los ángeles y no dice "aquí yace" sino: "No está aquí" (Lucas 24:6).

De El Hogar Cristiano

196. SI CRISTO NO RESUCITO

Durante mi adolescencia escuché un inolvidable mensaje sobre la importancia de la resurrección de Cristo. Han transcurrido más de veinte años, pero aún recuerdo la voz vibrante de aquel predicador que decía: "Si Cristo no resucitó, la fantástica historia de haber sido engendrado por el Espíritu Santo fue inventada por su madre en pecado... Si Cristo no resucitó, ¡vuélvete, Mateo, a tu banco de los públicos tributos!, porque la suntuosa fiesta que preparaste para el hombre de Galilea, era para un glotón y no para el Mesías... Si Cristo no resucitó, ¡vuélvete Pialto a tu tribunal!: no era necesario lavar tus manos de la sangre de ese hombre, porque él era solamente un impostor... Si Cristo no resucitó, vana fue la fe de Juan Huss, quemado en la hoguera cinco siglos después, cuyas cenizas fueron arrojadas al Rhin... Si Cristo no resucitó, abandonemos toda esperanza de ver nuevamente a nuestros amados hermanos que ya entraron en la noche y el diluvio de la muerte, porque están perdidos para siempre."

¡Más ahora Cristo ha resucitado de los muertos! . . . Aquel conmovedor mensaje hizo un profundo impacto en mi alma.

De El Hogar Cristiano

197. LA RESURRECCION DE CRISTO Y EL BUDISTA

Cuenta el misionero bautista, Allen Walker, que durante sus años de servicio en Japón tenía a un hombre budista de confianza, quien le hacía muchos trabajos en la casa. El misionero Walker le hablaba de Cristo y de la salvación del alma.

Un día el misionero, al asomarse por la ventana, vio que el hombre estaba cavando un hoyo al fondo del patio y al lado tenía un ídolo de Buda. Picado por la curiosidad, le preguntó:

—¿Qué haces allí?

Y el budista le respondió:

—Voy a enterrar a mi dios a ver si al tercer día resucita como tú dices que Cristo resucitó. Si no resucita, entonces me hago cristiano.

De esa manera, el hombre se convenció del error de su religión y de la veracidad del cristianismo.

A. J. Kennemer

198. ESPERANDO LA VENIDA DEL SEÑOR

Un viajero preguntó al maquinista si ese tren era el que iba para tal parte.

—Sí —dijo el maquinista—, pero no estoy seguro si llegará.

El viajero, asustado, volvió a preguntar:

—¿Cómo, acaso hay algún peligro?

El maquinista respondió:

—Verá usted: yo soy cristiano; mi compañero, el fogonero, también lo es, y, como por pura coincidencia, el revisador también es cristiano. Los tres esperamos de un día a otro la venida del Señor. Si él viniera hoy, ¿qué sería de ustedes los pasajeros si este convoy siguiera adelante sin mando alguno?

El viajero, estrechando la mano del maquinista, y con una sonrisa, le dijo:

—Pues a mí me tiene sin cuidado; yo también soy cristiano.

Autor desconocido

199. LA SEGUNDA VENIDA DEL SEÑOR

Durante la época de la independencia de países sudamericanos se vivieron circunstancias de mucho valor y heroísmo.

Se habla mucho de los gauchos de Güemes, grupo que acostumbraba esperar y atacar a las fuerzas españolas, por sorpresa. No era éste un ejército, sino un conjunto de gauchos comandados por Güemes quien utilizaba una táctica especial.

Cierto día, sin embargo, muchos de estos gauchos fueron vencidos por las fuerzas realistas. Güemes no estaba con ellos y las bajas eran considerables.

Los gauchos-soldados, los pocos que quedaban, se atrincheraron en un hoyo. Había muchos heridos; lamentos y quejidos se escuchaban constantemente. Los soldados españoles se aprestaron a dar su golpe de gracia. Pero de pronto se escuchó un clarín, y apareciendo en el horizonte se vio a Güemes, junto con otros, envuelto en su poncho de gaucho. La salvación y la ayuda habían llegado. Güemes y su escolta dieron rápido desenlace a la situación y lograron un triunfo que ya parecía derrota.

La esperanza de todo cristiano, aunque tenga dificultades y parezca que nuestro Jefe no está con nosotros, será la de escuchar un día la trompeta de triunfo cuando venga por segunda vez nuestro Salvador.

Ariel Lemos

200. UN CRISTIANO EN ESPERA DE SU SALVADOR

El doctor Wayne Ward, en conferencias dictadas en el Seminario Bautista Internacional de Buenos Aires, Argentina, relató la siguiente anécdota:

Un día estaba caminando cerca del monte de los Olivos, cerca de Jerusalén (decía él), y encontré a un hombre que parecía ser un árabe. Le saludé en mi pobre árabe diciéndole:

–Zulemalec.

Entonces él me contestó con esas palabras tan corrientes:

–Hola, ¿qué tal?

Miré debajo del turbante que llevaba en su cabeza, y le pregunté:

–¿Quién es usted?

–Yo soy un predicador de la ciudad **de Kansas** –me dijo–. Estoy viviendo en una pequeña choza detrás del monte de los Olivos.

–¿Por qué? –le pregunté.

Y contestó:

–Yo quiero estar justamente en el lugar adecuado para cuando descienda el Señor.

Le pregunté:

–¿Viene justamente aquí al monte de los Olivos?

Y él dijo:

–Claro, si es de aquí de donde él ascendió, y es aquí donde él volverá.

201. ¡VELAD! PORQUE NO SABEIS CUANDO VENDRA

Un señor visitó cierta escuela y prometió dar un premio al alumno que tuviera más ordenado su escritorio cuando él volviera.

–Pero, ¿cuándo volverá? –le preguntaron algunos de los niños.

Una muchachita, conocida por sus hábitos desordenados, anunció que ella iba a ganar el premio.

–¡Tú! –dijeron riéndose burlonamente sus compañeros–. Tu escritorio siempre está desordenado.

–Pero lo voy a limpiar al principio de cada semana.

–¿Y si él viene al fin de la semana?

–Entonces lo limpiaré cada mañana.

–Pero él puede volver al fin del día.

La niña se quedó pensativa un momento y luego dijo con decisión:

–Ya sé lo que haré: lo tendré limpio todo el tiempo.

Esta es la manera en que debemos estar los que deseamos estar preparados para el retorno de Cristo. Tendremos que mantener nuestra vida constantemente preparada para que cuando Cristo vuelva podamos sentirnos gozosos de darle la bienvenida.

Autor desconocido

202. NUESTRAS RIQUEZAS

Un joven se quejaba, un día, de Dios en estos términos: "El buen Dios envía a los otros riquezas, pero a mí no me ha dado nada. ¿Cómo empezar la vida sin nada?"

Un anciano que oyó su queja le dijo:

–¿Eres tan pobre como lo crees? ¿No te ha dado Dios juventud y salud?

–No digo que no, y puedo estar orgulloso de mi fuerza y de mi juventud.

El anciano, tomándole entonces la mano derecha, le dijo:

–¿Querrías dejártela cortar por diez mil pesos?

–Claro que no.

–¿Y la izquierda?

–Tampoco.

–¿Y consentirías por veinte mil pesos en quedar ciego?

–¡Que Dios me libre! No daría uno de mis ojos por una fortuna.

–¿De qué te quejas, pues? –dijo entonces el anciano–. ¿No ves que Dios te ha dado una inmensa fortuna? Anda y sé en adelante agradecido.

Copiado

203. ¡UN FAVOR QUE NO PUDE HACER!

Un domingo en la mañana, en la ciudad de New York, estaba yo esperando un tren subterráneo, cuando se me acercó un joven bien parecido, blanco, rubio, de unos dieciséis años de edad y me dirigió estas palabras:

–Señor, ¿quiere hacerme un favor? El tren ya viene por allí y cuando se acerque a nosotros, ¿quiere darme un empujón fuerte para caer en el fondo y que me mate el tren? Es que ya estoy cansado de la vida y quiero morir.

Por un instante me quedé sorprendido y estupefacto, pues éste era el favor más triste que se me había pedido en mi vida. Le dije:

–Joven, ¿qué le pasa? Usted está apenas empezando a vivir, y la vida es dulce. Además, usted tiene un alma preciosa que vale más que todos los tesoros del mundo; un alma que Dios ama, por la cual Cristo murió y que él quiere y puede salvar. Yo también era un miserable que deseaba morir como usted. Una vez me iba a lanzar a la línea férrea al paso del tren, y más tarde, de un disparo, me iba a levantar la tapa de los sesos. Mas un día, un día venturoso, Cristo me buscó y me encontró así, a una pulgada del infierno. Mᴿ tendió sus brazos de amor, me invitó a venir a sus pies, y yo le entregué todo mi ser. El, con su sangre, lavó mis pecados, con su gracia salvó mi alma y con su poder cambió mi desdichada vida. Desde entonces soy un hombre feliz y hoy soy un ministro de Jesucristo.

–¿Y cree usted que yo puedo llegar a ser feliz también?

–Por supuesto, mi amigo –le contesté–, si se entrega al Señor. Vaya a una iglesia cristiana, oiga el evangelio y por fe acepte a Cristo como su Salvador personal.

El tren pasó luego, ambos lo abordamos y nos separamos. Yo me fui orando por aquel pobre joven.

Juan V. Galdámez Palma

204. EL DIAMANTE DE LA VIDA

Un joven mejicano, joyero de oficio, y quien vivía en Los Angeles, se fue en un barco a la India en busca de trabajo. Andando un día de tantos por las calles de una ciudad de la India, se encontró con un hombre hindú que vendía piedras preciosas en sus manos. Al acercársele, observó que el hindú tenía una piedra en bruto, pero que brillaba. Le llamó la atención y se dio cuenta de que era un diamante. Entonces le ofreció comprárselo, y como el hindú notó el interés de aquel joven, le aumentó el precio. El joven le dio todo lo que tenía, y se quedó sólo con el pasaje de regreso.

Muy emocionado decidió volver a su casa, con la ilusión de que aquel diamante lo haría rico. Una tarde, cuando iba en el barco, estaba recostado junto a la baranda del barco y tiraba el diamante en el aire, agarrándolo después con la mano. Un pasajero se le acercó y con mucha admiración vio el diamante, y le dijo al joven que tenía en sus manos una fortuna.

—Lo sé —dijo el joven—, pienso ser rico en Los Angeles con este diamante.

—Pero, muchacho —le dijo el señor—, ¿cómo te pones a jugar con ese diamante? ¿No ves que se te puede caer en el mar y lo pierdes para siempre?

El joven, entonces, con aire de vanidad dijo:

—No se me cae, yo tengo ojo de águila y nervios de acero.

Y, diciendo eso, tiró nuevamente el diamante, pero antes de cogerlo con la mano, una ola grande y fuerte hizo balancearse un poco al barco, y aunque el joven estiró su brazo para coger el diamante, no pudo alcanzarlo y éste cayó al mar.

¡Qué tonto!, probablemente digamos. Pero, detente un momento y examina a ver si acaso tú no estás haciendo la misma cosa. Dios te ha dado el diamante de la vida, la cual vale mucho; pero si tú no andas en los caminos de Dios, y si tú no tienes tu confianza puesta en el Señor Jesucristo, entonces yo te aseguro que vas a perder ese diamante para no recobrarlo jamás.

Leobardo Estrada

205. EL CAMINO A LA PERDICION

No hace mucho leí la noticia de la trágica muerte de un joven. Una noche, iba conduciendo su automóvil a alta velocidad por cierta ruta. En forma violenta chocó con una barrera que cruzaba el camino y, finalmente, fue a caer a lo profundo de un gran barranco. El puente que cruzaba ese barranco había sido desarmado para ser reemplazado por uno nuevo. La tragedia se hacía más grande aún por el hecho de que este joven era uno de los integrantes de la cuadrilla que estaba construyendo el nuevo puente. El tendría que haber conocido mejor que nadie el camino. Pero no fue así. Aparentemente, pensó que se encontraba sobre otra ruta y lo que parecía ser un camino seguro y de felicidad se transformó en un camino de muerte.

Al leer esta trágica historia pensé en muchos caminos iguales a éste, y en tragedias similares. No en caminos que se extienden a través de la campiña, sino en caminos que cruzan por la esfera del tiempo. Caminos como el de aquel joven que buscando riquezas de una manera fácil, finalmente terminó su vida en una cárcel; o aquel otro que flirteando con el escepticismo, terminó infiel; o aquella muchacha que cortejó la popularidad y en pago recibió una vida sucia y un alma marchita. La lista sería interminable. Pensando en estos caminos, vinieron a mi mente las palabras de aquel sabio que dijo: "Hay camino que al hombre le parece derecho; pero su fin es camino de muerte" (Proverbios 14:12).

Pablo Alberto Deiros

206. TU MISMO SERAS TU JUEZ
(Mateo 12:32)

Un norteamericano visitó Alemania en la época de Hitler. Se embriagó en un conocido bar. En su borrachera profirió expresiones insultantes contra el poderoso dictador. El gobierno había establecido en Berlín un amplio sistema grabador, de modo que las imprudentes palabras del norteamericano quedaron grabadas. Estas fueron las expresiones: "Hitler es un sinvergüenza. Hitler va a llevar a la ruina esta nación. Alemania debe levantarse contra él para derrocarlo."

Antes de despertar fue visitado por los agentes de la Gestapo, que a empellones lo llevaron a la presencia del Fuehrer. Se le acusó de que había levantado la voz contra el jefe de Alemania. El negó rotundamente que había dicho tales cosas. Pero las autoridades hicieron funcionar el grabador y en seguida oyó su propia voz: "Hitler es un sinvergüenza. Hitler va a llevar a la ruina esta nación. Alemania debe levantarse contra él para derrocarlo." Quedó estupefacto, horrorizado. Así fue llevado a una hórrida prisión.

Un día tendrá el pecador que comparecer ante el tribunal de Cristo, y sus propios pensamientos, palabras y obras serán el más implacable acusador que tendrá para consigo mismo.

Germán Núñez B.

207. EL JUICIO AL FINAL
(Hebreos 9:27)

Relata León Tolstoy que, antes de convertirse a Cristo, su estado de ánimo era semejante al hombre que, según una fábula china, era perseguido por un rugiente león. Presuroso se echa en un pozo que encuentra a su paso, se ase de unas ramas que salían de las paredes; pero al acostumbrarse sus ojos a la oscuridad, divisa allá en el fondo un dragón que lo está esperando con sus mandíbulas abiertas. Se horroriza, mas se entretiene libando unas gotas de miel que encuentra en las ramas. Pero, ¡qué fatalidad! dos ratones, uno blanco y otro negro, trabajan aserrando las ramas de donde está colgado, de modo que muy pronto caería en las garras del dragón que lo espera allá en el fondo.

Así es el pecador acosado por el león de su pecado, corre a ocultarse y a agarrarse de cualquier asidero mundanal, pero siempre descubre que el dragón del juicio le espera al final. Mientras tanto, se distrae con las gotas de placer que el mundo le proporciona, hasta que se da cuenta que eso no le durará mucho, pues el ratón de cada día y el ratón de cada noche, están aserrando toda confianza humana, y más pronto de lo que espera, estará ante el tribunal de Cristo para ser juzgado por haber rechazado la bondadosa salvación del Señor Jesús.

Germán Núñez B.

208. UNA PINTURA PARA LA ETERNIDAD
(Hebreos 4:13)

En cierta ciudad existía un hombre que con el poder de su dinero, dominaba toda la ciudad. Soberbio y hasta cruel, vejaba y humillaba a todo el mundo.

Hubo un momento cuando maltrató a una pobre viuda golpeándola y escarneciéndola en público. Este acto tan reprochable fue presenciado por un hijito de la viuda en cuya mente quedó grabado para siempre.

Este niñito llegó a ser un famoso pintor y en su ciudad ofreció una rica exposición de sus lienzos. Entre ellos se encontraba el que recogía la vergonzosa acción del rico enaltecido contra la humilde madre. Entre los visitantes que fueron a la exposición estaba el rico de la historia, ya sumamente viejo, enclenque, apoyado sobre un bastón. Después de deleitarse contemplando las pinturas, se encuentra de repente con el cuadro de referencia, y se estremece. En el lienzo se ve a sí mismo cometiendo la más execrable acción. Ofrece gruesas sumas de dinero para hacer desaparecer esa pintura que lo llena de tormentos. Pero el pintor por nada accede. Allí quedó estampada su maldad.

Del mismo modo, todos vamos pintando nuestra imagen para la eternidad. En el juicio final estará ante nuestra vista la imagen nuestra desfigurada por nuestros pecados. Y allá no podremos con nada borrarla. Pero bendito sea el Señor que ahora sí podemos porque "la sangre de Jesucristo su Hijo, nos limpia de todo pecado". Y ahora puede cumplirse en nosotros lo que dice la Palabra de Dios: "De modo que si alguno está en Cristo, nueva criatura es; las cosas viejas pasaron, he aquí todas son hechas nuevas."

Germán Núñez B.

209. HAY UN JUICIO

Jerónimo, doctor de la iglesia del siglo IV, traductor al latín de las Sagradas Escrituras en la versión llamada Vulgata, ya en su edad madura se retiró del mundo a la Tebaida para llevar vida de ermitaño morando en una cueva solitaria. La tradición dice que su vida fue muy austera por temor a la muerte y al juicio. Que junto a sí tenía una piedra con la cual hería su pecho y una calavera en la que se encontró la siguiente leyenda:

> "La vida es un frenesí,
> y como un sueño fugaz:
> como te veo me vi,
> como me ves te verás."

Rafael Moreno Guillén

210. LA TRAGEDIA DE LLEGAR SIN LLAVE

Hace muchos años se celebraba una gran convención en la ciudad de Nueva York. De todas partes llegaban los asistentes a ella. También llegaron, a medianoche, tres turistas. Se sentían cansados y con muchas ganas de dormir. Fueron de hotel en hotel buscando hospedaje sin poder conseguirlo. Al fin llegaron a un hotel de noventa pisos, pero el encargado de la oficina les dijo que disponía de sólo un cuarto y que éste estaba en el último piso.

—No importa —le respondieron—, lo que queremos es tirarnos en la cama y dormir.

—Pero hay algo más —añadió el hombre—, el ascensor está descompuesto y tendrán que subir las escaleras, si quieren.

Pues no había otro remedio y los hombres dijeron que así lo harían. "Después de todo, nos podremos quedar durmiendo todo un día", se dijeron para consolarse.

Al momento de empezar a subir, a uno de ellos se le ocurrió una idea, y fue ésta: Para contrarrestar el sueño y el cansancio, al llegar al piso número 30, uno de ellos relataría una historia interesante; al llegar al piso número 60, otro relataría una historia chistosa, para que la risa los despabilara; y por fin, al llegar al piso número 90, el tercero relataría una historia trágica. Al fin, ya casi desfallecidos, llegaron al último piso. Frente al cuarto en el que debían entrar, el hombre a quien le llegó su turno de relatar su historia, les dijo:

—Un momento, yo sí tengo una historia sumamente trágica que contarles —hizo una pausa, y agregó—: Señores, se nos olvidó traer la llave del cuarto.

Pero, ¿acaso no es ésta la misma equivocación que están cometiendo muchísimas personas? El viaje de la vida, en el que todos vamos subiendo, vamos como si tal cosa. Pero queramos o no, nos demos cuenta de ello o no, llegará el momento en que nos hallaremos frente a las puertas de la eternidad. ¿Y qué si no tenemos la llave de entrada? La vida es mucho más seria de lo que pensamos. Es muy peligroso jugar con ella. Esta lección quiso enseñar Jesús, el Maestro divino, cuando dijo: "Porque ¿qué aprovechará al hombre, si ganare todo el mundo, y perdiere su alma? ¿O qué recompensa dará el hombre por su alma?" (Mateo 16:26). Tener la fe en Jesucristo es poseer la llave de entrada al Reino de Dios.

Adolfo Robleto D.

211. SIMON BOLIVAR Y LA LIBERTAD

Simón Bolívar posiblemente sea uno de los hombres más grandes de América y uno de los cinco más grandes hombres de la historia humana. Nació en Caracas, Venezuela, el 23 de julio de 1783 y murió en

San Pedro Alejandrino, Colombia, el 17 de diciembre de 1830. Muere en la indigencia, sin honores y prácticamente abandonado de todos; víctima de una terrible tuberculosis y atendido sólo por los doctores Reverend y Night. "Nadie quiso vestir el cadáver y tiene que hacerlo el propio Reverend. Al buscar entre las camisas del Libertador una para ponerle, todas estaban rotas, y tuvo alguien que prestarle una de las suyas para vestir a quien moría dejando una fabulosa herencia de cinco naciones emancipadas."

"Sus bienes –en su testamento– los reparte así: Sus huesos a su amada ciudad natal; y su libro preferido, a la universidad de Caracas."

"Varias personas le propusieron que se coronase, pero el Libertador rechazó la propuesta en estos términos: 'Aceptar una corona sería manchar mi gloria; más bien prefiero el precioso título de primer ciudadano de Colombia.'"

"Simón Bolívar participó eminentemente en la lucha emancipadora del Perú. La nueva república, agradecida, le ofreció hacerle su primer presidente. Pero Bolívar se negó, diciendo que tenía todavía mucho que hacer. Entonces el pueblo hizo una colecta popular de un millón de duros, la que se entregó a Bolívar por sus grandes servicios."

"Cuando recibió la ofrenda de amor y gratitud, Simón Bolívar meditó unos momentos, y entonces preguntó cuántos esclavos había en Perú. Contestaron que alrededor de 2.500. Luego preguntó cuánto valía uno de ellos en el mercado, y le dijeron que un hombre fuerte, como esclavo costaba más o menos 300 duros."

" 'Aquí, pues –dijo Bolívar– Yo doy este millón de duros para que se compren todos los esclavos del Perú, y se les dé su libertad. Y si no alcanza, daré lo que faltare de lo mío. Pues no basta que la nación sea libre de los extranjeros, si en ella hay todavía hombres esclavizados.'"

Juan V. Galdámez Palma

212. EL AVE DE LA LIBERTAD

En las majestuosas montañas de Guatemala hay un ave portentosa llamada quetzal. Su cuerpo es pequeño, poquito más grande que el de una paloma. Su plumaje es precioso: escarlata, verde y dorado, y una cola excepcional de cuando menos tres pies de largo. Es una ave muy singular y virtuosa. ¿Cuál es la virtud de ese pájaro maravilloso?

¡Ah, es que no puede vivir prisionero; nació para ser libre! Cuando el quetzal es enjaulado, a las dos o tres horas está muerto; muere de tristeza al verse cautivo, pues es privado de su vida que es la libertad. Por eso el quetzal es llamado el ave libre, y se toma como símbolo o emblema de la libertad.

El hombre fue hecho para ser libre. Pero la prisión del pecado le roba la vida. Jesucristo es el gran Libertador de todos los cautivos.

Juan V. Galdámez P.

213. EL APRECIO DE LA LIBERTAD

Un día un viajero se paró junto a una jaula de hermosos pájaros que estaban luchando por salir de su cautividad. El pasajero fue conmovido, y la vista de la lucha de los pájaros trajo nuevamente a su memoria algo que pasó en su vida hacía ya muchos años, y las lágrimas brotaron de sus ojos.

Preguntó al dueño de los pájaros el precio de uno, y tan pronto como lo supo, abrió la puerta de la jaula y le dio libertad; y así siguió hasta que hubo comprado y libertado a todos, los cuales volaron cantando alegremente por el aire.

La multitud quedó pasmada pensando que el hombre estaba loco; y uno le preguntó por qué había hecho aquello, gastando tanto dinero de balde. El contestó: "Yo fui cautivo, y sé cuán agradable es la libertad. La cosa más preciosa en todo el mundo es la libertad verdadera."

Así debe sentirse el hombre librado de la condenación del pecado; y debe sentir tan profundamente la gratitud que luchará y se sacrificará, si es necesario, para librar a otros de la esclavitud del pecado.

Del Boletín Adelante

214. LA CAMPANA RAJADA

"Pregonaréis libertad en la tierra a todos sus moradores" (Levítico 25:10).

Este versículo está escrito en el bronce de la Campana de la Libertad, que simboliza el grito de independencia de los norteamericanos.

Vi la campana en el Parque Histórico Nacional, en Filadelfia, colgada de unos recios maderos, en un lugar preparado expresamente para la celebración del Bicentenario de los Estados Unidos. Y la campana está rajada. Como usted la ve en las ilustraciones. Y como la ve en las réplicas que están vendiendo a dólar y medio en todas partes. Le compré una a una griega que las vendía en la calle, junto con otros objetos conmemorativos del Bicentenario.

La campana, hecha en 1752, se rajó en las primeras pruebas. La volvieron a fundir, y el exceso de cobre le afectó el tono. Otra vez la fundieron, y ya en 1753 estaba lista para ser colgada en la torre de la Casa Estatal de Pennsylvania, en junio del año mencionado. Dicen que la campana se volvió a rajar cuando la tocaron a la muerte del magistrado John Marshall. Y así está todavía, rajada sin remedio. Pero eso no es todo.

Esta y todas las demás campanas de la libertad, están rajadas sin remedio. Porque la libertad del hombre sigue siendo un sueño, una obsesión necesaria para empujarnos al progreso, a la humanización, todavía distante, de todos los hombres. Hasta que suene la última campana, la Campana de la Libertad Cristiana, definitiva, igual y perpetua para todos los hombres.

Juan Pablo Tamayo

215. MURIO POR TI

Abraham Lincoln fue el hombre más humano de su siglo. Como presidente de los Estados Unidos fue celoso propulsor del bienestar ciudadano, siendo su obra principal la abolición de la esclavitud. La historia nos dice que fue asesinado por un fanático esclavista. El día de su solemne funeral su ataúd era llevado en hombros de sus amigos. Y en el reverente silencio del cortejo se oyó la voz de una mujer, que había sido libre de la esclavitud, que decía, levantando a su pequeño hijo en brazos: "¡Mira, mira, ahí va el que murió por ti!"

Rafael Moreno Guillén

216. ANTIGUA COSTUMBRE DE LA CHINA

"En los días cuando la China era un imperio, a un súbdito condenado a muerte le era permitido comprar un sustituto. Por lo general se compraba un hombre pobre, casado. La sentencia era enviada al emperador para que la firmara, devolviéndola luego al juez quien fallaba la causa.

"Después de asegurarse éste de que el que quería ser sustituto era libre ante la ley, ponía su firma también. El día señalado, el verdadero reo era llevado al lugar de la ejecución. El juez procedía a leer la sentencia y luego llamaba al verdugo para que cumpliera la condena. En ese momento el sustituto se allegaba y se arrodillaba con la cabeza inclinada a la canasta: un golpe de la espada y la ley quedaba satisfecha. El juez entonces anunciaba que el verdadero criminal era libre, pero desde ese día su existencia anterior era ignorada. Era conocido por el nombre de su sustituto."

El ser humano también es culpable, es un reo espiritual: una ley le condena por transgresor, y esa es la ley divina, pues "por cuanto todos pecaron, y están destituidos de la gloria de Dios" (Romanos 3:23), y "el pecado es infracción de la ley" (1 Juan 3:4b). Así todos irremisiblemente teníamos que ser condenados a una muerte eterna y al infierno, mas Dios en su misericordia y amor incomparables, proveyó un sustituto perfecto, el mismo Hijo de su amor, Jesucristo, que siendo santo, inmaculado, eterno y divino pudo ofrecer un sacrificio que fue capaz de expiar el pecado, vindicando la justicia divina y satisfaciendo las demandas de la ley de Dios.

Miguel Bollati

217. COMPLETAMENTE LIBRE

Juan Vila Reyes, hombre de negocios de Barcelona, España, cayó prisionero, acusado de un gran escándalo financiero "Matesa". Aliado con otros hombres de negocios hizo perder al gobierno español centenares de miles de dólares.

Fue sentenciado a 200 años de cárcel en la prisión de Carabanchel, Madrid, puesto que cayeron sobre él nada menos que 417 sentencias. Para tal prisionero no había esperanza de libertad: la sentencia era inconmutable y no podía comprar su libertad con dinero, no había esperanzas de cumplir la condena, puesto que era más larga que su vida misma. Pero un día feliz recibió la mejor buena nueva: el rey Juan Carlos había decretado amnistía, por lo cual concedía al prisionero COMPLETA LIBERTAD. Juan Vila creyó al rey, aceptó el perdón ofrecido y salió libre y feliz.

Tú y yo, lector querido, como Juan Vila hemos ofendido al gobierno santo de Dios y hemos quebrantado su ley, la sentencia de condenación eterna pesa sobre el alma de todo pecador. No se puede comprar la libertad porque la "gracia de Dios no se compra con dinero, ni se puede cumplir la condena porque es eterna. Sin embargo, todavía hay esperanza: el Rey, Jesús, ofrece "amnistía" para todo pecador que arrepentido cree en él y acepta su perdón. El nos ofrece completa libertad. Sólo falta que hagamos como Juan: ACEPTAR.

Agustín Ruiz V.

218. DECIA QUE LAS MADRES NO TRABAJABAN

Un hombre, por cierto muy meticuloso, decía que las madres no trabajan tanto. Que los quehaceres de la casa eran poca cosa. Pero un día se vio obligado a cuidar a la familia, debido a que su esposa tuvo que salir. Decidió escribir una lista de sus actividades, con el siguiente resultado:

Les abrí la puerta a los niños 106 veces
Les cerré la puerta a los niños 106 veces
Amarré los cordones de sus zapatos 16 veces
Rescaté al nene, que está aprendiendo a andar, 21 veces
A Jorgito, nuestro niño de 2 años, le dije NO 94 veces
Les dí pan, con mantequilla y jalea, 11 veces
Les dí galletas 28 veces
Contesté sus preguntas 175 veces
Contesté el teléfono 7 veces
Se me agotó la paciencia 45 veces
Caminé tras los niños alrededor de 4 kilómetros
Y faltan aún muchas cosas que no quise anotar.

Del Boletín Adelante

219. EL SACRIFICIO DE UNA MADRE

Una vez una madre inglesa iba por las colinas de Gales del Sur llevando a su hijito. Nunca llegó a su destino porque le cogió una tempestad de nieve. Perdió el camino. Los que salieron en busca de ellos, encontraron a la madre casi sin ropa. Cuando levantaron el cuerpo, hallaron debajo de ella el cuerpo del hijo. La madre se había quitado su ropa para envolver al niñito, y para protegerlo mejor se acostó sobre él. El niño era David Lloyd George, el hombre que llegó a ser el primer ministro de Inglaterra durante la Primera Guerra Mundial. Fue uno de los estadistas ingleses de más importancia y contribuyó mucho al bien de la humanidad. El siempre se acordaba de que el sacrificio de su madre le había salvado la vida, y de que se había salvado para hacer algo especial en este mundo.

La salvación nuestra resultó del sacrificio de uno que nos amó y dio su vida por nosotros, para que nosotros ahora pudiésemos ser verdaderamente útiles en su santa causa. Lo menos que podemos hacer es vivir una vida de servicio que glorifique el nombre de Dios.

Autor desconocido

220. OTRA OPORTUNIDAD

Una pequeña niña que ayudaba a su madre semi-inválida, todos los días cruzaba la calle para comprar la leche; y un día de esos, al ver que venía un automóvil, ella se asustó mucho, cayó al pavimento y se le derramó la leche. Al levantarse, un hombre que la había visto caer se rio burlonamente de ella, diciéndole:

—¡Qué buena paliza te va a dar tu madre hoy!

Ella, serenándose, le contestó:

—Se equivoca, señor; mi madre no hará eso; ella siempre cree en darme una nueva oportunidad.

Autor desconocido

221. LAS PALABRAS DE UNA MADRE MORIBUNDA

La pobre madre estaba moribunda. En todas direcciones habían salido telegramas llamando a sus hijos junto a su lecho. Buscando los más veloces medios, volaban ansiosamente estos jóvenes, deseando y rogando que la vida de la querida enferma fuese prolongada hasta su llegada. "¡Oh Señor, que lleguemos a tiempo para dar una última mirada, un último apretón de manos, una última caricia!"

Llegaron, en silencio se reunieron alrededor de su lecho. Miraban esas manos gastadas que tanto trabajaron por ellos; la frente surcada de arrugas a causa de la diaria tarea por los suyos; los ojos en los cuales vieron más que cariño y dulzura. No pudieron evitar la angustia de sus corazones, ni acallar un sollozo.

Inclinándose el mayor, besó la cara de la anciana y le dijo:

—Madre querida, tú has sido tan buena con nosotros que queremos decirte cuánto te amamos y agradecemos.

Los ojos casi cerrados ya, se abrieron y su rostro se iluminó:

—Gracias, hijo, me conmueve saberlo, nunca me lo dijiste antes —fueron sus últimas palabras.

La moraleja de este triste relato es muy sencilla: si amas a tu madre, vé y díselo hoy. No esperes hasta mañana, pudiera ser tarde.

De La Antorcha

222. EL RECUERDO DE NUESTRA MADRE

Se relata de una reunión de veteranos de la guerra. Cada soldado debía dar una corta plática de sobremesa, o relatar algún chiste. Las pláticas eran cada vez más indecorosas y los chistes, muy subidos en color. Por fin, habló un oficial que había estado muy callado durante la reunión. Llenando su vaso, él lo levantó en alto y dijo: "Compañeros, propongo un brindis por nuestras madres." Sobre la reunión, antes tan ruidosa, descendió un profundo silencio. Y ¿qué lo causó? Era que en ese momento cada soldado pensó en su propia madre amada. Esa clase de sentimentalismo quita algo del polvo del mundo de nuestros ojos, y las manchas del mundo de nuestras almas.

Eduardo G. Wyman

223. RECONCILIACION

Exasperado un padre por la conducta rebelde de su hijo, le conminó: "¡Vete de casa, vete! Y no pises jamás los umbrales de estas puertas." El joven se marchó. Ni los ruegos de la madre ni los consejos de sus amigos hicieron doblegar la contumacia del padre ofendido. Pero un día el joven supo de la grave enfermedad de su madre y furtivamente entró en su casa y se fue a sentar junto al lecho de la enferma. De pronto llegó su esposo. Las miradas entre hijo y padre fueron de odio y desprecio. El padre se sentó al otro lado junto a su esposa. Esta, con ternura, tomó la mano de su hijo y con respeto la de su esposo. Poco a poco fue llevando aquéllas sobre su pecho agónico hasta lograr enlazarlas mientras exhalaba su postrer latido.

Rafael Moreno Guillén

224. AMOR A LA MADRE

Cierto soldado inglés que había caído prisionero de las tropas de Napoleón Bonaparte, quiso escapar en una pequeña embarcación que él mismo había logrado hacer con troncos y cáscaras para cruzar el canal entre Inglaterra y Francia. Lo supo Napoleón, y lo mandó a llamar. Al darse cuenta de que era cierto, le dijo:

—Debes tener una novia al otro lado del canal.

El prisionero respondió:

—No, Vuestra Excelencia, sólo quiero ver a mi madre que está muy anciana y bastante enferma.

Entonces el gran corso le replicó:

—Si es así, puedes ir a verla, y llévale este dinero de mi parte, porque ella debe ser una madre muy buena, puesto que tiene un hijo que la ama tanto.

Y no sólo le dio permiso sino que le facilitó el viaje entregándole una bandera de paz para que pudieran llevarlo en el primer crucero inglés que pasara más cerca.

Autor desconocido

225. AMOR DE MADRE

Se cuenta el caso de un muchacho a quien se le declaró culpable de un asesinato. Fue sentenciado a muerte. La madre de él gastó todos sus bienes tratando de conseguir que le revocaran la sentencia. Todo fue en vano. Después de que el joven fue ejecutado, la madre pidió que le entregaran el cadáver para enterrarlo ella en el lugar donde estaban sepultados otros miembros de la familia. Pero aun eso le fue negado. En el Estado donde ocurrió esto, la ley establecía que los criminales debían ser enterrados en el cementerio en una sección separada de los demás. Por último, la madre rogó que al morir ella la enterraran al lado de su hijo en la sección de los criminales.

De El Hogar Cristiano

226. CUIDADO CON LAS MUCHAS CUENTAS

La policía avisó a una señora que su marido estaba subido en una corniza del décimo piso de un hotel y que amenazaba suicidarse lanzándose a la calle. Los esfuerzos eran desesperados por demorarle su determinación.

La esposa voló al hotel. Los agentes la ayudaron a asomarse bien afuera de una ventana para que pudiera hablar con su trastornado consorte, y ella, con la ayuda de un megáfono, le imploró en estos términos:

–Por Dios, no te mates. Tienes mucho por qué vivir: el automóvil no se ha acabado de pagar; ni el televisor, ni el tocadiscos tampoco ... ni siquiera el refrigerador.

Sólo se oyó una voz iracunda que contestó:

–Tal vez con el producto de mi seguro de vida te alcance para pagar y no volverme a angustiar ...

Del Boletín La Voz de Betel

227. "¿ROBARA EL HOMBRE A DIOS?"
(Malaquías 3:8)

El matrimonio de Raquel y Felipe se había establecido sobre bases estrictamente cristianas. Ambos provenían de familias modelo en cuanto a la enseñanza del evangelio. Cuando decidieron en cuanto al uso del dinero, quedaron de acuerdo en que el diezmo de sus ingresos era para el Señor. Aunque el sueldo de ambos era muy escaso para vivir, mantuvieron su compromiso, y el Señor bendijo el nuevo hogar.

Un día, las dificultades financieras hicieron crisis: un préstamo a cubrir para el pago de su casa se había ya atrasado en dos cuotas. Discutieron el asunto largamente, y decidieron tomar prestado del dinero del diezmo, y así cubrir su compromiso. De esa forma, ellos razonaban, mantendrían su testimonio de cumplimiento de sus deberes para con los de afuera.

Así lo hicieron. Por tres meses se mantuvo la situación de "atraso" en sus ofrendas. Pero Raquel y Felipe comprendieron lo que significaba Malaquías 3:8. El versículo acudía continuamente a sus mentes. A pesar de cubrir el préstamo, su situación financiera había empeorado. Decidieron pedir perdón al Señor, y restituir con sacrificio lo que habían "robado". Desde ese momento, lo primero de cada mes fue apartar el diezmo y entregarlo al Señor. Una y otra vez se presentaron dificultades, pero el Señor milagrosamente les permitió salir adelante. Llegaron bendiciones espirituales y también materiales sobre el hogar. Su vida es hoy un testimonio claro de lo que significa obedecer al Señor y buscarlo a él primero. Han aprendido que todo lo demás "será añadido".

Rubén O. Zorzoli

228. DIOSES FALSOS

En un periódico apareció la historia de dos hermanas ancianas que habían muerto en un apartamento frío y vacío, sin alimento ni atención médica. No obstante, cuando las autoridades entraron en sus cuartos encontraron $50.000 dólares metidos en un cojín. Estas pobres mujeres se habían privado de las cosas necesarias de la vida, para no tener que separarse de su dios el dinero.

Aunque no queramos admitirlo, cualquier cosa que toma el primer lugar en nuestra vida, es un Dios para nosotros. Hay muchos dioses falsos hoy día. Aunque no los llamemos ídolos los hacemos nuestros dioses algunas veces. Hoy los llamamos la popularidad, la codicia, la conformidad, el dinero, las posesiones, el alcohol, etcétera.

Agustín Ruiz V.

229. DIOS ES EL DUEÑO ABSOLUTO

En cierta ocasión fui a visitar a mi hermana mayor, quien vivía en el campo, y al dar vuelta en una esquina le pregunté:

–¿Quién vive en esta finca vecina?

Me informó quién era el dueño del rancho, y observé que además de ser la tierra fértil la casa que ocupaba era cómoda. Años más tarde pasé por allí y eché de menos la casa. Al preguntar qué había pasado con la casa, mi informante contestó:

–¿No supiste? Hace meses la destruyó un tornado.

A fe mía, aquel hombre era el dueño de la casa según las leyes de propiedad; pero es claro que no era dueño absoluto, pues, sin su aprobación la casa fue arrancada y hecha pedazos por una fuerza superior.

Frank Patterson

230. LA BENDICION DE OFRENDAR

¡Qué maravilloso sería si cada miembro de nuestra iglesia fuera un diezmador! Diezmar significa dar la décima parte de nuestras ganancias. Bajo la ley, los judíos eran requeridos a dar por lo menos eso para el sostén del ministerio sacerdotal. Bajo la gracia, el pueblo cristiano debiera estar pronto a hacer lo mismo, y aun más, en pro del extendimiento del evangelio y de la edificación de la obra de Dios. El doctor Robert G. Lee, pastor de una iglesia de más de ocho mil miembros, dijo lo siguiente:

"Yo comencé a diezmar hace 43 años, cuando era apenas un vendedor de periódicos en Greenville, Carolina del Sur. Entonces era un estudiante en la universidad de Durhan. Durante toda mi vida muy pocos habían oído acerca de la verdad de que el diezmo le pertenece al Señor y de que para él es una cosa santa. Pero un hombre, cierta mañana, habló de este asunto en la capilla y dijo: "El diezmo es del Señor." Yo me asombré de aquello y salí de la capilla pensando si acaso aquel hombre no estaría equivocado. ¿Cómo podía yo, me pregunté a mí mismo y a un amigo, dar el diezmo cuando yo tenía que mantenerme en la universidad y ganar unos pocos dólares durante la semana por vender periódicos?

"A la siguiente mañana, el conferenciante habló de lo mismo y su plática me convenció de la verdad de que el diezmo es de Dios.

"Cuando recibí la ganancia de esa semana, o sean 11.50 dólares, yo tomé 23 níqueles y los eché en un tarro de lata. Realmente, el ruido que los níqueles hicieron me sonó tan dulce como la música de las campanas. Después tomé ese dinero y lo puse en la ofrenda del domingo en la iglesia bautista de junto al río. El que recogía la ofrenda me conocía y sabía lo poco que yo ganaba y me miró muy sorprendido. Pero su sorpresa aquella mañana no fue más grande que la sorpresa mía durante todos estos años, en los cuales he podido dar aun más del diezmo para la causa de Cristo. Esto demuestra que Dios siempre cumple sus preciosas promesas, y nos bendice con el espíritu de dar y ser felices por ello."

Cecilio Arrastía

231. LO QUE TENEMOS AHORA NO LO TENDREMOS SIEMPRE

Un joven predicador, recién graduado del seminario, fue llamado a pastorear una iglesia. En ella había un miembro rico. Tenía una fábrica de tejidos, pero aunque era rico, el domingo en el culto daba sólo dos dólares. Eso era todo. El joven predicador empezó a predicar sobre la mayordomía y nuestra responsabilidad para con Dios y acerca del sostén económico de la obra del Señor aquí en la tierra. Pero el hombre rico seguía dando sólo dos dólares.

Un día el predicador, siendo neófito, al pararse frente al púlpito señaló al hombre y le dijo que él pensaba que estaba dando muy poco. Y le dijo:

—Todo lo que usted tiene no es suyo; usted no tiene nada.

Esto hizo enojarse al hombre rico. Después del culto llamó al pastor aparte y le pidió tener una entrevista con él. Ambos se reunieron a las dos de la tarde en el templo. El hombre rico llegó en su lujoso automóvil y llevó al pastor a su mansión y le dijo:

—¿Ve esa linda casa? ¡es mía! No debo ni un solo centavo por ella. Está completamente pagada. Aquí tengo la escritura.

Después le llevó a su fábrica de tejidos, y le dijo:

—¿Ve todo esto?; pues es mío y no debo nada por ello.

Luego le llevó al campo y le mostró una hermosa huerta de árboles frutales. —También todo esto es mío. Entonces, ¿por qué dijo usted esta mañana desde el púlpito que yo no era dueño de nada?

El joven predicador le escuchó. Cuando volvieron al templo, el joven le dijo:

–¿Le puedo pedir algo? ¿Puedo tener otra entrevista con usted?

El hombre respondió:

–Claro que sí. A la misma hora y en el mismo lugar el próximo domingo.

Pero el predicador humildemente le dijo:

–No, hagamos una cita aquí en el templo un domingo a las dos de la tarde de aquí a doscientos años. El hombre rico comprendió la lección.

Frank W. Patterson

232. UNA BUENA INVERSION

Un miembro de una iglesia, en Inglaterra, ofrendó quince libras esterlinas, designándolas para la obra misionera. Al día siguiente le llegó la noticia de que uno de sus negocios había fracasado. Inmediatamente pidió al tesorero de la iglesia su cheque, lo rompió y escribió uno nuevo por cincuenta libras, diciendo: "Antes que pierda todo, quiero invertir más en una empresa que nunca ha de fracasar."

De El Hogar Cristiano

233. UN CORAZON MALO ES MENTIROSO

A raíz de haberse inventado el aparato de rayos X, una mujer fue a ver al doctor George Herman y le suplicó que le examinara el corazón; le advirtió también que no podía pagarle porque era pobre. El médico accedió. Cuando colocó el aparato descubrió que la mujer tenía en el pecho una bolsa con varias monedas de oro y que no era pobre como decía. Entonces él dijo: "Señora, su corazón está muy malo; usted mintió cuando dijo que no tenía dinero y que era pobre. Solamente un corazón malo miente."

Frank W. Patterson

234. ¿COMO GASTA USTED SU VIDA?

Un niño entró en una tienda a comprar dulces. Sólo tenía en el bolsillo un centavo. Se quedó mirando por largo rato para luego hacerle varias preguntas al dependiente.

Este muy pronto se impacientó y le dijo:

—Vé, niño. Si quieres comprar algo, apúrate, pues vamos a cerrar el negocio. Yo tengo que ocuparme en otras cosas.

El niño lo miró con asombro y le dijo:

—Tengo sólo un centavo para gastar. Tengo que gastarlo con mucho cuidado.

Yo tengo sólo una vida para vivirla. Tengo que usarla con mucho cuidado. Se la debo dedicar a Cristo.

De El Hogar Cristiano

235. EL CIELO ES DE MAS VALOR

Un cristiano rico preguntó a un pastor que le visitaba si creía que Dios tendría en cuenta sus buenas obras, las cuales calculaba en actos de caridad y contribuciones para la obra del Señor, en una suma de varios miles de pesos. El pastor le dijo que ciertamente Dios tendría en cuenta hasta el vaso de agua fría dado en su nombre; pero que para su salvación las buenas obras no contaban. Al oír esto el cristiano se asustó y preguntó por qué.

El pastor prosiguió:

—Una vez usted se alojó en uno de los hoteles más caros de Nueva York. ¿Dónde se vive mejor, en ese hotel o en el cielo?

—Pues claro que en cielo —fue la respuesta.

—¿Cuánto pagó diariamente en el hotel?

Al recibir la cuenta, el pastor hizo cálculos encontrando que los miles del cristiano apenas alcanzaban para un año y meses.

—Recuerde —dijo al cristiano—, el cielo es eterno. Con sus obras de caridad aquí en la tierra, usted no podría pagar su hospedaje en el cielo.

Copiado

236. CONFIAR ES TENER

Dos pequeñuelas contaban sus centavos. Una de ellas dijo:
–Tengo cinco centavos.
La otra respondió:
–Yo tengo diez centavos.
–No –dijo la primera–, tú también tienes cinco centavos, como yo.
Pero la otra explicó:
–Es que mi papá me dijo que cuando llegara a casa me daría cinco centavos; así que tengo diez . . .
La niña tenía fe en la promesa de su padre, y la hacía contar como actual, lo que aún no veía. "La fe es la . . . demostración de las cosas que no se ven."

De El Hogar Cristiano

237. DEBEMOS SER RICOS EN DIOS

En cierta ocasión un cristiano pobre vino a ser rico por una inesperada herencia. Llegaron sus amistades para felicitarlo, pero él no mostraba mucho entusiasmo. Uno de sus amigos le preguntó por qué no estaba contento; que si temía que aquello no fuera una realidad. El nuevo rico contestó que sí, que sentía cierta alegría pero . . . "es que un día leí este pensamiento: 'Cuando un hombre empieza a ser rico, el problema consiste en saber si Dios va a ganar una fortuna, o va a perder un hombre.'"
El Señor dijo: "Así es el que hace para sí tesoro, y no es rico para Dios."

De El Hogar Cristiano

238. EL DINERO NO LO COMPRA TODO

Alguien ha dicho: "Con el dinero se comprará una cama, pero no el sueño; se comprarán libros, pero no cerebros; se comprará alimento, pero no apetito; se comprará una casa, pero no un hogar; se comprará medicina, pero no la salud; se comprarán cosas lujosas, pero no cultura; se comprará entretenimiento, pero no felicidad; se comprará un cru-

cifijo, pero no a Cristo; se comprará un templo, pero no el cielo."
Autor desconocido

239. COMO LEVANTAR UNA IGLESIA FRACASADA

Un pastor negro fue llamado a pastorear una iglesia bautista en el estado de Carolina del Norte, la cual estaba casi en un fracaso completo.

El pastor, en su primer sermón, dijo: "Hermanos, para levantar esta iglesia yo sólo necesito que ustedes traigan al templo tres libros: la Biblia, el himnario y su libro de cheques." La iglesia se levantó. Los miembros de la iglesia son los responsables de sostener económicamente la obra de su iglesia.

240. LA OBRA DEL SEÑOR DEBE SER PRIMERO

El misionero James D. Crane, en un sermón que predicó, relató esto:

"Pablo Jiménez es un hermano de escasos recursos económicos y con familia. Vive en Manzanillo, república de México, y es miembro de la iglesia bautista de ese lugar. Es un buen ofrendador. En un accidente perdió una pierna, y su anhelo entonces fue tener suficiente dinero para poder comprar una pierna artificial. El tiene una huerta y un año vendió la cosecha de cocos y recogió los 300 pesos que costaba la pierna artificial. Pero al ir al culto se informó de que la iglesia tenía déficit, y entonces él dio a la iglesia el dinero que tenía para comprar su pierna artificial. El pastor se conmovió y le dijo que por qué hacía semejante sacrificio. Su respuesta fue: Prefiero yo andar en muletas, y no que mi iglesia ande en muletas."

241. DIOS AMA AL DADOR ALEGRE

En Argentina, en un lugar del campo en el que las casitas de los creyentes se hallaban dispersas, el pastor recorría la comarca (formada de chacras o fincas) para recoger los sobrecitos de las ofrendas de los hermanos para el presupuesto de la iglesia. Así era la costumbre.

En un hogar de esos, al llegar el esposo a la casa, conversó con su esposa y le dijo:

—Tú sabes que hay rumores de que habrá una revolución; todo escaseará. Yo creo que no podremos dar la cantidad que prometimos dar para la iglesia, pues es prudente que compremos suficientes víveres para que tengamos provisión en caso de cualquier emergencia. De modo que si pasa el pastor recogiendo el dinero de las ofrendas, dale solamente la mitad y dile por qué damos menos este año.

La esposa le dijo:

—Pues él ya pasó esta mañana y, precisamente porque tal vez el próximo año no tendremos para las ofrendas, yo decidí darle más bien el doble de la cantidad propuesta este año.

Esto sí que es ser mayordomos fieles del Señor en lo que respecta al dinero.

Carlos de la Torre

242. ¿SE PUEDE REDUCIR EL DIEZMO?

Se cuenta de cierto joven cristiano que se arrodilló con su pastor para orar y comprometerse delante de Dios a dar su diezmo en la iglesia. Durante su primera semana de trabajo su salario fue de diez dólares y él dio su diezmo, un dólar. A medida que fue avanzando en edad él prosperó, y entonces su diezmo era de siete dólares por semana. Al trasladarse a otra ciudad, en poco tiempo su diezmo llegó a ser de cien dólares, y aún después, de doscientos dólares. Entonces le envió un cablegrama a su pastor invitándole a que le visitara.

El pastor se hizo presente en la casa del hombre. Conversaron animadamente acerca de los tiempos pasados. Finalmente, el hombre abordó el asunto:

—¿Recuerda la promesa que hice hace algunos años, de dar mi diezmo? ¿Cómo me puedo liberar de esa promesa?

—¿Por qué deseas romper tu compromiso?

—Es como esto —contestó el hombre—. Cuando yo hice la promesa, tenía que dar sólo un dólar, pero ahora son doscientos dólares. No puedo darme el lujo de tirar tanto dinero así.

El viejo pastor miró a su amigo:

—Temo que no se pueda librar de la promesa, pero hay algo que usted sí puede hacer. Podemos arrodillarnos aquí mismo y pedirle a Dios que reduzca las entradas suyas, a fin de que pueda usted dar no más que un dólar.

Al joven no le gustó la proposición, pero comprendió la lección.

243. EL DIOS DE ESTE SIGLO

Córdoba es el nombre más popular y más poderoso en Nicaragua. En Estados Unidos es Mr. Dólar, en Inglaterra, Lady Esterlina y en Rusia el Camarada Rublo. En todas partes, es lo mismo: el dios de este siglo es la moneda. En tiempos del Señor Jesús, esta ubicua divinidad se llamaba Mammón, el dios de la riqueza. Sus seguidores de ayer y de hoy no creen más que en él. Son los plutócratas, con dinero o sin él, que creen que el dinero todo lo compra, porque no saben que hay cosas que el dinero no puede comprar.

Si en nuestro corazón hay un altar para Cristo, no lo puede haber para el dinero. En esto se pueden equivocar aun los cristianos a medias, los que quieren darle a Cristo el corazón, pero no la cartera. Pero ya lo dijo el Señor: ¡No se puede servir a dos amos!

Juan Pablo Tamayo

244. TESOROS EN EL CIELO

En un congreso de laicos en Chicago, el doctor W. J. Scieffelin hizo el relato de cómo un comerciante en Calcuta, India, afrontó una adversidad en sus negocios.

"Un secretario de una sociedad misionera hubo de visitar a este comerciante pidiéndole ayuda para la obra del Señor. El comerciante escribió un cheque por valor de 250 dólares y se lo entregó al visitante. En ese momento llegó un cablegrama. El comerciante leyó el cablegrama y su rostro se alteró por la inquietud. "Este cablegrama", dijo el comerciante, "me dice que uno de mis barcos ha naufragado y el cargamento se ha perdido. Esto hará un gran estrago en mis negocios. Voy a tener que hacerle otro cheque."

El secretario de misiones comprendió perfectamente y le devolvió el cheque de 250 dólares. La libreta de cheques todavía estaba abierta delante del comerciante y, acto seguido, le hizo otro cheque al secretario de misiones, y se lo entregó. Para asombro del secretario, el nuevo cheque era por una cantidad mayor: ¡mil dólares!

Creyendo que había un error, el secretario le preguntó:

–¿No estará equivocada esta cifra?

El comerciante repuso:

–No, no he cometido ningún error–. Y, con lágrimas en los ojos, añadió:

–Este cablegrama era un mensaje de mi Padre que está en el cielo, recordándome que no hay que hacer tesoros en la tierra.

"Porque raíz de todos los males es el amor al dinero. A los ricos de este siglo manda que no sean altivos, ni pongan la esperanza en las riquezas, las cuales son inciertas, sino en el Dios vivo..." 1 Timoteo 6:10, 17.

Del Boletín Adelante

245. HAY QUE SEMBRAR EN ABUNDANCIA

Tagore, el gran poeta indio, cuenta la siguiente ilustración:

"En cierta ocasión un mendigo que iba por un camino, vio acercarse hacia él una lujosa carroza. Esta se detuvo a su altura por lo que pensó inmediatamente que obtendría de sus acaudalados ocupantes una buena limosna. Su sorpresa fue cuando vio bajar de ella un rico personaje vestido con lujosas ropas, el cual en vez de ofrecerle una buena cantidad de dinero, por lo contrario, alargaba su mano demandando de él una limosna. Este mendigo, sin salir de su asombro, introdujo su mano en su talego y, sacando unos pocos granos de trigo, se los ofreció a aquel extraño personaje, alegando que no podía darle más, ya que era muy poco el alimento que llevaba para él mismo. Ambos personajes continuaron de nuevo sus respectivos caminos.

Cuando nuestro personaje llegó a su vieja choza y vació el talego lleno de granos de trigo sobre la vieja mesa, con gran sorpresa pudo observar que entre los granos de trigo había una pequeña cantidad de granos de oro igual a la cantidad de granos de trigo que había dado a aquel rico señor de la carroza. Entonces dijo a sí mismo: "¡Necio de mí!, ¿por qué no di todos mis granos de trigo?"

Si Jesús promete que el dar es una bienaventuranza, es claro que el creyente que aprende a dar a los demás recibirá grandes bendiciones del Señor. Da lo que tengas, no te importe que tengas poco. Da y el Señor te dará.

De El Hogar Cristiano

246. TODO LO QUE CRECE, CUESTA

Dos hombre se encontraron un día. Uno de ellos estaba tratando de conseguir más fondos para la iglesia, y como tenía confianza con su amigo, le pidió una promesa generosa como hermano en la fe.

A esto, el otro replicó que la iglesia siempre estaba necesitando y pidiendo dinero, y que ya él estaba cansado de tantas contribuciones que se pedían para esto y lo otro.

Al oír esto, el hombre que andaba colectando fondos le contó esta pequeña historia: "Cuando mi niña era pequeña, no me costaba mucho. Sus ropitas, su alimento, sus zapatitos, no eran muy caros. A medida que fue creciendo, los gastos también aumentaron. Y había que reponer más a menudo sus ropas y sus zapatos. Mientras más crecía ella, mayores eran mis gastos."

Al decir esto, los labios del hombre temblaron, y sus ojos se llenaron de lágrimas. Pero continuó diciendo: "Ahora mi niña ya no me cuesta nada, porque se me murió. ¿Y usted cree que estoy contento? ¡De ningún modo! Yo preferiría que estuviera viva, aunque mis gastos fueran cada vez mayores."

ASI ES LA IGLESIA: Tiene necesidades, y mientras más crece la iglesia y su trabajo, más crecen sus gastos. Pero, ¿qué prefiere usted: una iglesia viva o una iglesia muerta?

Del Boletín Adelante

247. ¿OFRENDA O COLECTA?

Un niño se sentó a la mesa para comer. Antes de que su madre lo viera, comenzó a cortar trozos de carne blanca de la gallina, y logró apartar un buen montón. La madre le descubrió y le dijo:

–¿Qué vas a hacer con esa carne?

–Nada –dijo el niño avergonzado; ninguna cosa mala. Sólo quise reunir una buena parte para mi perro Blanqui.

–Pues, no –le dijo la mamá–, tú come lo tuyo y yo me encargaré del perro.

Al terminarse la comida, la madre recogió las sobras, los huesecillos y demás desechos que halló en los platos, y se los dio al niño para que los llevase al perro.

En el patio, el pequeño llamó a su perro Blanqui y le entregó la comida diciendo con gran tristeza: "Yo te había preparado una ofrenda, pero mi mamá te manda esta colecta."

¿Qué das tú en la iglesia? ¿Ofrenda o colecta? ¿Das de lo mejor y con alegría de corazón para el sostén del culto, o das las sobras?

Del Boletín Adelante

248. LA PALA MAS GRANDE

Se cuenta de un labrador que amaba al Señor, y creía en la mayordomía cristiana. Era muy generoso, y los amigos le preguntaron cómo era que prosperaba tanto a pesar de que él daba más que ellos para la obra del Señor.

–No podemos entender lo que pasa con usted. Parece que usted da más que cualquiera de nosotros, y, no obstante, siempre tiene mayor prosperidad.

–Ah –replicó el hombre–, eso es muy fácil de explicar. Siempre sigo echando con mi pala, maíz en el granero de Dios, y él sigue usando su pala para llenar el mío, y Dios tiene una pala más grande que la mía.

De Estudiante Bíblico

249. CONVERSACION ELOCUENTE

En la cartera de un hombre que iba poco a la iglesia estaba un billetito de un dólar, verdecito y fresco como una hoja de lechuga. Y moviéndose entre monedas y níqueles que llevaba en el bolsillo se hallaba una moneda reluciente de diez centavos.

–¿Te sientes contento, verdad? –le dijo al billete el pequeño décimo, a través de los forros de la chaqueta–. Goza lo más que puedas –volvió a decirle–, pues no vas a estar aquí mucho tiempo.

–¿Cómo lo sabes tú? –replicó el diez, deteniéndose pensativo, y dejando de sonar entre las otras monedillas.

–Pues lo sé porque te llevan a la iglesia.

–Y tú –dijo el diez–, ¿no vas nunca a la iglesia?

El dólar se sorprendió, y le dijo:

–¡No!, nunca voy; a mí me llevan al cine, a la estación de gasolina, a los paseos y a las meriendas.

El domingo es mi día agitado, pero yo no lo paso en la iglesia, ese sitio es para los pequeños como tú.

Esta pequeña parábola es para los que se olvidan del texto que dice: "Honra a Jehová con tus bienes, y con las primicias de todos tus frutos" (Proverbios 3:9).

Del Boletín Adelante

250. ELECCION SOBERANA DEL SEÑOR
(1 Corintios 1:27-29)

La niñez de Carlos transcurrió en forma miserable y triste. Su padre falleció cuando tenía un año, su madre abandonó pronto el hogar, dejando a Carlos y otros cinco hermanos al cuidado de algunos parientes lejanos. Casi inmediatamente después de aprender a manejarse por sí mismos tuvieron que salir a trabajar. Todos los oficios de niños desamparados fueron conocidos por él: lustrabotas, vendedor de diarios, vendedor de golosinas en los estadios de fútbol, etcétera. Su escuela fue la calle, y su educación todo lo malo que en ella se pueda aprender.

A los dieciocho años un familiar lo invitó a un templo evangélico. Llegó allí con su carga de insatisfacción y pecado. Y allí encontró en Jesucristo una nueva esperanza para su vida ya destruida tán tempranamente. Allí estaba la familia cristiana que supliría la suya propia. El poder transformador del Señor lo tomó y lo hizo una nueva criatura.

Hoy, Carlos es un pastor que trabaja en una villa de emergencia, donde hay tantos niños y jóvenes que se crían en situaciones parecidas a la suya propia. Desde su conversión lo había consumido el deseo de capacitarse y salir a servir a su nuevo dueño, Jesucristo. Su vida, que había sido inútil anteriormente, es hoy de utilidad para la proclamación del mensaje redentor. Una y otra vez vuelven a su mente las palabras de 1 Corintios 1:27-29. El siente que no es digno de que Dios lo haya llamado a servirle, pero se siente útil en el servicio a Jesucristo. Dios elige en forma soberana a los que él quiere, y Carlos sabe que es un instrumento transformado en vaso útil para llevar la salvación, y engrandecer el Reino de los cielos.

Rubén O. Zorzoli

251. TRANSFORMADO PARA SERVIR

La conversión de Ernesto había sido una demostración clara del poder de Jesucristo para cambiar su vida. Había pasado su juventud en la disolución y el pecado. El peor de sus vicios era el alcohol, y muchas veces pasaba días enteros en aquella miserable situación de la borrachera. Un día alguien lo invitó a una reunión evangélica. Escuchó el mensaje y Jesús comenzó a actuar en su vida. No fue un cambio inmediato. Paulatinamente su vida cambió. Hermanos muy sabios supieron tener paciencia con aquel joven, hasta que su vida entera fue transformada.

Tiempo después el Señor lo llamó a su servicio. Ernesto se preparó por tres años en un seminario y luego fue al campo de labor. El Señor lo había transformado para servir entre gente que tenía problemas similares de alcoholismo en aquella región. Con paciencia, Ernesto testificó y comprendió cada situación. Más de una vez se le escuchaba decir: "El Señor me salvó a mí, que era un pecador perdido. ¿Cómo no podrá transformar otras vidas?"

Y el Señor dio fruto a su trabajo. Hoy, Ernesto es un pastor maduro, con notable experiencia en el servicio. Sabe tener paciencia con aquellos que tardan en dar muestras del cambio transformador que obra Jesucristo. Porque la vida de Ernesto es el mejor testimonio del poder transformador del evangelio que predica constantemente desde el púlpito.

Rubén O. Zorzoli

252. NOCHE INTRANQUILA

El día había sido muy agotador para el joven pastor. Las cosas no habían salido muy bien en algunas visitas. Luego de la reunión de oración despedía a algunos hermanos, mientras pensaba para sí qué bueno sería que todos se retiraran pronto, a fin de poder descansar.

Mientras discutía algunos planes con un diácono de la iglesia, una hermana humilde les interrumpió, a fin de poder saludar al pastor y retirarse. El mal humor y el cansancio hicieron mella en aquel pastor, quien respondió de mala manera al saludo, que interrumpía aquella conversación importante para la obra. La hermana, algo sorprendida por la brusquedad del saludo, se retiró pensativa.

Más tarde, en la noche, el pastor trataba de conciliar el sueño. Una y otra vez volvía aquel incidente. El lo consideraba como algo trivial. Sin embargo, molestaba su conciencia como un aguijón. Y aquella noche intranquila comprendió que su ejemplo comenzaba con las pequeñas actitudes que conformaban su vida. Temprano en la mañana buscó el perdón del Señor, y humildemente pidió por aquella hermana, para que su actitud descomedida no hiciera demasiado daño a su crecimiento cristiano.

Pero comprendió que debía hacer algo más. Apenas hubo desayunado, salió de su casa y se dirigió presuroso al hogar de aquella hermana. El joven pastor, con lágrimas en los ojos, pidió perdón. Las manos de la hermana se habían unido en oración también aquella mañana por su pastor, y con gozo le recibió, compartiendo aquella singular situación. Ella comprendió y aceptó el reencuentro. El joven ministro aprendió una lección que duraría por todo su ministerio.

Rubén O. Zorzoli

253. LA CRUCIFIXION DEL PASTOR

Se cuenta de un joven metodista recién salido del seminario, el cual fue nombrado como pastor de una iglesia en un pueblo pequeño. No estaba contento con su nuevo pastorado, porque pensaba que sus capacidades y dones merecían una responsabilidad mayor y que no eran debidamente apreciados por los miembros sencillos de su pequeña congregación. Pero se conformó con pasar un año allí en espera de que en la próxima reunión de la Conferencia Anual sería trasladado a una posición más de acuerdo con sus talentos.

Llegó la Conferencia, y grande fue su desilusión cuando oyó que había sido nombrado a seguir otro año en el mismo pueblo.

Al cierre de la sesión se encontró con un pastor anciano y le dijo:

–No puedo volver allá. No me aprecian. A la verdad, ¡me están crucificando!

Con gran sabiduría el anciano pastor le miró fijamente y le dijo:

–Sí, joven, yo sé. Le están crucificando, pero el problema suyo es que usted todavía **no ha muerto.**

Estas palabras penetraron el corazón del joven pastor como una flecha. Se fue a meditar, y recordó las palabras de Jesús: "Niéguese a sí mismo, tome su cruz cada día, y sígame." En ese instante murió para consigo mismo, volvió a su pueblo en un nuevo poder, y se dice que en el año siguiente casi cien personas entregaron su vida a Jesucristo por el ministerio de aquel joven.

Autor desconocido

254. "ESTE REMEDIO NUNCA FALLA"

Un pastor que se sentía frustrado y que no veía ningún fruto en su ministerio, recibió una lección de su hijo adolescente.

Este amaba mucho su huerto en el que había un árbol de manzanas, el cual no le daba fruto. Preocupado recorrió librerías en busca de un libro de botánica, hasta que logró encontrarlo. Era un viejo libro de botánica, de un autor francés. Lo leyó y encontró la recomendación para que el manzano diera frutos. Se le debían clavar varios clavos en el tronco y en las ramas principales, lo cual él hizo. A los meses el árbol producía manzanas hermosas y grandes.

Alborozado llamó a su padre y le dijo: "Papá, este remedio nunca falla."

El pastor meditó en eso, se **crucificó** y hubo entonces fruto en su vida y en su ministerio.

De El Hogar Cristiano

255. ¡HOMBRES! ¡HOMBRES!

A Andrés Carnegie, el gran industrialista y filántropo de otra generación, se le preguntó qué era lo que él consideraba de más valor en el vasto complejo industrial. Consideró por un momento sus fábricas, ferrocarriles, minas, maquinarias, y luego dijo: "Podría perder todos mis recursos físicos, pero, denme mis hombres y yo puedo reedificarlo todo otra vez."

La cosa de más precio de cualquier institución son sus líderes.

256. COMO LE LLAMO DIOS AL MINISTERIO

Cuando Dios le llamó para la salvación, mi padre estaba sumamente interesado en el cultivo de sus campos. Fue un hombre entregado a la labranza de la tierra.

Como campesino, mi padre gustaba mucho de sembrar toda clase de producto que estuviera a su alcance. Sus tierras siempre se veían llenas de árboles frutales. Tenía tierras muy pródigas y siempre sacaba buena y abundante cosecha año tras año.

Después de su conversión, mi padre atendía su trabajo y fungía como encargado de una iglesia. Así permaneció durante algunos años. Durante ese tiempo nunca había querido atender el llamado de Dios para servirle como siervo suyo.

Dios puso su mano un poco más fuerte sobre la vida de mi padre para llamarle. Durante tres años consecutivos mi padre perdió las cosechas del campo. Gran parte de la cosecha se le quemó y levantaba entonces muy poco fruto. Además, durante ese tiempo quedó muy endeudado y la enfermedad hizo acto de presencia en la familia con regular frecuencia.

Dada esta crítica situación, mi padre reflexionó profundamente sobre el porqué de estos males sobre su vida. Entonces llegó a comprender claramente que Dios le estaba llamando y le necesitaba en su obra. Mi padre tomó la firme decisión de abandonar el campo y dedicarse enteramente al ministerio cristiano. Jamás se ha arrepentido de tal decisión. Como fruto de su llamamiento, cuatro de sus hijos estamos ahora en las filas del ministerio cristiano.

Dios puede usar las cosas materiales para hablar y llamar a un hombre para su servicio. Lo que resta es que estemos al tanto y dispuestos para oír su voz.

Maclovio Gómez Lorenzana

257. SUFRAMOS CON EL QUE SUFRE

En la América Latina es bastante generalizado el que se comparta de manera solidaria en el luto. Entre la gente no evangélica, pese al hecho de que los asistentes a los velatorios jueguen a la baraja, tomen licor, fumen y cuenten chistes, lo que cuenta es el hecho de la presencia. Y entre el pueblo evangélico, en donde están ausentes esas otras prácticas, hacerse presente es indispensable, como señal de amistad y afecto.

Después de una ausencia prolongada de su iglesia, un pastor visitó a su congregación en un país centroamericano, en gira a la América del Sur. Esa escala temporal, fue aprovechada para predicar en la iglesia. Después del culto alguien le avisó que una familia estaba de duelo. Momentos después este pastor visitaba la casa fúnebre, y llegó en el momento justo cuando se terminaba el culto funeral para salir al cementerio. La gente estaba orando. El único recurso de comunicación con la familia, fue el abrazo y el apretón de manos. No hubo necesidad de decir "lo siento mucho", o "mi simpatía para con ustedes", o "estoy orando por ustedes". Pero el mensaje fue recibido. La simpatía, el afecto, la condolencia eran elocuentes por el simple acto de presencia.

Dios se hizo presente en la persona de Jesucristo. Y se hace presente por su Espíritu Santo en nuestros momentos difíciles.

Roger Velásquez Valle

258. LA RECONCILIACION TRAE PAZ

A un pastor en la república de El Salvador, le correspondió hacer una de las visitas pastorales más impresionantes. Al visitar el hogar de una familia fiel al Señor, descubrió que un momento de crisis había amenazado la armonía de la joven pareja. Frente a la cuna de un niño de meses de edad, la esposa dio a entender, entre lágrimas, su sospecha de que su esposo se había ido de la casa y que no retornaría. Cuando el pastor ofreció su ayuda, ella misma indicó en dónde podría encontrarse su consorte. En pocos minutos el pastor lo encontró y logró tener una amplia conversación sobre el problema que se había planteado. Después de conversar ampliamente y orar, llegaron ambos a la casa que había sido abandonada. Se produjo una escena impresionante: al abrirse la puerta y encontrarse frente a frente esposo y esposa, se estrecharon en un abrazo fuerte e incontenible. Las lágrimas de ambos prevalecieron sobre las excusas. Dentro de la sala de aquella casita se hizo una oración a Dios en la que se saboreaba con lágrimas, la dulzura de la reconciliación.

La dulzura de la reconciliación con Dios es todavía superior. Nuestras lágrimas de arrepentimiento toman un sabor de miel ante lo inefable del perdón y la aceptación de Dios.

Roger Velásquez Valle

259. LINDA EXPERIENCIA PASTORAL

En mi tarea de visitación pastoral, recuerdo que un día, acompañado de un hermano, salí a visitar y llegamos a la casa de un señor quien una noche había visitado nuestro templo. Nos recibió muy bien y nos contó la angustia de su alma. Después de que le leí y expliqué algunos pasajes confortadores de las Escrituras, nos dijo: "Yo presentía que iba a recibir una visita de Dios hoy. Ustedes me han traído la más grande bendición de la vida." Oramos, y el Señor trajo consuelo y luz al corazón de aquel hombre.

Adolfo Robleto

260. FRUTO DE LA OBRA MISIONERA EN UNA INCONVERSA

Era una señora de la China, muy culta, noble y acaudalada. Tenía un buen esposo y unos hijitos muy queridos. Pero en la invasión a la China por el comunismo, en esa guerra sangrienta y atroz, le mataron a su esposo y a sus niños y también le destruyeron sus propiedades y perdió todo su capital. A la sazón se hallaba en suma pobreza y miseria y no sabía si al día siguiente tendría un plato de arroz para comer. Dormía a la intemperie sobre dos tablas raídas por la polilla en una casa vieja y averiada.

Una misionera que trabajaba en la China, comenzó a visitar a aquella mujer y principió a hablarle del amor de Dios, pero la señora del ex-Celeste Imperio, bastante escéptica, se expresó de esta manera: "Dios a mí no me ama."

La misionera le preguntó:

–¿Por qué dice usted que Dios no la ama?

Y su respuesta fue:

–Si Dios me amara no hubiera permitido que viniera a mi vida esta desgracia. Yo era dichosa, tenía dinero y un hogar feliz, con un esposo que me amaba mucho y unos lindos niños que eran mi inspiración y mi adoración. Vino la guerra y perdí a mi esposo y a mis hijos; perdí también mis bienes y me quedé en la miseria e indigencia,como usted me ve.

La misionera, entonces, trató ya de no hablarle del amor de Dios, sino de demostrárselo con hechos. La trató con tal bondad y amor cristiano y de tal manera la sirvió y suplió sus hondas necesidades, que le tocó el corazón. Entonces le explicó el plan divino de la salvación, con el resultado glorioso de que la señora china se convirtió. Luego la dama comenzó a alabar al Señor y a testificar de su gracia y de su amor, que Cristo no sólo había salvado su alma sino que también le había dado paz y felicidad, una paz y felicidad que ella antes no había sentido ni aun cuando tenía su familia y sus pertenencias.

Un día, emocionada y gozosa, exclamó: "¡Si no hubiera sido por esa calamidad que vino sobre mi vida, quizá yo jamás habría entregado mi corazón a Cristo y así no hubiera recibido de él esa bendición con que me ha bendecido!"

Juan V. Galdámez P.

261. DEDICACION COMPLETA

El conde Zinzendorf, fundador de los moravos, se deshizo de toda su fortuna, sus honores, sus títulos, y dijo: "Señor, lo rindo todo a ti." Poco después escribió lo siguiente: "Tengo solamente una pasión: es Dios y Dios solo. El mundo es el campo, y el campo es el mundo. De ahora en adelante, el país donde pueda ser utilizado con mayor efectividad para ganar almas para Cristo, allí será mi hogar."

De El Hogar Cristiano

262. DINERO PARA LA OBRA MISIONERA

En una iglesia bautista cierto miembro le dijo a su pastor: —Hermano, Dios me ha bendecido abundantemente. ¿Qué cosa especial puedo hacer yo para él?

El pastor le dijo:

—¿Por qué no sostiene económicamente a un misionero en Corea?

El miembro aceptó la sugerencia y así lo hizo. Puso una fotografía del misionero junto a su cama, y decía: "Cada noche él trabaja y yo duermo." Y a la mañana siguiente oraba: "Y ahora, Señor, bendice a mi misionero mientras él duerme y yo trabajo."

De El Hogar Cristiano

263. LA SIEMBRA DEL BIEN TRAE FRUTO

Hace años una señora encontró a un muchacho alemán en las calles de una ciudad de los Estados Unidos. Lo invitó a la escuela dominical y lo guió a aceptar a Cristo. Luego lo llevó a vivir a su casa y lo envió a la escuela. Más tarde este muchacho estudió en un seminario, y llegó a ser predicador y misionero en el Japón. El fue el doctor W. H. Myers, quien ganó para Cristo a Toyohiko Kagawa.

Cuando aquella buena señora invitó a aquel muchacho a la escuela dominical, no sabía que estaba comenzando una corriente de bendición espiritual, que exaltaría a Cristo en el Japón y en todo el mundo. Este fue el más grande hecho de la vida de aquella mujer. La pasión por las almas de este misionero multiplicó su vida en miles.

Copiado

264. ES INEVITABLE MORIR

Una fábula oriental relata la siguiente historia. Allá en cierto lugar de la antigua Persia —hoy Irán—, un señor bastante acaudalado mandó a su sirviente al mercado a hacer las compras cotidianas. El muchacho, activo y diligente, fue a traer todo lo que su amo le había ordenado. Al entrar al mercado vio algo siniestro y horripilante, era la muerte, en esa forma fantástica en que la presentan. La muerte, al verlo, levantó sus huesudos brazos y abriendo las manos se aproximó a él. Al contemplarla, el pobre hombre se llenó de pánico. Asustado y temblando corrió donde su patrón, le relató con dificultad lo acontecido y le dijo: "Por favor, señor, deme un caballo que sea fuerte, resistente y veloz, que ahora mismo corro para la ciudad X, adonde llegaré mañana al amanecer, pues necesito escapar de la muerte, de esa muerte horrible que quiere acabar con mi vida." Y se marchó.

El amo, grandemente disgustado por lo que había sucedido, se dirigió al mercado en busca de la despiadada muerte.

La encontró y, furioso, le hizo el reclamo:

—¿Por qué estás tú molestando a mi muchacho? El dice que alzaste los brazos, abriste las manos y te le ibas a ir encima para destruirlo.

—No —respondió la muerte— yo levanté los brazos y abrí las manos porque me sorprendí de encontrarlo aquí en el mercado, pues tengo una cita ineludible con él mañana al amanecer en la ciudad X.

Esta fábula nos hace recordar, y debe hacernos más conscientes, del hecho triste, que a todos nos llegará la hora, pues tenemos una cita ineludible con la parca inexorable, un encuentro del cual no podremos escapar ni aun cuando descendiéramos a las entrañas de la tierra o al fondo de los mares o fuéramos a otro planeta o escaláramos las alturas de los cielos, pues: "Está establecido para los hombres que mueran una sola vez, y después de esto el juicio" (Hebreos 9:27).

Juan V. Galdámez Palma

265. EL ENIGMA DE LA VIDA

El presidente John F. Kennedy se hallaba en el "Hotel Texas", en la ciudad de Fort Worth, el viernes 22 de noviembre de 1963 en una reunión o fiesta presidencial que tuvo lugar en la mañana. Un grupo de ciudadanos le obsequiaron al presidente con un bonito y costoso sombrero texano y le pidieron que se lo pusiera, pero el mandatario norteamericano rehusó hacerlo en ese momento, prometiendo que lo haría el lunes siguiente en Washington.

Sonriendo y muy placentero les dijo: "Dentro de dos o tres días los voy a complacer llevándolo puesto."

¡Ay!, pues ese momento jamás llegó, ya que en la tarde de ese mismo día fue asesinado de la manera más triste y cobarde por un infeliz maniático que quiso colocarse en la historia matando al gallardo y amado presidente de los Estados Unidos.

Juan V. Galdámez Palma

266. "MI MUERTE ESTA CERCA Y TEMO EL JUICIO DE DIOS"

El 25 de septiembre de 1977, en muchos periódicos del mundo se publicó un despacho de la UPI, el cual reproduzco a continuación:

"CIUDAD DEL VATICANO, septiembre 25 (UPI).– El Papa Paulo VI se acerca a su octogésimo cumpleaños con temor a su próxima muerte y una toma de conciencia de la fragilidad de la vida humana.

"Tras celebrar una misa en la Basílica de San Pedro, en la cual cantó un coro de 10.000 niños, el Pontífice dijo a la multitud congregada frente al templo:

" 'Debemos abrir nuestra alma ante ustedes. Nuestra alma está dividida por dos sentimientos, uno serio relacionado con nuestra edad que puede ser visto como una firme advertencia en sí mismo, que es la proximidad del fin de nuestra vida en el orden temporal. El miedo del juicio de Dios en el momento de la muerte está siempre presente y lleno de misterio.' "

En verdad que son muy extrañas estas palabras en boca de un hombre que es el jefe espiritual de más de 700 millones de católicos. No puede ser este el lenguaje de un verdadero cristiano ante la perspectiva de la muerte, porque estas palabras de Paulo VI revelan desconocimiento de las verdades del evangelio, inseguridad y miedo. Y si él, que es el Papa, le tiene "miedo al juicio de Dios en el momento de la muerte", ¿qué se puede esperar de sus seguidores? El cristiano, como Pablo, dice: "Porque para mí el vivir es Cristo, y el morir es ganancia" (Filipenses 1:21).

A. R.

267. CONSOLADO POR LA PRESENCIA DE CRISTO

Un muchachito estaba parado junto a la tumba de su madre. Las flores frescas enviadas al funeral le ofrecían muy poco consuelo. Estaban todos los amigos de la familia, pero él se sentía completamente solo. En ese momento sintió que alguien puso su brazo alrededor de sus hombros y al voltear a ver quién era, vio el rostro de su pastor. "Yo quiero que recuerdes algo", le dijo el bondadoso ministro. "Cuando llegues a tu casa vas a hallar las cosas diferentes; tu mamá ya no estará allí; ella ha ido a estar con Dios. Pero recuerda esto: Jesús estará allí. El siempre estará a tu lado."

Así lo hizo el niño y fue consolado por la invisible presencia de Cristo quien vino a ser su amigo más íntimo y querido a medida que pasaba el tiempo.

Nos infunde ánimo la certeza de que el sepulcro no es el final de la vida, de que la muerte no tendrá la última palabra.

De El Hogar Cristiano

268. MIEDO ANTE LA MUERTE

Cuando un famoso escritor yacía en el lecho de muerte, víctima de la tuberculosis, los que estaban junto a su cama se daban cuenta de que llegaba a su fin. Uno de ellos, movido por un sentimiento de reverencia, se allegó a donde estaba la estufa de gas y comenzó a bajar la llama. El hombre moribundo levantó la mano como protestando débilmente, y dijo en voz muy baja: "No, no apaguen la luz; tengo miedo de irme en la oscuridad."

Los cristianos no debemos preocuparnos en cuanto a la vida y la muerte, ya que Cristo, nuestra luz, nos guiará con seguridad por nuestro camino.

De El Hogar Cristiano

269. EN LA AFLICCION DIOS ES NUESTRO AMPARO

Después del entierro de su esposa un señor regresó a su casa con el hijito de ambos. Cenaron algo y se fueron cada uno a su alcoba para dormir. Al rato, el hombre oyó que el niño lloraba. Se levantó y cruzó el corredor hacia donde el niño estaba.

El niño le dijo sollozando:

–¡Ay, papá! Estoy solo aquí. ¿Puedo irme a tu cuarto para dormir en la cama de mi mamá?

Quedaron sin hablar por un tiempo y después el niño dijo:

–Está muy oscuro aquí, papá. ¿Miras hacia donde yo estoy?

–Sí, hijo, te estoy mirando –contestó el padre.

Más tarde, el hombre, todavía sin poder dormirse, con los ojos levantados al cielo, dijo:

–¡Ay, Dios Padre, está tan oscuro aquí. ¿Miras hacia donde yo estoy?

Es entonces cuando debemos oír la voz de Dios que nos dice: "No temas, porque yo estoy contigo; no desmayes, porque yo soy tu Dios que te esfuerzo; siempre te ayudaré, siempre te sustentaré con la diestra de mi justicia" (Isaías 41:10).

270. IGNORANCIA ACERCA DEL MAS ALLA

La hermana Eloísa Enríquez me contó que ella tiene una amiga la cual es dueña de un negocio en la ciudad de El Paso, Texas. Cierto día la vio. La señora estaba de luto porque se le había muerto su marido. En la conversación le dijo: "Vieras cuánta falta me hace mi esposo. Todos los días, al mediodía, él nomás cruzaba la calle e iba al restaurante a comer. Lo veo salir y volver, como si estuviera vivo. Pero lo que me aflige es que no sé adónde se fue y dónde está."

De El Hogar Cristiano

271. ¿ADONDE VAN LOS MUERTOS?

Un cierto militar mexicano fue a un pozo, y junto al brocal se detuvo. Sacó una pistola y dispuso quitarse la vida. Se dijo a sí mismo: "Al dispararme un balazo caeré con todo y pistola al fondo de este pozo, y nadie se dará cuenta de que me quité la vida." En eso sopló un viento muy fuerte y un folleto evangélico fue a caer sobre su pecho. El título del folleto decía: "¿A dónde van los muertos?" Por supuesto, eso lo intrigó; se puso a leerlo y después fue a la dirección que allí se anunciaba. Era la iglesia bautista de esa ciudad. Fue a visitar al pastor, y le hizo esa pregunta: "¿Adónde van los muertos?" El pastor le habló de Cristo. El hombre no se quitó la vida, se convirtió al evangelio, y fue un miembro activo de la iglesia.

Raymundo Herrera

272. LA ESPERANZA QUE DA EL MENSAJE CRISTIANO

Después de que prediqué en el templo de la Cuarta Iglesia Bautista en Ciudad Juárez, en el funeral de la hermana María Ester de Muñoz, una señora católica romana que se encontraba en el funeral, dama muy distinguida, se acercó a mí y, agarrándome las manos efusivamente, me dijo: "Señor, qué lindo predicó usted; qué palabras tan bonitas dijo. Con palabras así, hasta a uno le dan ganas de morirse."

A. R.

273. LA INEVITABLE MARCHA DE LA MUERTE

Iba yo en el cortejo de automóviles en el entierro de la hermana María Ester de Muñoz, de Ciudad Juárez, México. Eran muchos coches. De pronto vimos que nos alcanzaba otra hilera de coches de otro entierro que iba al mismo cementerio. Hubo una competencia de las dos líneas queriendo cada una ser la primera en llegar. Parece que así es la vida: una carrera de todos al cementerio, sin poderla evitar.

A. R.

274. NO VIVIMOS SINO QUE DURAMOS

Un periodista que visitaba varias regiones de América entrevistó a un cacique indígena y le preguntó:

–¿Cómo viven en su tribu?

El jefe contestó:

–Señor, nosotros no vivimos... nosotros solamente **duramos.**

Aunque el cacique se refería a las penosas condiciones en que se hallaba su tribu, dijo –sin saberlo– algo que podría aplicarse a toda la humanidad. A causa del pecado los hombres no viven: simplemente **duran.** Tienen una "vida sin vida" porque están muertos en delitos y pecados. (Ver Efesios 2:1).

De El Hogar Cristiano

275. NUESTRA CONFIANZA DEBE SER PUESTA SOLAMENTE EN CRISTO

Hemos leído, a propósito del fallecimiento del cardenal Mimmi, lo siguiente: "El testamento, fechado el 8 de diciembre de 1959, fue dado ayer a publicidad, y en él dice el purpurado... 'sintiéndome con fuerzas y en buena salud, sabiendo que debo morir, me despido en este momento del mundo confiándome a la eterna protección de María Inmaculada. Dejo mi alma a Dios con la dulce confianza que pueda acogerla en la luz y en la paz del santo paraíso. Dejo mi cuerpo a la tierra y deseo que sea sepultado en la iglesia catedral de Magliano...' El purpurado vuelve su pensamiento, según dice el testamento, al Santo Padre, a los cardenales y obispos y sacerdotes de todo el mundo, a quienes pide una oración. El Papa Juan XXIII habló a un nutrido grupo de peregrinos de diversas nacionalidades enumerando las cualidades del finado cardenal, al que, dijo, conocía desde hacía cuarenta años."

María, el Papa, los cardenales, los obispos, los sacerdotes, los peregrinos, el alma a Dios, el cuerpo a la tierra, pero ni una sola palabra del "Autor y Consumador de la fe, Jesús". Cuán diferente la partida del primer mártir, Esteban. Dice la Biblia que "apedrearon a Esteban, invocando él y diciendo: Señor Jesús, recibe mi espíritu. Y puesto de rodillas, clamó a gran voz: Señor, no les imputes este pecado. Y habiendo dicho esto, durmió".

Copiado

276. LA MUERTE DE UNA MUJER CRISTIANA

El misionero Jaime Crane relata que uno de los primeros creyentes que él conoció al llegar a México fue María Morales, de la ciudad de

Tuxpán. María Morales había sido una cantinera. Su conversión fue, en mayor parte, el resultado de haber leído un relato católicorromano, de los sufrimientos físicos de Cristo en la Vía Dolorosa y en la cruz. Según el relato, los "escribas y sacerdotes" desempeñaron un gran papel en la condenación y en la muerte del Salvador. Los únicos sacerdotes que ella conocía eran los católicos romanos, y así le entró la duda acerca de su religión.

Comenzó una búsqueda de más conocimiento acerca del Salvador, y no mucho tiempo después conoció a Cristo personalmente y rompió con el pecado y con Roma. A pesar de la notable transformación de su vida, fue sometida a persecución vigorosa, y durante muchos años era la única creyente en Tuxpán. Pero paulatinamente se fue formando a su alrededor un pequeño grupo de creyentes quienes al fin se organizaron en una iglesia bautista. Ya de edad avanzada enfermó gravemente y fue llevada a Guadalajara para recibir atención médica. Cuando los médicos le dijeron que no podían hacer nada más por ella, respondió: "Entonces llévenme de regreso a Tuxpán. Quiero que mi pueblo vea cómo muere una persona cristiana."

277. LA MUERTE NOS ANDA RONDANDO

Se cuenta de un hombre que hizo un contrato con la muerte. Y una de las condiciones que el hombre le puso fue que la muerte debía avisarle antes de que llegase la hora de venir por él, a fin de arreglar todas sus cosas y estar bien preparado para ese momento.

La muerte aceptó el contrato. Pasaron algunos años y llegó el momento cuando la muerte se presentó.

–¡Pero!, ¿no habíamos convenido –dijo el hombre viendo la terrible embestida–, que me avisarías?

–Ya lo he hecho –contestó la implacable visita–. ¿No has visto cómo día tras día se ha ido apagando la luz de tus ojos? Pues esto era un aviso. ¿No has notado cómo tus cabellos han ido encaneciendo, tus pies flaqueando y tus fuerzas desfalleciendo? ¿No eran estos otros avisos? Muchas veces has visto también el coche fúnebre, llevando a tus parientes o conocidos a su última morada; ¿no era otro aviso? Y el pasar de los años, ¿no te advertía de mi parte mi proximidad?

Copiado

278. LA MUERTE NIVELA A TODOS LOS HOMBRES

Una vez vi un cuadro, en cuyo fondo se observaban cuatro calaveras, y delante de las mismas, había varios objetos que eran usados por las personas a quienes correspondían aquellas calaveras en vida. Entre esos objetos notamos la corona de un rey, los libros e instrumentos de un sabio, la bolsa de un mendigo y la gorra de un payaso. Pero, como reza la leyenda, ¿cuál fue el tonto, cuál el sabio, cuál el mendigo, cuál el rey? Nada hay en aquellas tristes calaveras para indicar a cuál corresponde cada una, pues, en verdad, no hay diferencia entre ellas.

279. "ESTA ESTABLECIDO A LOS HOMBRES QUE MUERAN UNA SOLA VEZ"

Hay una casa en la Calle Diez en Washington, D. C., que tiene un aposento famoso. Allí, a las 7:20 de la mañana del 15 de abril de 1865, Abraham Lincoln murió. Se informa que cuando el Presidente exhaló su último aliento, Stanton, Secretario de Estado, se levantó de sus rodillas y bajó la cortina de la ventana. Luego, quedándose fijo mirando el cadáver del gran líder caído, dijo: "Ahora él pertenece a las edades."

De El Hogar Cristiano

280. COMO MURIERON LOS APOSTOLES

Según el **Libro de los Mártires**, de Fox, los apóstoles del Señor murieron así:

Esteban fue apedreado.

Jacobo (hijo de Zebedeo) fue decapitado, juntamente con su acusador quien se arrepintió y se hizo cristiano.

Felipe fue azotado, lanzado a la cárcel, y luego crucificado.

Matías fue apedreado, y después decapitado.

Andrés fue crucificado en una cruz en forma de X puesta a ras del suelo.

Marcos fue despedazado por el pueblo de Alejandría.

Pedro fue crucificado con la cabeza para abajo.

Pablo fue decapitado.

Judas fue crucificado en Edesa.

Bartolomé fue cruelmente golpeado y después crucificado.

Tomás fue atravesado con una lanza.

Lucas fue colgado de un árbol de olivo.

Simón fue crucificado.

Juan fue el único que no sufrió una muerte de mártir. Fue echado en un caldero de aceite hirviendo, pero escapó y fue enviado al exilio en la isla de Patmos, donde murió anciano.

281. LA ESPERANZA DE VER A JESUCRISTO

El doctor Wayne Ward relató la siguiente anécdota en el Seminario Bautista de Buenos Aires, Argentina: En Birmingham, Alabama, hay un anciano predicador, ciego de nacimiento. Ha caminado por la senda de esta vida noventa años, y durante la mayor parte de ese tiempo ha estado predicando el evangelio del Señor Jesucristo. El podría sentarse esta noche junto a este piano y tocar maravillosamente.

Un día yo prediqué sobre el tema del cielo, y él tocó el piano, y luego vino a hablarme derramando lágrimas de sus ojos sin vista, diciendo:

—Hermano Wayne, jamás he abierto los ojos, pero un día los abriré, y ¿sabe usted lo que veré cuando abra mis ojos?

Yo le contesté:

—Sí, claro; usted verá a Jesús.

—Sí —dijo— cuando por primera vez abra mis ojos, veré a Jesús; estaré mirando a Jesús. Hermano Wayne, vale la pena haber estado ciego por noventa años al saber que cuando abra mis ojos por la primera vez, lo primero que veré será al Señor Jesús.

El cielo será ver a Jesús cara a cara.

282. SEGURIDAD DE LOS QUE CREEN EN JESUCRISTO

El doctor Wayne Ward cuenta lo siguiente: "Recuerdo muy bien cuando escuché el servicio fúnebre del presidente John Kennedy. El arzobispo que dirigió la misa pronunció en latín estas palabras: "Retira el alma de tu siervo John Kennedy de las puertas del purgatorio." Yo recordé entonces lo que el doctor Billy Graham había dicho, refiriéndose a cierto día en que él había estado en la Casa Blanca y cómo en forma amistosa el presidente Kennedy le miró y le dijo: "Billy, yo le he oído predicar a menudo, por radio o por televisión, a veces en persona. Quiero que usted sepa que yo creo lo que usted predica. Yo no creo que mi iglesia católica me puede salvar, así como usted tampoco cree que su iglesia bautista le puede salvar. Quiero que sepa esto: yo he puesto mi fe en Jesucristo, tal como usted predica."

Si John Kennedy realmente había hecho aquello –y no tengo ninguna razón para ponerlo en duda– yo sé que en el momento cuando él murió, él fue a estar con el Señor Jesús.

283. MURIO BUSCANDO EMOCIONES

Teresa Torres, una linda joven cubana de Miami, Florida, murió buscando emociones...

Una compañera dijo de ella: "Era la persona más entusiasta que he conocido; sabía saborear la vida."

Teresa vivía todo momento libre en las diversiones que tanto amaba: esgrima, tenis, natación, buceo, karate, caballos. Entonces, descubrió el deporte paracaidístico.

Francisco Castro, dirigente de un club de paracaidistas deportistas, dijo de la joven: "¡Lo aprendía todo tan rápido, era muy inteligente!"

Un sábado, luego de diez días de clases, Teresa hizo su primera caída. La tela se abrió automáticamente y el descenso fue perfecto. El domingo anticipaba emocionada su segunda experiencia. Esta vez, el paracaídas principal no se abrió. Ella no intentó abrir el de reserva, y cayó desde 1.000 metros para morir.

¿Por qué una joven tan viva, inteligente y entusiasta muere tan cruelmente? Pues, hay muchas explicaciones fuera de nuestro alcance. Pero hay que recordar que la vida siempre es incierta, y la muerte cierta.

Dios quiere que gocemos la vida. Por eso el Señor Jesús dijo: "He venido para que tengan vida, y para que la tengan en abundancia"

(Juan 10:10). Pero quiere también que estemos preparados para la muerte, y la única preparación que Dios acepta es el nuevo nacimiento. El Señor Jesús declaró así: "De cierto, de cierto te digo, que el que no naciere de nuevo, no puede ver el reino de Dios" (Juan 3:3).

De Buenas Nuevas

284. EL FIN DE TODOS LOS HOMBRES

Napoleón en su época fue todo un hombre. Se hizo dueño de Europa. Bajo su personalidad magnética se movilizaron grandes ejércitos hasta dominar todo el continente. Sin embargo, su imperio se desintegró al igual que todos los que se forman por la fuerza de las armas. Napoleón tuvo su fin en la batalla de Waterloo. Algunos años después la madre de Napoleón, ya anciana, presenció la inauguración de un monumento en honor de Napoleón en la plaza Vendome. Ella miraba con ojos ofuscados y dijo: "Ha vuelto a París el emperador." ¡Pero había vuelto como una estatua hecha de bronce, fría y sin sentido!

De El Hogar Cristiano

285. EL VALOR DE UN ALMA

Horacio Mann, después de haber visitado un reformatorio, notando sus edificios tan costosos y el cuerpo de maestros que significaba un grande gasto anual, dijo:

—Si todo esto resulta en la salvación de un solo niño, valdría todos los gastos y trabajo.

Un caballero cauteloso y calculador oyendo estas palabras, pensaba que era extravagante, y dijo:

—¿No le parece demasiado afirmar que la reformación de un solo niño será una compensación suficiente por esta inmensa inversión de capitales?

—No, si ese niño fuera el mío— fue la pronta respuesta.

¿No nos importa el estado de condenación de las almas moribundas que están en nuestro derredor? Algunos son niños suyos, amigos suyos, y todos son sus semejantes.

De Buenas Nuevas

286. UN NIÑO EN LA IGLESIA

Un estudiante para el ministerio le preguntó a un célebre predicador:

—¿Cómo logra mantener por tanto tiempo la atención de su auditorio y con tanto éxito?

—Cuando empecé mi ministerio, joven hermano, yo pensaba impresionar a mis auditorios con hermosas frases. Un domingo por la mañana, cuando me dirigía hacia el púlpito, uno de los hermanos, ya entrado en años, un sencillo agricultor además, me salió al paso para decirme:

—Señor pastor, tenemos hoy en la iglesia a un niño.

Luego se volvió a su lugar en el banco.

No pude olvidar sus palabras, "un niño en la iglesia", y prediqué tan sencillamente, como nunca antes.

Y la reunión fue... una de las más hermosas que recuerdo, llena del poder del Señor.

Los predicadores que acostumbran usar de grandes frases, no olviden al predicar que, acaso, "hay un niño en la iglesia".

Del Boletín Adelante

287. LA OBRA DEL SEÑOR

En el año 1965, un locutor residente en la ciudad de Torreón, México, le preguntó a uno de los directores de una campaña de evangelización:

—Y ¿en qué otra ciudad de la república tienen ustedes trabajo ya establecido formalmente?

Cuando el hermano le contestó que la obra bautista en México estaba extendida de frontera a frontera y de costa a costa, el interlocutor comentó:

—¡Quién lo hubiera imaginado! Entonces ya no es posible que sus opositores puedan detener su avance...

De El Hogar Cristiano

288. LA RECOMPENSA DEL SERVICIO

Hace unos 150 años, Federico Guillermo III, rey de Prusia, se encontró con que necesitaba dinero para proteger y consolidar la economía del país, sumida en una peligrosa depresión.

La situación había llegado a ser tan delicada que el rey solicitó de todas las mujeres del reino que entregasen sus joyas de oro y plata, a fin de convertirlas en monedas. A cambio de sus joyas, las mujeres recibían una pieza de fundición de hierro en la que había impresa la siguiente inscripción: "Yo di oro por hierro - 1813".

Pronto se convirtió en motivo de orgullo el usar este sencillo ornamento, pues él era prueba del sacrificio hecho.

Así tuvo origen la ORDEN DE LA CRUZ DE HIERRO, como distintivo para premiar los actos de servicio y sacrificio realizados en favor de la nación.

También Dios está esperando y buscando a aquellos que estén dispuestos a sacrificar por su amor y obediencia de su nombre, todo aquello que les tiene sujetos aquí abajo. Con la diferencia de que a su tiempo, él dará como recompensa, no una "cruz de hierro" sino UNA CORONA DE GLORIA.

"Y cuando aparezca el Príncipe de los pastores, vosotros recibiréis la corona incorruptible de gloria" (1 Pedro 5:4).

Agustín Ruiz V.

289. DIOS SIEMPRE CONTESTA NUESTRAS ORACIONES

El padre le preguntó a su hijita:

—¿Qué quieres que te regale en el día de tu cumpleaños?

Ella le dijo:

—Un ramo de tulipanes.

Llegó el día del cumpleaños, y el padre no había ido a comprar las flores. Se acordó y salió corriendo. Pero en ninguna de las florerías había tulipanes, pues no era la época de esas flores.

Por fin le dijeron:

—Le podemos vender unos bulbos de tulipanes muy lindos, y los siembra. Después de unos pocos meses usted tendrá tulipanes.

Todo estaba preparado para la fiesta de cumpleaños. La niña preguntó por sus tulipanes, y se enojó al no recibirlos. Se fue a su cuarto a llorar. Después sus padres la consolaron y le dijeron que sembrarían los bulbos y que después de un tiempo ella tendría preciosos tulipanes. Al fin se consoló. Pasaron varios meses y, por fin, las plantas de tulipanes reventaron en flor. Eran lindísimos. La niña tuvo aun más tulipanes de los que había pedido antes.

¿Cuándo fue contestada la petición de la niña? ¿Cuando recibió los tulipanes o cuando se sembraron los bulbos? Yo diría que cuando los bulbos fueron sembrados. Así es Dios con nosotros en nuestras oraciones. Si oramos en fe y con sinceridad, él de inmediato manipula todas las cosas de tal modo que a su debido tiempo nosotros recibimos la respuesta a nuestras oraciones. Pero la contestación siempre debe ser según la voluntad de nuestro Padre celestial. El sabe mejor.

De El Hogar Cristiano

290. LA ORACION EN TIEMPO DE PELIGRO

Un gran general estaba a punto de hacer una decisión que afectaría a miles de vidas y cambiaría el curso de la historia de la guerra. Humanamente, todo había sido hecho desde el punto de vista de los Aliados. La invasión había sido organizada, los riesgos y los obstáculos habían sido calculados. Ahora, en el último momento, el 9 de julio de 1943, una violenta tormenta agitó los mares de la isla de Sicilia, amenazando destruir todos los planes. Así es que el general Dwight D. Eisenhower se enfrentó al hecho de tener que ordenar el asalto a último momento, o tener el asunto en su conciencia por el resto de su vida. Dejando su cuartel general, se dirigió a la cumbre de un cerro, luego que se le ocurrió que había hecho todo lo que podía haber hecho. El asunto estaba ahora en las manos de Dios. Inclinándose allí, el gran general se comunicó con Dios. No sabemos qué ocurrió allí, pero la invasión fue un éxito.

Autor desconocido

291. EN BUSCA DE LA CASA DE ORACION

Uno de nuestros soldados en el extranjero se encontraba en gran peligro. Le prometió a Dios que si lo llevaba sano y salvo a su hogar, le serviría como nunca antes.

Al volver a su país envió un mensaje a sus padres diciéndoles: "No me esperen todavía. Hay un lugar al que quiero ir antes de llegar a casa."

Llegó a eso de la medianoche y caminó por los alrededores del templo al que asistía y en el que había aceptado a Cristo. La puerta principal se encontraba cerrada, pero una de las laterales por casualidad se encontraba abierta. Entró, se dirigió al altar, se arrodilló y dio gracias a Dios por traerlo bien a casa.

Sí, todos necesitamos buscar un lugar de oración, porque es en el lugar de oración que podemos recibir fuerza y poder para las batallas de la vida.

292. CORAZONES BLANDOS Y CORAZONES DUROS

El otro día escuché una oración que al principio no me gustó, pero que creo tiene mucho de bueno. El hombre decía: "Señor, si nuestros corazones son duros, ablándalos; pero si son demasiado blandos, endurécelos."

Sé lo que quiso decir, y creo que puedo orar la última parte de la oración por algunos de mis amigos que son tan delicados que una burla los mataría. Que el Señor les endurezca los corazones hasta que puedan soportar el vituperio de Cristo.

Spurgeon

293. ORACIONES SIEMPRE CONTESTADAS

Un hermano, saliendo del culto de oración decía a su compañero de camino, expresando su desencanto:

–Pues yo, francamente, te diré que Dios no contesta siempre todas mis oraciones.

–Es raro –contestó el otro– puesto que a mí siempre me las ha contestado.

–¡Siempre! ¿De veras?

–Sí; de veras, solamente que a veces me contesta "sí", y otras me contesta "no". Pero yo quedo tranquilo y contento, porque sé que él ha contestado, según es mejor para mí.

Del Boletín Adelante

294. CUANDO SE BUSCA UN NUEVO PASTOR

Una iglesia se estaba preparando para llamar a un pastor. Se pensó en dos personas. Había poca oración pero sí mucha política. El día de la votación todas las líneas telefónicas de las casas de los miembros de la iglesia estaban ocupadas, pero la línea de oración entre los miembros de la iglesia y Dios estaba desocupada.

Esa noche la iglesia hizo la votación después de mucha contienda, y otras cosas que se dijeron los miembros. El que ganó, lo hizo por un número pequeño de votos; aceptó la invitación y fue a su nuevo campo.

Poco tiempo después la iglesia se desmoronó, muchos de los que querían al otro pastor se fueron a otras iglesias, no estaban contentos y la fuerte iglesia se transformó en débil. Si la gente hubiera orado, esto no hubiera sucedido.

295. FORTALEZA POR MEDIO DE LA ORACION

El 1º de julio de 1943, protegidos por la oscuridad, tres mil barcos iban de Malta a las costas de Sicilia. Su tarea era difícil y peligrosa porque iban a establecer un punto de avance en la playa para efectuar una invasión.

Desde un alto cerro el general de las tropas vio partir a estos hombres, mientras que en las alturas muchos aviones los respaldaban. Después de mirar en silencio por algún tiempo, el general hizo el saludo militar a las fuerzas luchadoras, luego inclinó su rostro para elevar una oración. Uno por uno los hombres que le rodeaban siguieron su ejemplo en este acto de devoción.

Al fin el general levantó la cabeza y le dijo al oficial que estaba de pie junto a él: "Ha llegado la hora en que después de haber usado nuestro criterio, nuestra preparación y nuestra destreza técnica, tenemos que dejar todo en las manos de Dios."

Muchas veces durante la Segunda Guerra Mundial y aun después, este gran general tuvo necesidad de poner en oración los acontecimientos en las manos de Dios. El nombre de este general es Dwight D. Eisenhower.

Una de las características de los primeros cristianos era el poder por medio de la oración. Si no hubiera sido por la oración no se hubiera conquistado el imperio romano.

De El Hogar Cristiano

296. ORANDO EN VANO

Una señora oraba en voz alta al pie de una estatua gigantesca de Buda. No muy lejos de ella estaban un turista cristiano y un monje budista.

–¿Qué dice en su oración? –preguntó el turista.

–Nada en particular –contestó el monje–, ¡está repitiendo un rezo esperando que esto le cambie la suerte!

¡Cuán diferente es la revelación cristiana de Dios! Nosotros confiamos en un Dios quien vino y vivió entre nosotros con el propósito de que comprendamos mejor su carácter y su voluntad. Muchos años antes de que viniera Jesús, los profetas tuvieron anuncios de su vida. Isaías vio claramente su nacimiento y su futuro reino.

De El Hogar Cristiano

297. SALVACION MILAGROSA DE PERECER EN EL MAR

En noviembre de 1942, el capitán Eduardo V. Rickenbacker y sus compañeros pasaron veintiún días en el océano Pacífico, a merced del sol y de las olas, antes de ser rescatados. El relató cómo dependieron de Dios durante esos días. Después de caer su aeroplano en las aguas, la tripulación de ocho buscó refugio en tres pequeños botes de hule, sin más bastimento que tres naranjas. Muriendo de hambre suplicaron al Señor que les diera de comer. Uno de los jóvenes, Juan Bartek, de la fe bautista, tenía su Nuevo Testamento y Salmos, y cada uno por turno solía leer un pasaje, de preferencia éste: "No os afanéis, pues, diciendo: ¿Qué comeremos, o qué beberemos, o qué vestiremos, . . . vuestro Padre celestial sabe que tenéis necesidad de todas estas cosas. Mas buscad primeramente el reino de Dios y su justicia, y todas estas cosas os serán añadidas."

El octavo día el capitán Cherry leyó el pasaje favorito, y una hora después una solitaria gaviota se posó en la cabeza del capitán Rickenbacker y dice el capitán: "Lenta y seguramente mi mano se acercó al ave; no la arrebaté, sino que cerré mi puño estando consciente de su proximidad; luego apreté los dedos con fuerza y la atrapé." Comieron el ave, de la cual, usando las entrañas como cebo pescaron dos peces. Oí decir al capitán Rickenbacker, por radio, que su rescate se debió a un milagro en contestación a sus oraciones. Dijo que ellos oraron y no dudaron que Dios los salvaría.

Frank W. Patterson

298. LA ORACION

Enseñando un pastor en una tribu congolesa, no había podido hacer comprender a los nativos el poder de la oración para obtener la respuesta de Dios a nuestras necesidades. Se le ocurrió una idea feliz. Aquellos congoleses no conocían el método de escribir y leer. Tomó un papel y escribió en él pidiendo a su esposa dos manzanas y una Biblia. El mensajero no atinaba qué era aquello. Y cuál fue su sorpresa al oír la lectura del papel y luego recibir las frutas y el libro. Regresó y luego toda la tribu aprendió a orar con fe y confianza.

Rafael Moreno Guillén

299. DIOS ESTA EN TODO

Cuando la asamblea encargada de redactar la Constitución de los Estados Unidos llevaba cuatro semanas de esfuerzos estériles, Benjamín Franklin le escribió a Jorge Washington las siguientes palabras: "He vivido muchos años; y cuanto más vivo, más convincentes son las pruebas que veo de esta verdad: Dios gobierna los asuntos de los hombres... creo que sin su auxilio no tendremos más éxito en este edificio político que los que construyeron la torre de Babel. Seremos divididos por nuestros pequeños intereses parciales y locales; nuestros proyectos serán confundidos... Pido, por lo tanto, permiso para mocionar que, de ahora en adelante, cada mañana se tengan en esta asamblea oraciones para implorar la asistencia y bendición del cielo sobre nuestras deliberaciones."

De El Hogar Cristiano

300. ORIGEN DE LA ORACION DE LA SERENIDAD

DIOS nos conceda SERENIDAD para aceptar las cosas que no podemos cambiar. VALOR para cambiar las que podamos y SABIDURIA para conocer la diferencia.

El crédito de esta oración fue conocido por todos los teólogos, filósofos y santos de la humanidad. Fue escrita alrededor de 1932 por el doctor Reihnold Niebuhr, del Union Theological Seminary en Nueva York. Fue la terminación de una oración más larga hecha en 1934; un amigo del doctor Howard Robbins pidió permiso para usar esta parte en una compilación que estaba haciendo. Fue publicado en ese año en el libro de oraciones por el doctor Robbins.

De El Hogar Cristiano

301. EL PODER DE LA ORACION
(Lucas 11:9)

Me encontraba en mi casa con mi familia, cuando recibí una llamada telefónica de larga distancia. Un pastor me llamaba desde la ciudad de Miami para suplicarme un favor: tratar de ayudar a una señora norteamericana cuyo único hijo había viajado desde los Estados Unidos a Costa Rica, y hacía más de un año que la angustiada madre no tenía noticias de aquel joven de diecinueve años de edad. El pastor me suplicaba que tratara de localizarlo para que él posteriormente pudiera darle información a la preocupada madre. Le manifesté que con mucho gusto lo haría, pero que iba a ser necesario que me diera más información indicándome cómo se llamaba el joven y dónde se encontraba, a lo cual él respondió:

—Sabemos que el joven está en Costa Rica, pero dónde vive y en dónde se pueda encontrar no lo sabemos.

—Mi país es un país pequeño, pero ello no quiere decir que con tan lacónica información iba a ser fácil encontrarlo —le respondí.

—Si esta madre no recibe noticias de su hijo, su angustia será mucho mayor. Por favor, señor pastor, trate de ayudarnos.

Tal era la súplica de aquel que nos llamaba desde Miami.

—¿Existe alguna otra información que usted nos podría dar? —le pregunté.

—Sí, ahora recuerdo que la madre me dijo que su hijo tenía una amiga que se llama Ana Lorena y que vive en los alrededores de la ciudad.

La llamada se interrumpió con la promesa de que le ayudaría a aquella madre en todo lo que me fuera posible. Antes de hacerlo fui a mi cuarto y me arrodillé, y dije: "Dios mío, a una distancia muy larga de aquí está una madre que te necesita; yo te ruego, de lo más profundo de mi corazón, que la ayudes, y que me des sabiduría para saber qué es lo que yo puedo hacer por ella."

Terminada mi oración, Dios empezó a iluminarme de la siguiente manera: Si es cierto que este joven tiene una amiguita llamada Ana Lorena, es posible que esta señorita tenga un teléfono. Entonces me di a la tarea de buscar en el directorio telefónico el número que yo necesitaba, pero desgraciadamente no existía ninguna información con el nombre y número que yo necesitaba. Aquello me desorientó por un momento, pero luego el Señor Jesucristo, que lo estaba dirigiendo todo, me volvió a hablar de la siguiente manera: "No te preocupes por lo que ha sucedido hasta el momento, si la señorita Ana Lorena no tiene un teléfono en la guía, bien podría ser que tenga su teléfono privado, y lo podrías conseguir de alguna manera."

Entonces, sin hacerme esperar, marqué el número de la operadora. Cuando yo tenía el auricular en mis manos se escuchó la voz de una señorita a la cual le pregunté:

—¿Sería posible que usted me dijera si existe una persona llamada Ana Lorena, y si ella tiene un teléfono privado?

Ella me respondió:

—¿Desea usted hablar con Ana Lorena?

—Sí —le dije—, yo deseo hablar con ella.

—¿Qué es lo que usted quiere hablar con ella?

—Es algo personal y urgente —le respondí.

Entonces ella me dijo:

—YO SOY ANA LORENA.

Un profundo silencio me invadió y no sabía qué responder. ¿Sería posible aquello que yo había escuchado?

—Dígame, por favor, ¿conoce usted a un joven que se llama Jimmy, y que vino de los Estados Unidos a nuestro país?

—Sí, lo conozco y él es mi amigo —me respondió—.

—¿Podría usted decirme en dónde se encuentra en estos momentos?

—Con mucho gusto, él se encuentra en la parte sur de nuestro país, y el siguiente es su número telefónico.

Inmediatamente llamé a Miami para informar al pastor acerca del lugar en donde se encontraba el muchacho.

—¿Cómo es posible que en menos de cuatro horas usted me esté dando esta información? —dijo el pastor—. ¿No sabe que ni aun con la Embajada de nuestro país la hemos podido conseguir?

—Sí —le respondí—, lo que sucede es que Dios me ha contestado una oración, porque así es como Dios contesta nuestras oraciones.

Adrián Gonzáles Quirós

302. ORAR Y ACTUAR

Dos niñas, estando a varias cuadras de la escuela, oyeron que sonaba la campana que anunciaba la hora de entrada a clases. Alarmadas ante la idea de llegar tarde, una de ellas dijo que iba a arrodillarse y pedirle a Dios que la ayudase a no llegar tarde. La otra niña, con sentido más práctico, se expresó así: "Si quieres arrodillarte, hazlo; pero yo voy a orar mientras corro." Hay que ponerle acción a la oración. No hay ninguna razón bíblica para esperar que Dios lo haga todo y nosotros nos crucemos de brazos.

De El Hogar Cristiano

303. REMEDIO CONTRA EL ABURRIMIENTO PROFUNDO

Se dice que en cierta ocasión, el gran compositor Haydn estaba conversando con dos amigos suyos acerca de la tristeza y la depresión moral.

–Cuando me siento desanimado –decía uno–, empiezo a beber, y esto me da nuevas fuerzas.

–Pues yo –contestó el otro–, lo que hago es ponerme a tocar. No hay como la música para dar ánimo y alejar las penas.

–Pues yo –afirmó Haydn–, cuando me siento triste, oro al Señor. Nadie como él para consolar y dar fuerzas al cansado.

¿Has experimentado ya en este día el poder y la bendición que proporcionan unos momentos de conversación íntima, sincera, a solas con el Señor? Recuerda que es imposible vivir aparte de él, y que por el contrario, en él hay vida eterna.

"Tarde y mañana y a mediodía oraré y clamaré, y él oirá mi voz." Salmo 55:17.

Agustín Ruiz V.

304. AL VER A JESUS VEMOS AL PADRE

Un novelista inglés nos relata la historia de un muchacho que era alumno interno en una escuela. Su padre trabajaba en un país extranjero y su madre había muerto cuando él nació. Cuando sus compañeros hablaban de su hogar y cuando se iban de vacaciones a ver a sus padres, él se quedaba muy triste sintiéndose muy solo y sin padres. Recibía muchos regalos y recuerdos del amor de su padre, quien le escribía con regularidad. Tenía su retrato sobre la mesa de su cuarto, pero a pesar de todo esto, el niño ansiaba verlo. Un día recibió la noticia de que su padre iba a llegar y el muchacho fue a esperarlo al puerto. A medida que se acercaba el barco al muelle el joven veía más claramente que su padre se apoyaba en el barandal buscándolo entre la gente, luego vio que su padre bajaba la escalera corriendo hacia donde estaba él y se abrazaron tiernamente. La palabra "padre" hasta ese momento sólo había sido una palabra. Ahora esta palabra había llegado a ser una realidad.

Jesús vino para que comprendiéramos cómo es Dios. Cuando vemos a Jesús vemos a Dios, porque Jesús es Dios.

De El Hogar Cristiano

305. ES UN DEBER DE LOS PADRES DAR INSTRUCCION RELIGIOSA A LOS NIÑOS

Un día el poeta inglés Coleridge escuchaba a un amigo suyo atacar la instrucción religiosa para niños, diciendo:

–No deberíamos crear en los niños prejuicios en favor de cualquier religión, más bien dejar que ellos lleguen a la madurez, entonces podrán escoger la religión que más les parezca.

El poeta no replicó, pero sí invitó al amigo a salir al patio para contemplar el jardín.

–Pero, hombre, esto no es un jardín –exclamó el amigo–, aquí sólo hay monte y cizaña.

–Pues, es verdad –contestó Coleridge–, pero esto se debe a que todavía el jardín no ha llegado a la mayoría de edad para que pueda escoger lo que va a ser. La cizañan se está aprovechando de la oportunidad, pero no quería yo influir para crearle prejuicios en favor de rosas y verduras.

¿Cómo estamos actuando nosotros para con nuestros hijos? La Biblia enseña que debemos cuidarles e inclinarles hacia el bien e instruirles en la Santa Palabra para que, cuando sean grandes, no se aparten del camino del Señor.

306. EL PADRE DEBE COLABORAR

Recuerdo como si fuera hoy, los primeros años felices en nuestro hogar. Habíamos experimentado la alegría y dicha del recibimiento del primer fruto: una hermosa niñita. Le celebramos su primer "añito de vida" con una fiestecita y la clásica piñata... pero ya venía en camino un segundo "retoñito".

Al nacer mi segunda hijita, llegó nuevamente mi madre para ayudarme con la recién nacida y con su hermanita, que ya tenía catorce meses de edad.

Cierto día las dos niñas estaban mojadas y molestas, y mi marido comentó: "En momentos como éstos pienso que Dios debió dar a las madres cuatro brazos, pues verdaderamente el cuidado de los bebés es problemático.

–Se los dio –respondió mi madre sonriendo–, sólo que DOS DE ELLOS LOS TIENE EL PADRE, para compartir estos "momentos".

Del Boletín La Voz de Betel

307. VIVIENDO COMO HIJOS DE DIOS

San Juan Crisóstomo, uno de los más extraordinarios predicadores en toda la historia del cristianismo, tiene un sermón en el que habla sobre la mejor manera de criar a los niños. En el mismo, aconseja a los padres a poner a sus hijos nombres de grandes personajes de la Biblia, para poder enseñarles repetidamente la historia del portador original del nombre, y así darles un modelo como base al cual vivir, y un motivo de inspiración para sus vidas cuando lleguen a adultos.

El cristiano tiene el tremendo privilegio de ser llamado hijo de Dios: un nombre que tiene un profundo significado. Así como el pertenecer a una gran escuela, a un gran regimiento, a una gran iglesia, o a una gran familia es un motivo de inspiración para vivir mejor, mucho más todavía, el llevar el nombre de la familia de Dios es algo que guarda los pies del hombre en el camino recto y le ayuda a superarse más y más cada día.

Pablo Alberto Deiros

308. EL AMOR DEBIDO A NUESTROS PADRES

Miguel y Roberto eran hijos de un albañil que trabajaba en la construcción de una gran casa, en el otro extremo del pueblo.

Un jueves, su madre los envió a llevar la comida a su padre.

Desde el camino divisaron al albañil que estaba en lo más alto del tejado de la casa. Un paso en falso hubiera bastado para hacerle estrellarse en el suelo.

Miguel y Roberto intentaron subir hasta donde él estaba, por una gran escalera de albañil; pero sus cabezas daban vueltas, sus pies temblaban y sentían el vértigo. Un albañil acudió en su auxilio y, con su ayuda volvieron a bajar enteramente pálidos y diciéndose uno a otro:

—¡Qué valiente es nuestro padre para trabajar todo el día allí arriba!

—Y es por su familia, por nosotros, por quien arriesga de este modo su vida.

—¡Oh! cuando seamos hombres, trabajaremos a fin de que él pueda descansar.

Del Boletín Adelante

309. ¿QUIEN MATO AL SEÑOR JESUCRISTO?

—¿Quién mató al Señor Jesucristo? —preguntaba la maestra en la clase de señoras en la pequeña Misión Bautista Rosillo, en San Antonio, Texas.

Fueron tan distintas las respuestas como el número de personas presentes:

—Barrabás, porque Cristo murió en su lugar —contestó una.

—Pilato —contestó otra.

—Los soldados romanos.

—El Sanedrín —seguían las respuestas.

—¡No! —respondió la maestra y, señalando a mi madre, que había quedado viuda a consecuencia de las balas de un asesino, le dijo:

—¡Tú mataste a Jesús!

Mi madre fue sorprendida por la declaración, "¡Tú mataste a Jesús!" Vino como un relámpago a su memoria la tragedia de la muerte inesperada de mi padre y se colocaba en la posición de un asesino. Echándose a llorar pensaba: "Yo maté a Jesús."

Esto era cierto, pero aún Cristo la amaba. Por ella había muerto. Pero ese día, el 26 de mayo de 1938, Elisa Alemán viuda de Hernández, con ternura de corazón invitó a Jesucristo a entrar en su vida. Esta era la decisión que cambiaría su vida y la llevaría a través de cuarenta años a una vida victoriosa en Cristo; y todo porque una maestra le dijo: "Tú mataste a Jesús."

Realmente, yo también maté a Jesús, y tú y todos matamos a Jesús.

Rudy Hernández

310. EL QUE ENCUBRE SUS PECADOS, NO PROSPERARA

Cursaba el último grado de técnico en la Escuela de Artes Gráficas, cuando visitamos la Casa de la Moneda en Santiago de Chile, donde imprimen las estampillas y el papel moneda.

Un empleado estaba recortando fotos de estampillas de impuestos, cuando uno de mis condiscípulos le preguntó si podía llevarse una foto de recuerdo. El empleado le dijo que no podía obsequiarlas, porque podían sacar clisés o planchas de modelo e imprimir copias afuera y no serían falsificadas sino auténticas —como técnicos lo sabíamos. Nos hicieron la observación correspondiente solicitándonos que devolviésemos las fotos estampillas que hubiéramos cogido. Así lo hicimos, al terminar las devoluciones, faltaban tres. Apenados y avergonzados por el incidente, deseábamos saber quién tenía esas tres fotos estampillas. El empleado dijo que nada podía perderse y que ellos tenían un método que no fallaba para hacer aparecer lo que se perdía.

Nos hicieron hacer una fila a toda la delegación, para que uno a uno pasásemos a un cuarto cerrado y oscuro. Cada uno entraba solo y podía permanecer en el cuarto el tiempo que quisiera, así daban la oportunidad para que nos desprendiéramos del cuerpo del delito. Un empleado controlaba el paso de cada uno. Cuando pasamos todos los futuros técnicos gráficos por ese cuarto, encendieron la luz y ahí estaban las tres fotos estampillas que faltaban.

Muchos queremos hacer eso con nuestros pecados, pero a Dios no lo podemos engañar. "El que encubre sus pecados, no prosperará, pero el que los confiesa y se aparta, alcanzará misericordia." Proverbios 28:13.

Esteban Cifuentes S.

311. CRISTO PUEDE SOLTAR LAS ATADURAS DEL PECADO

Esquilo es el nombre de un poeta griego, creador del género literario llamado **tragedia.** De las noventa tragedias que escribió, una lleva por título "Prometeo el Encadenado". Es llamada así porque su protagonista principal, Prometeo, es castigado debido al hecho de haber robado una chispa de fuego del Olimpo. Su sentencia fue ser atado a una roca. Uno de los dioses teme, sin embargo, que Prometeo rompa sus cadenas, pero su custodio, llamado Hifesto, le devuelve la tranquilidad con estas palabras: "No temas, que todos sus miembros están encadenados." Esto quería decir que Prometeo no tendría poder suficiente para librarse de sus ataduras, por tanto, su condición era deplorable. Sería peor cada día cuando, expuesto a la intemperie, perdería sus energías, su fuerza de voluntad, su deseo de vivir. Cuando esto aconteciese, el fin sobrevendría.

Esto fue un hecho mitológico, creación de un escritor que vivió por el año 500 antes de Cristo. Sin embargo, es algo que acontece en la vida real diariamente. Yo conocí, por ejemplo, a un joven a quien llamaré Francisco. Era inteligente, ágil, capaz y admirado. Un día se apartó del grupo que siempre habíamos formado y se unió a malas compañías. Se convirtió en una persona pendenciera, disoluta y viciosa. Su madre, mujer sola, rogaba a todos que la ayudásemos con su hijo. Nadie se atrevía, porque Francisco, un borracho contencioso y drogadicto, parecía peligroso. Un día, no obstante todos los riesgos, pedí a quien fuera uno de sus profesores favoritos que le hablase. Lo llevé, pues, a su oficina, aprovechando que lo vi pacífico, muy quieto, con la mirada perdida y los ojos sin brillo. El profesor le habló por largo rato, sin recibir respuesta. Yo había permanecido en silencio. A estas alturas intervine y le hice esta pregunta:

—Dime, Francisco, ¿no quisieras dejar tus vicios?

Y su respuesta fue tajante: —¡No, en lo más absoluto!

Con esa negación terminó aquella triste charla. Francisco estaba atado para siempre a sus males, como Prometeo; todos sus miembros los tenía encadenados, pero su estado era peor . . . no tenía energías, ni voluntad, ni espíritu de lucha, ni fuerza.

Debe ser muy triste llegar a ese estado. Y hay muchos que están en esta situación lamentable. Es ahora cuando necesitan poder de afuera, ayuda de afuera, alguien que los emancipe de sus cadenas. La Biblia dice, hablando de Jesús: "Si el Hijo os libertare, seréis verdaderamente libres."

Hugo Ruiz

312. ES PELIGROSO ALEJARSE DE DIOS Y DE LA IGLESIA

En 1977 un hombre joven, David Berkowitz, sembró el terror en la ciudad de Nueva York. El es el tristemente famoso "Hijo de Sam", quien con un revólver calibre 44 dio muerte a cinco jóvenes e hirió a otros. La noche cuando lo capturaron, tenía el plan de ir a una discoteca y dar muerte a cuantos pudiera de quienes se encontraban allí.

El caso es que este hombre, pocos años atrás, había hecho su profesión de fe en la Iglesia Bautista Beth Haven en la parte sur de la ciudad de Louisville, Kentucky. Y fue también bautizado y por algún tiempo estuvo activo en la iglesia y aun salía a testificar. Quien fue su pastor entonces, el reverendo Wallace, declaró: "Pero después se perdió en el mundo", y no se volvió a saber de él hasta que todos los medios de publicidad informaron de los crímenes horrendos cometidos por el "Hijo de Sam".

¿Por qué David Berkowitz se volvió criminal? Posiblemente él nunca se convirtió, aunque tuvo una experiencia religiosa pasajera. Y porque se alejó de Dios y de la iglesia. Como Demas, de quien el Apóstol dijo: "Porque Demas me ha desamparado, amando este mundo, y se ha ido a Tesalónica."

Adolfo Robleto

313. LA DUREZA DE CORAZON

En una escuela primaria, una maestra trataba de dar su clase, cuando un alumno se puso de pie en medio del aula, y se mantuvo así sin decir ni una palabra. Todos le miraron y se distraían mirándole, por lo cual la maestra llamando al niño, al que llamaremos Pepito, le dijo:

—Pepito, siéntate.

El niño titubeó un momento, y al fin se sentó. Pero no habían transcurrido cinco minutos, cuando ya Pepito estaba de pie otra vez. La maestra, con autoridad pero pacientemente, le dijo:

—Pepito, no quiero tener que decírtelo de nuevo, siéntate.

De nuevo Pepito se sentó, y transcurridos unos minutos volvió a ponerse de pie. Algo exasperada ya la maestra por la pertinaz actitud del niño, se levantó de su asiento, vino hacia el lugar donde estaba parado Pepito, puso sus manos sobre los hombros del niño, y haciendo fuerza sobre él, lo obligó a sentarse, mientras le decía:

–Acaba de sentarte, y de permanecer sentado, y no molestes más.

Y Pepito con evidente impotencia, mirando a su maestra cara a cara, le dijo:

–Yo me sentaré, pero por dentro estoy parado.

Así ocurre muchas veces con los seres humanos que, aunque somos amonestados por Dios y por su Palabra, permanecemos en una actitud de insubordinación y de rebeldía, sin que tengamos una razón que lo justifique.

314. VIGILEMOS NUESTRAS DEBILIDADES

En la ciudad de Paraiba del norte, Brasil, existía antes una inmensa gamalleira, un árbol frondoso que ofrecía fresca sombra a los campesinos cuando éstos llevaban al pueblo los frutos del campo.

Dicho árbol era muy antiguo, y había resistido vientos de gran impetuosidad. Conservaba en su tronco añoso las señales de haber sido herido más de una vez por chispas eléctricas, sin que éstas hubiesen podido abatirlo.

Hace años ese árbol se secó. Cuando vino un perito de la Secretaría de Agricultura a examinarlo, descubrió que se había muerto a consecuencia de una pequeña hormiga blanca, conocida en Brasil por cumpim, que había hecho un nido en las raíces de la vieja gamalleira.

Hoy apenas existe de aquel gigantesco árbol el nombre de la "Rúa de Gamalleira", o sea, la calle donde él antes prestaba su fresca sombra.

Pudo aquel árbol resistir a los vientos fuertes y hasta burlarse de los rayos; sin embargo, cedió ante la invasión de un pequeño e insignificante insecto. Otro tanto ha ocurrido a miles de personas que por no dar importancia a "pequeñeces", han sido víctimas de esas mismas cosas insignificantes.

Copiado

315. LA MUERTE EN LA BOLSA

En un lugar del departamento de Masaya, conocido como Piedra Quemada, Juan López, de la ciudad de Masatepe, y Tranquilino Ruiz, de Masaya, el 17 de mayo de 1976, estaban limpiando un terreno para la siembra. Al mirar a un lado, Juan vio un pequeño objeto que le llamó la atención y lo cogió para examinarlo, echándoselo después a la bolsa.

Tranquilino estaba mirando aquellos movimientos y se fue a curiosear, preguntando qué se había encontrado.

—No sé —dijo Juan, y sacó el objeto de la bolsa; pero con tan mala suerte que el objeto se le zafó de la mano y cayó sobre una dura piedra. Se escuchó una tremenda explosión y los dos hombres cayeron muertos, con el cuerpo destrozado. Aquel "pequeño" objeto era nada menos que una bomba fragmentaria de gran poder explosivo, la cual con el golpe sobre la piedra, estalló y destrozó los cuerpos de los incautos.

Cuantos **incautos** hay en el mundo que, por un "momento" de placer; por un "simple" probar; por un sencillo "entrar" a ciertos lugares, o por "corto" acompañar a ciertas personas, se echan la muerte en la bolsa, sin saber que muy pronto estallará la bomba asesina, que les destrozará no solamente el cuerpo, sino también el alma, ocasionándoles la muerte eterna.

Agustín Ruiz V.

316. CADENAS QUE ATAN

Era apenas un adolescente cuando mi hermana mayor me invitó a visitar la cárcel de nuestra ciudad natal. Me dijo que deseaba visitar a un antiguo conocido de la familia, de quien había leído en el diario que estaba prisionero. Le llevaba unas cuantas golosinas y revistas de fácil y amena lectura. Y me fui con ella.

La experiencia me iba a ser totalmente nueva. "¿Cómo será una cárcel?", me preguntaba en mi imaginación juvenil. Al arribar allí, todo me fue impresionante. Hombres fuertes y rudos, de caras hoscas, se movían acompasados de un lado a otro, con armas de fuego en las manos. Mientras mi hermana recibía el permiso de entrada, se oyó un silbato agudo. Era la hora en que los presos salían al amplio patio de la cárcel, a darse un baño de sol, a respirar aire fresco, y a recibir la visita de sus familiares. Me hice todo ojos. Los prisioneros fueron entrando, y se organizaron grupitos de personas aquí y allá.

De pronto, un hombre triste hacía su entrada muy lentamente.

Casi se arrastraba. Traía atada al tobillo una cadena de hierro. A como pudo, se acurrucó en una esquina sombreada, como un bulto sucio envuelto en manto de dolor. Mi hermana se acercó a él. Y yo también, aunque con miedo. Se entabló el diálogo. El hombre había cometido un crimen y ahora purgaba su condena. Todavía contemplo su imagen impresionante; todavía siento la tristeza que me produjo aquel cuadro de miseria humana.

—¿Por qué tiene esa cadena tan pesada? —le pregunté.

—Es para que no me escape —me respondió—. Pero sufro de otras cadenas peores —agregó—, las de mi conciencia culpable.

De nuevo sonó el silbato, y mi hermana y yo tuvimos que partir. Y el hombre de la cadena empezó a gatear para volver a su celda.

Infinidad de hombres, presos fuera de las paredes de una cárcel, van también arrastrando sus cadenas. El pecado es cadena que aprisiona; nos quita la libertad, y el gozo, y la paz. "La paga del pecado es muerte," dice la Biblia (Romanos 6:23a), pero ella también dice: "Si el Hijo os libertare, seréis verdaderamente libres" (Juan 8:36).

Adolfo Robleto D.

317. EL PESO DEL PECADO

Un negro humilde iba cargando un bulto de papas sobre la espalda cuando fue interrogado por un incrédulo:

—¿Cómo sabe usted que es salvo?

El negro siguió unos pasos más adelante y luego dejó caer el bulto. Entonces dijo:

—¿Cómo me doy cuenta de que se me cayó el bulto? No he mirado atrás.

—No —replicó el hombre—, pero lo puede saber porque ya no siente el peso.

—¡Exactamente! —contestó el negro—. Por esta misma razón sé que soy salvo, pues he perdido la carga de pecado y tristeza y he hallado paz y satisfacción en el Señor.

De Herald of Coming

318. NUESTRA SOCIEDAD MODERNA ESTA ENFERMA

Hace poco una revista daba cuenta de un incidente que en forma elocuente pinta lo que pasa en nuestra sociedad moderna.

Se trataba de un hombre que llegó enfurecido a la puerta de un teatro, con revólver en mano, buscando a la esposa que había entrado en ese lugar acompañada de otro hombre. El portero quiso persuadirlo a que no entrara a la sala del espectáculo, sino que esperara hasta el fin de la función para luego encontrarse con la esposa a la salida. Al ver que no lograba convencerlo, anunció por los altoparlantes que si había alguna mujer en el teatro acompañada por un hombre que no fuera su esposo, que huyera por la puerta lateral, porque en ese momento un hombre airado entraba a sacar a su esposa con revólver en mano. El relato dice que vieron a diecinueve parejas salir corriendo por la puerta de escape.

De El Hogar Cristiano

319. MONUMENTO A LA CODICIA

El primer cuerpo desenterrado cuando los excavadores empezaron a trabajar en las ruinas de la antigua ciudad de Pompeya, fue el de un hombre que asía fuertemente un puñado de monedas de oro. Se cree que sucedió lo siguiente: Después que el terremoto azotó la ciudad, el 24 de agosto del año 79 de nuestra era, este hombre estaba ocupado saqueando a las víctimas. Repentinamente, sin previo aviso, el Vesubio cubrió las ruinas con gases mortíferos y lava ardiente.

El hombre murió, y su cuerpo quedó conservado bajo siete metros de cenizas, con las monedas todavía en la mano. Es típico de todos aquellos que se encuentran preocupados en amontonar ganancias materiales, honradamente o no, que en su carrera desenfrenada no observan las señales del fin que se avecina.

El Discípulo Cristiano

320. ¿DONDE ESTA TU CORAZON?

Hace algún tiempo apareció en las páginas del diario New York Times, el triste relato del caso de la señora Marjorie V. Jackson, una excéntrica heredera de varios millones de dólares, los cuales conservó en su casa.

Posiblemente, ladrones conocedores del caso, incursionaron varias veces en casa de la señora Jackson buscando el dinero, del cual se llevaron algunos millones; pero ella, quién sabe por qué causa, no informó a la policía.

La mayor tragedia vino cuando los ladrones incursionaron otra vez, mataron a la señora, y para borrar las huellas incendiaron la casa. Cuando la policía llegó a inspeccionar los escombros, encontraron el cadáver de la señora y, escondidos en barriles viejos de basura, varios millones de dólares.

La posesión de aquel dinero fue la causa de la ruina para la señora Jackson. Ni los gozó y fueron la causa de su muerte. En casos como éste, Jesús repetiría: "Así es el que hace para sí tesoros, y no es rico para con Dios." "Haceos tesoros en los cielos, donde ni polilla ni orín corrompen, y donde ladrones no minan ni hurtan, porque donde estuviere vuestro tesoro allí estará también vuestro corazón." Mateo 6:20.

Agustín Ruiz V.

321. ¿DONDE ESTA TU TESORO?

Oí una vez un cuento: Tres hombres, amigos entre sí, se hallaban en pobreza y se dispusieron a salir al campo en busca de trabajo. Iban caminando cuando, de pronto, uno de ellos vio una bolsa. La recogió y, al abrirla, había en ella monedas de oro. Se sentaron entonces a contarlas y en ese momento pasaba por allí San Miguel, quien, al ver a los hombres, se hizo a un lado y gritó: "El demonio, ustedes tienen al demonio en sus manos." No podían entender por qué el santo había dicho tales palabras.

Uno de los hombres dijo que él iría al pueblo, que estaba muy cerca, para comprar comida para los tres, y que al volver y después de que comieran, se repartirían las monedas de oro en partes iguales. Todos convinieron en la proposición, y el hombre se marchó. Mientras caminaba, se dijo para sí: "Yo no soy un tonto; para que todo el tesoro me quede a mí, le pondré veneno a la comida de mis compañeros." Pero, a su vez, los dos hombres que se habían quedado esperándolo, queriendo tener una parte mayor cada uno, decidieron matar a su compañero cuando éste volviera.

Y todo sucedió tal como los tres lo habían planeado. Un rato después volvió a pasar el santo y vio a los tres hombres, muertos, cada uno con las manos en la bolsa de las monedas. Y se fue reflexionando: "La codicia, ¡oh, el pecado de la codicia mata al hombre!"

El dinero ha desempeñado un papel importantísimo en la vida de los seres humanos. Ha sido un medio de bendición pero también infinidad de veces ha sido la causa de discordias, de ruina y de muerte. Pero no es que haya nada de malo o de bueno en el dinero en sí, sino que es el uso que hacemos de él y la actitud que mantenemos hacia él lo que lo constituye en bendición o en maldición. Pablo, un apóstol del cristianismo, escribió estas sabias palabras: "Porque los que quieren enriquecerse caen en tentación y lazo, y en muchas codicias necias y dañosas, que hunden a los hombres en destrucción y perdición; porque raíz de todos los males es el amor al dinero" (1 Timoteo 6:9, 10a). Y Jesucristo sentó con palabras sensatas el siguiente principio: "Porque donde esté vuestro tesoro, allí estará también vuestro corazón" (Mateo 6:21).

Adolfo Robleto

322. DEVOLVER BIEN POR MAL

Cierto día un joven se hallaba en un bote en medio del río Sena, en París, tratando de ahogar a un perro. Lo lanzó al agua. El animal, nadando, trataba de volver al bote; pero el joven lo rechazaba con uno de los remos. En un golpe en falso, el joven perdió el equilibrio, el bote volcó y él cayó al agua. Se hubiera ahogado a no ser porque el perro, tomándole con los dientes por la ropa, lo sacó a la orilla. La gente que se había agolpado y veía la escena, corrió a ayudar al muchacho y a reprenderle duramente por su actitud cruel contra el animal.

De El Hogar Cristiano

323. ESCLAVITUD

Los emperadores romanos, para congraciarse con el pueblo, establecieron una serie de cruentos juegos en el circo romano: Luchas entre fiera y fiera, fiera con hombre y hombre con hombre en brutales pugilatos y en duelos a muerte con redes y tridentes. Pero la escena más emocionante y ovacionada por más de 45.000 gargantas, era la entrada al circo de las filas de jóvenes gladiadores que pasaban frente a la tribuna imperial, con la cabeza erguida y el brazo en alto exclamando: ¡AVE, CESAR, MORTIURI TE SALUTANT!" (¡Salve, César, los que vamos a morir te saludamos!) Y millares de voces decían: "VAE, VICTIS" (Ay de los vencidos). Y después de unas horas, en la soledad del circo se sentía un olor a sangre, y había muchos cuerpos destrozados, aún convulsos, sobre la arena.

Rafael Moreno Guillén

324. SOMOS LODISTAS

Se dice que entre aquellos ciegos que recibieron la vista mediante un milagro de nuestro Señor Jesucristo, se llevó a cabo una conversación semejante a esta:

Uno de ellos dijo:

—Es una gran bendición la que hemos recibido del Señor quien nos ha curado.

El otro contestó:

—En verdad que sí la es, pero eso de usar lodo es una cosa muy desagradable.

—Pero, ¿qué lodo? —respondió su interlocutor—. El Señor no usó lodo para curarme a mí. Por eso es que mi milagro es más limpio que el tuyo.

Y así discutían cuando se presentó un tercer ciego que también había recibido la vista. Intervino en la conversación para preguntarles si cuando ellos fueron restaruados no vieron que los hombres andaban como árboles. Según él, una prueba inequívoca de un milagro efectuado en los ojos de un ciego era el ver que los hombres andaran como árboles.

Dice la narración que se formó una gran discusión entre los tres y que nunca pudieron ponerse de acuerdo. Al fin, uno fundó la iglesia de "Los Lodistas", la cual acentuaba el uso del lodo. El otro fundó una iglesia llamada "Antilodistas" que hablaba de la importancia de los árboles en los milagros.

Este relato hace por explicar esa tendencia de muchos a poner el énfasis en cosas que no lo tienen. Estas personas formulan doctrinas y establecen iglesias, pero olvidan el hecho fundamental de lo que realmente cuenta: el milagro de la nueva criatura en Cristo.

Del Boletín Adelante

325. LA ENVIDIA

Una historia griega habla de un hombre que se mató a sí mismo por envidia. Sus conciudadanos habían erigido una estatua a un ciudadano quien era un campeón célebre en los juegos atléticos. Pero este hombre, un rival del atleta honrado, estaba tan envidioso que prometió que destruiría la estatua. Cada noche se deslizó en la oscuridad y con un cincel fue cortando en la base de la estatua. Al fin triunfó. La estatua cayó –pero le cayó encima. El murió víctima de su propia envidia.

De El Hogar Cristiano

326. EL PECADO DE LA HIPOCRESIA

Había una dama que asistía a una iglesia con regular frecuencia. Procuraba servir en todo lo que le fuera posible. Procuraba no perderse ningún culto de la iglesia. Pero algo se había hecho notable en ella en cada culto: Siempre llegaba con ropas muy humildes; su calzado era de gente pobre. Así se le veía en cada servicio. Reflejaba un concepto de pobreza y humildad.

Pero esta dama usaba de astucia. Cada vez que regresaba de los cultos, inmediatamente se cambiaba de ropa en su casa. Dejaba su vestuario pobre y se ponía ropa elegante, alhajas y buen calzado. Con esta otra personalidad, asistía a los bailes y actuaba de manera tan distinta que su personalidad de creyente desaparecía.

El pecado de la hipocresía es uno de los más viles dentro de la vida cristiana. Hace que la persona finja y aparezca con una falsa personalidad.

Maclovio Gómez Lorenzana

327. ¿ARBOLITO DE NAVIDAD?

Una señora fabricó un naranjo artificial y lo colocó en el pesebre familiar.

Tenía el arbolito naranjas amarillas y verdes. En algunos gajos lucían hermosas florecillas. Todo estaba tan artísticamente hecho, que imitaba perfectamente el natural.

Un niño fue para curiosear el árbol, y dijo: "Son bonitas las naranjas, pero no sirven para comer porque son de papel y están pegadas con alambre."

Así también muchas personas quieren adornar sus vidas con los frutos del amor de Dios como la tolerancia, gozo, paz, benignidad, bondad, fe, sin darse cuenta de que tales frutos son producto de una vida que se desarrolla con Cristo, la "fuente de agua que salta para vida eterna".

Luis D. Salem

328. SALVANDO A JESUS NAZARENO

A causa de los terribles terremotos que asolaron varias ciudades de la república de Guatemala, muchos templos fueron destruidos. Para quienes adoran a Dios en espíritu, aunque la destrucción del templo es causa de tristeza y de incomodidad para el culto, el caso no es tan grave como para aquellos que no pueden adorar, sino delante de un objeto material.

Informaba un diario local que, después de los primeros temblores, un templo católico quedó en tan malas condiciones, que amenazaba desplomarse sobre la "imagen de Jesús Nazareno", la cual hubiera sido hecha pedazos si no hubiera sido por el valor y arrojo de un grupo de fieles que, exponiendo sus propias vidas, entraron al templo y rescataron la imagen, colocándola sana y salva en un predio vacío.

Los temblores continuaron y el pánico se apoderó del pueblo, fue entonces que recurrieron al "Jesús Nazareno" para que los librara. Y el comentarista destacaba en su relato: "Si no hubiera sido por el valor de aquel grupo de fieles, el pueblo no hubiera tenido aquel "consuelo", pues no hubiera tenido a quien clamar."

¿No crees, lector querido, que más triste aún que la destrucción material, es la entronización de la idolatría en el corazón de los pueblos?

Agustín Ruiz V.

329. IMPACIENCIA

Se cuenta de una niña que vivía junto al mar, y poseía una valiosa perla. Cansada de tanto contemplar ese tesoro, un día lo arrojó al mar.

Después de algunas horas la niña lloraba por su perla perdida, y decía: "¡Oh mar, oh mar, devuélveme mi perla!"

Al oír de este episodio pensé en tantos que, víctimas de la impaciencia, abandonan algún trabajo, para quedarse después llorando la irreparable pérdida.

De este tipo de personas impacientes está lleno el mundo y se hallan en todo lugar.

Luis D. Salem

330. CRISTO EL DESCONOCIDO

En cierta obra famosa de crítica a la Iglesia Católica, se publica una caricatura en la cual se ve lo siguiente: Un fogoso orador dirige la palabra a una multitud que le escucha entusiasmada. El orador habla en contra de Jesús y de su iglesia.

En primer plano una figura representa al Señor acompañado de un hombre de aspecto humilde. Este le dice al Señor:

—Maestro, mejor sería que nos vayamos de aquí. Si ésos te ven, te volverán a crucificar.

A lo que el Señor respondió:

—No tengas ningún cuidado: ésos ni siquiera me reconocerán.

Miguel A. Blanco

331. LA INGRATITUD DE LA GENTE

Roberto Burns nació en un pueblo de Escocia. Pasó gran parte de su vida escribiendo, pero las gentes no apreciaron sus escritos. Siempre vivió muy pobre. A veces escribía artículos para venderlos y poder comer, pero nadie le ponía atención. Después de muerto, la gente comenzó a darse cuenta de la valía de sus escritos y lo consideraron un gran escritor. Entonces acordaron levantar un monumento de piedra en su honor. Cuando se develó el monumento, su anciana madre, que había sido invitada, dijo: "Robertito, tú en vida pediste pan y sólo te dieron piedra."

De El Hogar Cristiano

332. CRISTO EN EL ESTOMAGO

Hace algunos días encontré por la calle a un individuo que usaba una de esas camisas estrambóticas con dibujos y letreros, algunos bonitos, otros horribles. El hombre era bastante grueso, y la camisa que llevaba puesta tenía un letrero que le quedaba propiamente sobre el voluminoso estómago, y que decía: CRISTO.

No sé si el hombre era o no creyente, ni sé cuál haya sido su intención al usar tal camisa; lo cierto es que al leer, lo primero que vino a mi mente fue este pensamiento: ¿Cristo en el estómago?

Quizá pensando en esto mismo el apóstol Pablo escribió a los Filipenses describiendo al hombre materialista "cuyo Dios es el vientre, cuya gloria es su vergüenza, que sólo piensa en lo terrenal" (Fil. 3:19).

Las palabras apostólicas están muy de acuerdo con las de Cristo al hablar del rico insensato que pensaba alimentar su alma con granos y dinero (Lc. 12:16-21), como si el alma estuviera en el estómago, o como si Cristo, el verdadero pan del cielo, llegara al vientre y no al corazón. Es muy peligroso llevar a Cristo en el estómago y no en el corazón.

Agustín Ruiz V.

333. POR QUE PASO DE LARGO EL SACERDOTE

Se cuenta que hallándose en Irlanda el doctor MacDonald, apóstol de Escocia, predicó un sermón sobre el buen samaritano, y refiriéndose a la conducta del sacerdote cuando se encontró con el pobre hombre despojado y herido por los ladrones, dijo: "De momento, no trato de averiguar por qué pasó de largo el sacerdote."

En ese momento se levantó uno de los oyentes y dijo:

—Dispénseme usted, señor pastor, yo sé por qué pasó de largo el sacerdote.

–Me gustaría oírlo, si es que usted lo sabe– replicó el predicador.

–Vaya que si lo sé: fue porque sabía que los ladrones no le habían dejado ni un centavo al infeliz.

Cuando terminó el servicio el señor MacDonald se informó de que este hombre, un sencillo obrero, se había quedado sin un peso en el bolsillo, después de haber pagado al cura por los funerales de su recién fallecida esposa; de modo que hablaba por experiencia propia.

De Manzanas de Oro

334. LA MALA COSTUMBRE DE MENTIR

Se cuenta de un general que tenía fama de ser muy mentiroso. Lo exageraba todo. Tenía la costumbre también de que siempre que relataba algo a sus amigos, le decía a su ayudante:

–¿Verdad que sí, teniente?

Y éste le respondía:

Sí, mi general.

Por fin, el teniente se cansó de siempre decir sí a lo que el general decía. En una ocasión el general estaba contando a sus amigos de armas que él había salido a cazar al monte y que, de un solo disparo, había matado cien palomas.

–¿Verdad que sí, teniente? –le dijo a éste.

A lo cual el teniente contestó:

–Sí, mi general, cien palomas y un loro.

–¡Cómo!, yo no vi ese loro –replicó el general.

Y el teniente le respondió:

–Ni yo tampoco vi las cien palomas, mi general.

Adolfo Robleto

335. TODOS COMETEMOS FALTAS

Al oír que su jugador estrella acababa de ser expulsado del equipo, por haber hecho trampa en los éxamenes, el entrenador se apresuró a acudir a la oficina del decano de la universidad. Era necesario interceder y apelar ante la superioridad, a fin de lograr que se revocara la sentencia.

–¿Tiene usted pruebas fehacientes que apoyen tal acusación? –preguntó al funcionario, el cual repuso:

–José estaba sentado junto a la mejor estudiante de la clase, y contestó a las cuatro primeras preguntas del examen escrito EXACTAMENTE IGUAL QUE ELLA.

–¿Y no puede ser que José haya estudiado tanto como esa alumna? –alegó el entrenador.

–Mire usted mismo las pruebas, contestó el decano: en la última pregunta la muchacha contestó: NO LA SE. Y José escribió: YO TAMPOCO.

El Boletín La Voz de Betel

336. QUE ES LA MUNDANALIDAD

No hemos de confundir la mundanalidad con el vestido, los hábitos o las diversiones. Estas son expresiones de la condición espiritual de una persona, pero nunca la causa de esa condición.

La mundanalidad es primordialmente un espíritu, una actitud, una condición del corazón. Es el deseo de ser como el mundo y no como Dios. El espíritu de querer portarse como el mundo, de parecerse a la gente del mundo, de concurrir a lugares frecuentados por los hijos del mundo, de cultivar hábitos perjudiciales a los seguidores de Jesucristo.

La mundanalidad es una actitud hacia Dios y sus cosas, que aleja de la espiritualidad. Es una actitud de infidelidad a la iglesia, de crítica contra las cosas espirituales, de negligencia en los asuntos de la iglesia y de las normas bíblicas.

La mundanalidad es una condición del corazón. Puede expresarse en falta de celo, en el anhelo secreto por las cosas malas, en una ambición impía, en vanidad, en rencor.

La mundanalidad se expresa por muchos medios. Puede verse en una ráfaga de ira, en un ataque de depresión o en un momento de irreverencia. Se revela en nuestra manera de diezmar, en la asistencia a la iglesia, en la indulgencia de prácticas prohibidas por la Palabra de Dios.

El remedio de la mundanalidad es la espiritualidad. Las dos se oponen y una dominará finalmente. Que Dios nos ayude a examinar nuestros corazones y a expulsar el espíritu del mundo, abriendo de par en par las puertas al Espíritu de Cristo.

Copiado

337. YO DIGO QUE ES LA LUNA

Tomé el autobús para dirigirme a la casa de unos hermanos en mi visita pastoral, tocándome un asiento cercano a una señora que llevaba sentado sobre sus piernas a un niño vivaracho y hablantín. Era ya tarde, y las nubes enrojecidas cubrían el poniente. De pronto el niño exclamó lleno de admiración y de entusiasmo:

—Mamá, mira la luna. ¡Qué grande y qué roja está!

Y al hablar, señalaba constantemente el horizonte.

—No es la luna, hijito –le dijo la madre–. ¿No ves qué grande y qué brillante es? La luna no es tan grande ni tan brillante.

—Pues yo digo que es la luna –repitió el niño–. Es la luna, yo digo que es la luna.

—No, hijito –respondió nuevamente la madre con ternura–. Ese es el sol, lo que sucede es que las nubes lo cubren y por eso no brilla tanto.

—No, mami– es la luna, es la luna.

—No, hijito es el sol . . .

Llegué al final de mi camino, me bajé y ya no supe en qué paró la discusión; pero en mi mente quedó tan grabada la insistencia del niño: "Yo digo que es la luna, es la luna, es la luna."

Todavía no sé si la insistencia de aquel niño era por pura ignorancia o terquedad; pero yo pienso ahora: ¿No es eso lo que muchos hombres necios hacen ante la verdad de la palabra de Dios? La Biblia afirma una cosa, pero el incrédulo insiste: "No, no es eso. Yo digo que es así, y es así."

La gloria del bello "Sol de justicia" brilla en las páginas límpidas de las Sagradas Escrituras; Cristo se nos presenta como nuestro amado Salvador y como nuestra única esperanza; pero el incrédulo insiste: "No, no es así." ¿Qué esperanza le queda?

Agustín Ruiz V.

338. DE LO QUE ES CAPAZ EL ODIO

Había una vez dos amigos que se llevaban muy bien. Un día uno ofendió al otro. Aquél le pidió perdón, pero éste no quiso perdonarle de ninguna manera. Al contrario, le dijo: "Viviré para maldecir tu nombre todos los días." Y así lo hizo. Todos los días, al despertar, le echaba una maldición. Pero sucedía que las maldiciones no le llegaban al otro. Mientras tanto, el que maldecía se iba amargando y oscureciéndose por dentro. Poco a poco se fue alejando de las demás personas. Corrían muchas versiones acerca de él; unos decían que llevaba el recuerdo de un crimen en su conciencia; otros, que había sufrido un desengaño amoroso en su juventud; los niños huían de él.

Finalmente se fue a vivir a un caserón en las afueras de la ciudad, y allí murió rodeado de negros pensamientos y presa de una terrible agonía. Sólo porque no supo perdonar.

De El Hogar Cristiano

339. LA CONFIANZA MATA AL HOMBRE

Luis XVI, rey de Francia, estaba enterado de la situación peligrosa en que se hallaban él, su esposa María Antonieta, y todo el país. Sin embargo, con cierto cinismo la noche víspera de la sangrienta Revolución Francesa, Luis XVI escribió en su diario una sola palabra: NADA. Con ello quería decir que a pesar de los rumores y de los presagios fatídicos, no pasaría nada, todo seguiría igual, y su trono permanecería en pie.

No obstante, al día siguiente reventó la caldera de la protesta popular y se inició esa famosa revolución que ensangrentó el suelo de la culta Francia. El rey y la reina fueron guillotinados, al igual que muchísimos otros. Tal vez si él hubiera escrito la frase "en nada", habría estado más cerca de la realidad, ya que su poder y su reino y su vida misma fueron reducidos a la nada.

La anécdota histórica que hemos recordado nos da la lección de que la confianza mata al hombre. No podemos estar seguros de nosotros mismos ni del día que estamos viviendo. Confiar en nuestras fuerzas es como querer apoyarnos de un hilo.

Un escritor sagrado dijo con aplomo: "¡Vamos ahora!" los que decís: Hoy y mañana iremos a tal ciudad, y estaremos allá un año, y traficaremos, y ganaremos; cuando no sabéis lo que será mañana. Porque ¿qué es vuestra vida? Ciertamente es neblina que aparece por un poco de tiempo, y luego se desvanece" (Santiago 4:13, 14). Es una insensatez no percatarnos del peligro que nos rodea. Lo sabio y lo prudente es estar preparados espiritualmente, porque de repente nos llegará la hora de la crisis terrible.

Adolfo Robleto

340. CIEN AÑOS MAS

Se cuenta de un bejuco (enredadera de rápido crecimiento que abunda en las zonas tropicales) que se enroscó alrededor del tronco de una elevada palmera y en poco tiempo trepó hasta su copa.

–¿Cuánto tiempo llevas aquí? –le preguntó a la palmera.

–Cien años –replicó ésta.

–¿Cien años y no has llegado a más? Fíjate en mí que en menos de cien días ya te he alcanzado.

–Sí –respondió la palmera haciendo una pausa–, pero en menos de cien días más habrás desaparecido. Yo, en cambio, permaneceré aquí cien años más.

"Lo que es de Dios permanece..."

341. SER VANIDOSO ES SER FALTO DE JUICIO

Corre la anécdota de que el general José María Córdoba, de Antioquía, Colombia, y quien fue general del ejército libertador, era un hombre de presencia física atractiva, de cuerpo fornido, pero de carácter jactancioso.

Un día se estaba arreglando para asistir a una fiesta. Parado frente al espejo se estaba dando los últimos retoques, cuando, de pronto, contemplando extasiado su imagen en el cristal, se hizo esta pregunta: "¿Qué te falta, Córdoba?"

Al oír esto su edecán, que estaba detrás de él, tuvo la osadía de decirle:

–Juicio, mi general.

Se dice que al edecán por poco le cuesta la vida haber hecho tal observación.

Adolfo Robleto

342. LA VANIDAD DE LA VIDA

Jo Anne Conelly, quien a la edad de 18 años casó con el deportista británico y millonario Robert Sweeny, se divorció de él a los 23. Después casó con un boliviano, heredero de la fortuna del estaño, Jaime Ortiz Patiño, quien le dio como regalo de boda joyas por valor de $250.000. Exactamente a los 49 días después, le dejó. Al entablar la demanda de divorcio, ella consiguió como resultado de lo mismo la cantidad de $190.000. Más tarde, a la edad de 27 años, ella se suicidó.

Charles W. Bryan

343. CONTESTACION RAZONABLE

En un almuerzo presidido por Mark Young, gobernador de Hong Kong, una dama de las más distinguidas se sintió menospreciada al descubrir que estaba sentada al extremo de la mesa, en vez de estar cerca del anfitrión.

Al terminar la comida, se acercó a Mark y le dijo con sequedad:

–Según parece, no se cuida usted de dónde se sientan sus invitados.

–Señora –replicó el gobernador–, a la gente realmente importante no le interesa el sitio donde se sienta; y sucede a veces que quienes se interesan por el sitio, no son importantes.

De La Antorcha

344. GANAR EL MUNDO Y PERDER EL ALMA

El gran emperador Carlomagno fue enterrado de una manera excepcional. Su sepelio en un suntuoso mausoleo en Francia, fue hecho con lujo y esplendidez. Su cuerpo, vestido con la púrpura imperial, fue puesto sentado en un trono de mármol; en su mano izquierda se colocó un cetro; su cabeza fue coronada por una valiosa diadema de perlas y su mano derecha descansaba sobre un libro del Nuevo Testamento colocado en su regazo.

La tumba fue sellada y así permaneció por varios siglos. Cuando un día fue abierta, ¡oh qué sorpresa y espectáculo triste! El cetro se había deslizado de su mano, la corona había rodado por el suelo, sus vestiduras se habían podrido, pero el índice huesudo del esqueleto estaba señalando un texto del Nuevo Testamento, que dice: "Porque ¿qué aprovechará al hombre, si ganare todo el mundo, y perdiere su alma? ¿O qué recompensa dará el hombre por su alma?" (Mateo 16:26).

¡Oh futilidad de la vida! "Vanidad de vanidades", dice la Biblia. ¿De qué sirve la conquista de tesoros y bienes materiales, reinos, poderes e imperios, si todo eso es pasajero y efímero, y nada se lleva el mortal a la eternidad?

Juan V. Galdámez P.

345. ¿SE CONOCE USTED?

Un anciano rico se perdió en un bosque. Buscando cómo salir, se encontró con un guardabosques quien le preguntó: "¿Quién es y adónde va?"

El anciano se impresionó tanto con estas preguntas, que cuando pudo salir del bosque contrató a un hombre para que lo despertara todas las mañanas con las preguntas: "¿Quién es? y ¿Adónde va?"

Leí no sé dónde lo siguiente: En cierta gran ciudad de los Estados Unidos se celebraba una convención. Una tarde, de entre la concurrencia se puso de pie un hombre, bien vestido y de apariencia agradable, y pidió permiso para hablar.

Al concedérsele la palabra, pasó a la plataforma y, ante el asombro de todos, dijo: "Estoy aquí, pero no sé de dónde vine ni cómo me llamo. Si alguien por casualidad me conoce, le ruego que se acerque a mí y me dé esta información tan valiosa."

A Sócrates, el gran filósofo griego de cuatrocientos años antes de Cristo, se le atribuye el célebre aforismo: "Conócete a ti mismo."

Y en verdad que este conocimiento es muy importante. La ignorancia de él puede ser fatal para el hombre. Nuestra felicidad depende mucho de que sepamos quiénes somos, por qué existimos y hacia dónde vamos. El conocimiento propio puede ser el comienzo de un proceso reformador. Debemos ser sinceros con nosotros mismos. Pretender negar la realidad es un autoengaño peligroso.

El hombre debe conocer que es finito. En cualquier dirección que vaya, llegará a un fin. Hay un límite a sus fuerzas físicas, a sus deseos y a sus aspiraciones. El tiempo de que dispone es el presente. Conviene aprovecharlo.

El hombre debe conocer que es imperfecto. En todo lo que hace está el sello de su imperfección. Su vida pudiera describirse como una caída. Hay una medida que no ha podido alcanzar. La ley divina le señala como un delincuente. Su conciencia le acusa de ser culpable.

Y el hombre debiera también conocer que es un ser necesitado. Puede tener muchos bienes materiales, pero en su espíritu hay necesidad de paz, de seguridad, de gozo, de perdón de pecados. ¿Por qué no hacer nuestra la petición del salmista David?, "Examíname, oh Dios, y conoce mi corazón; pruébame y conoce mis pensamientos; y ve si hay en mí camino de perversidad, y guíame en el camino eterno."

Adolfo Robleto

346. ESE ERES TU

Su esposo era un ebrio consuetudinario que no atendía los consejos de sus amigos ni los ruegos de su esposa para que dejase tan nefando vicio. No daba crédito a los actos vergonzosos de que le recriminaban los demás, y enfadado rezongaba: "Esas son necias exageraciones contra mí." Pero su esposa encontró un medio seguro para corregirlo. Contrató un fotógrafo para que tomase algunas fotografías de su marido cuando estaba poseído del alcohol. Colocó las repugnantes fotografías sobre el escritorio del dipsómano. Este, ya en estado normal, exclamó al revisarlas: "¡Qué bárbaro! ¡Qué sucio! ¡Cómo se degrada el tipo éste!"

Y su esposa, que le veía y escuchaba, le preguntó:

—¿Sabes quién es ese Señor?

—No —respondió—, ni me importa saberlo.

—Fíjate bien. ¡Ese hombre eres tú!

Rafael Moreno Guillén

347. CAMINO DEL INFIERNO

Un anciano, que siempre había vivido en el pecado, tuvo una noche un sueño.

Se veía encerrado en un tren con destino al infierno.

De vez en cuando se detenía para tomar nuevos pasajeros. Entraban hombres y mujeres llevando grandes equipajes, de cosas que habían robado o adquirido en el juego. Unos parecían decentes, otros llevaban señales de vicios y de embrutecimiento.

El anciano empezó a sentirse inquieto y quería salir; pero estaba clavado en su asiento.

Sus compañeros, al verle tan inquieto y deseoso de abandonar el tren, se reían de él.

–No hay ninguna estación que se llame infierno –dijo uno.

–Si vamos al infierno, somos muchos, y tenemos compañía alegre –dijo otro, mofándose.

–Todavía tenemos mucho trecho antes de llegar y nos sobra tiempo para bajar –dijo un tercero.

Pero de repente se oyó un grito:

–¡Infierno! Bajen todos.

En este momento despertó asustado el anciano.

–No es este un sueño ordinario –dijo, sintiéndose contento, sin embargo, de que fuese un sueño–. Esto no es un sueño ordinario, es un aviso de parte de Dios. Ahora veo que me hallo en el camino del infierno.

Se levantó de su cama el anciano, se echó atribulado de rodillas implorando el perdón de sus pecados en el nombre de Jesús y desde aquella noche comenzó una nueva vida.

La Estrella de la Mañana

348. EL HOMBRE PECADOR EN LA ERA DEL ESPACIO

El doctor Jack Finegan, en su libro **El Espacio, el Atomo y Dios,** nos dice que el progreso del hombre en la historia puede ser diagramado según sus formas de viajar, es decir, por tierra, por mar, por aire, o por el espacio exterior. Otro científico, el doctor George K. Schweitzer, nota que esta progresión va de lo sólido a lo líquido, a lo gaseoso y a lo vacío. No obstante, el hombre, sin tener en cuenta dónde está o cómo viaja es, básicamente, lo que declara de él el autor de Génesis 3: un rebelde en contra de Dios y un explotador de su prójimo. En una palabra, es un pecador.

Los logros científicos del hombre moderno pueden contribuir al bienestar de su vida, pero no tienen poder para cambiar su naturaleza.

En realidad, el hombre puede usar sus logros científicos para beneficiarse o para destruirse a sí mismo. Por eso, la única diferencia entre un hombre inconverso que viaja a pie a 5 km. por hora y otro que viaja en el espacio a más de 10.000 km. por hora es que el último puede pecar más rápido y más seguido que el otro. Mientras ponemos una corona de gloria en los hombres que han conquistado el espacio, debemos saber y ser conscientes de que sin Cristo, Dios ve a los hombres como pecadores que están destituidos de su gloria. Por lo tanto, cada uno de nosotros en la Era del Espacio debe considerar con seriedad la advertencia declarada en Romanos 1:18.

El pecado es pecado sea en la Edad de Piedra o en la Era del Espacio. Su castigo es el mismo, y su remedio también es el mismo.

Pablo Alberto Deiros

349. SATANAS RECHAZADO

Dijo Lutero que en cierta ocasión, el diablo se le presentó y le dijo: "¡Martín Lutero, tú eres un gran pecador y serás condenado!"

–¡Alto! ¡Un momento! –le dije–, una cosa a la vez. Es cierto que soy pecador, aunque tú no tienes el derecho de decírmelo. Confieso que soy pecador. ¿Qué más?

–Que, por consiguiente, vas a ser condenado.

–Eso no es razonar bien. Es cierto que soy un gran pecador, pero está escrito: "Cristo Jesús vino a salvar a los pecadores"; por lo tanto, yo estoy salvo. ¡Ahora vete de mí!

La Guía del Viajero

350. HORIZONTES PERDIDOS

Cuenta don Raymundo Herrera, un amigo mío, que un día de tantos fue a visitar al abogado del pueblo, en una ciudad de la república de México. Le llevaba un asunto que le urgía consultarlo con el hombre de leyes. Al presentarse en la oficina, el abogado le dijo a don Raymundo que se sentara en la sala de espera, mientras terminaba de atender a otro cliente. "Para que se distraiga", le dijo, "revise mi biblioteca y lea el libro que le guste."

Así lo hizo el señor Herrera, y fue sacando de los anaquelos los libros cuyos títulos le despertaban la curiosidad. Su mirada se detuvo en uno. En el lomo del libro leyó el título que decía, "Horizontes Perdidos". Le picó la curiosidad. "¿Qué dirá el autor acerca de este tema tan interesante?", se preguntó a sí mismo. Y lo sacó. Al tenerlo en sus manos, quiso abrirlo mas no pudo. Lo siguió examinando y luego se dio cuenta de que no era un libro real, sino una alcancía que simulaba un libro. Un momento después descubrió una tablilla que se podía desprender de la alcancía, deslizándola. La abrió, pues, y vio que dentro del supuesto libro había una pequeña botella de whisky. Don Raymundo colocó en su sitio el engañoso libro y se sentó a reflexionar en el curioso hallazgo. "En verdad que el dueño de esta botella tiene los 'horizontes perdidos' ", se dijo para sí.

El horizonte es esa línea lejana en la que supuestamente el cielo cóncavo se junta con la superficie plana del océano. Adondequiera que viajemos, viajamos hacia el horizonte. De modo que el horizonte viene a ser símbolo de meta, de ideal, del destino que procuramos alcanzar. Pero es el caso que cuando se levantan montañas en nuestra ruta, perdemos de vista los horizontes. Y entonces no sabemos adónde vamos, ni para qué vivimos. Se pierde el sentido de la vida. Es triste en verdad perder los horizontes, llegar a ser como libros falsos, vacíos de contenido útil pero llenos de cosas que dañan y arruinan. Jesucristo le hace al hombre una solemne advertencia: **"Porque ¿qué aprovechará al hombre, si ganare todo el mundo, y perdiere su alma? ¿O qué recompensa dará el hombre por su alma?"** (Mateo 16:26). Dice Dios: **"Mirad a mí, y sed salvos, todos los términos de la tierra, porque yo soy Dios, y no hay más"** (Isaías 45:22).

Adolfo Robleto

351. ¿ES USTED CULPABLE?

Una leyenda india relata que cierto preso por apoderarse de lo ajeno fue condenado a muerte, pero que en su celda ideó un plan para conseguir su libertad. Llamó al alcaide a quien le dijo que era necesario que le permitiera ver al rey, pues tenía un secreto que no podría comunicar a otro, y el que haría inmensamente rico al rey y a su nación. Tratándose de un asunto tal, fue conducido a la presencia del mo-

narca a quien reveló que era poseedor de un secreto mediante el cual
el oro crecería como las uvas crecen en las parras, plantando una semilla que él llevaba.

Sugestionado por aquella revelación, el rey, acompañado por sus
ministros y por el preso, se dirigieron a las afueras de la ciudad a un lugar indicado por el preso quien sacó de su bolsillo una moneda de oro,
la que, según él aseguró, plantada en la tierra produciría un árbol en
cuyas ramas crecerían monedas de oro. Cuando ya estaba todo listo
para plantarla, el reo dijo que había una condición para que la moneda
pudiera dar su fruto. La condición era que la mano que la plantara, debía ser completamente pura y nunca haber cometido ningún acto des-
honesto.

—Yo —dijo—, no puedo plantarla y la entrego a Su Majestad.

El rey tomó la moneda con evidente nerviosismo y dijo:

—Yo también me acuerdo que cuando era joven solía apoderarme
de pequeñas cantidades del tesoro de mi padre, y por lo tanto pienso
que el primer ministro debe plantarla.

El primer ministro, con palabras medidas, dijo:

—Su Majestad, no querrá que este experimento tan importante
sea expuesto a la posibilidad de fracasar por alguna falta de mi parte.
Como yo recibo los impuestos estoy sujeto a muchas tentaciones, y es
posible que mis manos no estén completamente limpias; así que, con
su permiso real la pasaré al comandante del ejército.

Pero el general no quería tener nada que ver con la moneda y con
tono militar dijo:

—No, yo manejo el dinero del ejército. Compro las raciones y pago
los salarios. Désela al sumo sacerdote.

Pero ni aun él estaba preparado para asumir tal responsabilidad y
dijo:

—Ustedes olvidan que yo recojo las ofrendas y asigno los sacrificios, no puedo plantarla.

Al fin habló nuevamente el reo y dijo:

—Su Majestad, ¿por qué colgarme a mí cuando los cuatro hombres principales de su reino no responden de su honradez?

El rey no supo qué responder, y al fin, frente a este argumento no
tuvo otra solución que perdonar al preso.

Esta, aunque no es más que una leyenda, ilustra una gran verdad
que encontramos en la Palabra de Dios y que dice: "No hay justo ni aun
uno", y, "no hay hombre que nunca peque". Sobre la humanidad entera
se escriben las palabras del apóstol Pablo: "Todos hemos pecado y es-

tamos destituidos de la gloria de Dios." Todos estamos bajo la condenación eterna. Pero Dios ha puesto al alcance del ser humano un remedio eficaz para que cambie su condición de pecador condenado, a la de Hijo de Dios. Dios en su amor inmenso envió a su Hijo Jesucristo para que él hiciese la obra de restauración, pero para que esto sea posible fue necesario que Jesucristo muriera por nosotros en la cruz del Calvario, y ahora todo aquel que se arrepiente y cree en él, se salva.

Juan V. Galdámez Palma

352. DAÑANDOSE UNO A SI MISMO

En una ciudad ubicada en la parte septentrional de Nicaragua, se encontraba un niño llorando desconsoladamente. La gente, al acercarse, notó la causa de su llanto: de una caja que sostenía con su mano izquierda salía por todos lados un jarabe. Accidentalmente, el niño había dejado caer aquella caja en la cuneta y se había dado cuenta de que el frasco de vidrio se había quebrado. Su gran preocupación era que al llegar a su casa, su mamá lo iba a castigar por haber hecho mal el mandado.

Al conversar con el niño, la gente se dio cuenta de que aquel jarabe era un reconstituyente que su madre pensaba darle a tomar para sacarlo de la desnutrición en que se encontraba. El problema del pequeño era entonces más serio: había quebrado un frasco y había echado a perder su propia medicina.

Este incidente nos ilustra cómo los seres humanos nos saboteamos a nosotros mismos y echamos a perder los altos propósitos que Dios tiene en nuestra vida. Por negligentes quebramos los moldes del contenido de la gracia y desperdiciamos nuestra medicina espiritual.

Roger Velásquez Valle

353. ¿QUIEN ES EL PERDIDO?

"Todos nosotros nos descarriamos como ovejas, cada cual se apartó por su camino" (Isaías 53:6).

Un indígena que se autollamaba "el rey del bosque", era tan baquiano en la selva, que aseguraba no perderse nunca. Pero un día se extravió. Ya las sombras de la noche lo iban a cubrir y no encontraba su rancho. Un blanco lo encontró y le preguntó:

—Indio, ¿cómo es que está perdido?

El indígena orgullosamente contestó:

—Indio nunca pierde; casita está perdida.

No reconoció humildemente que él se había perdido, sino que la casita era la que se extravió.

Exactamente concluye el hombre moderno. Exclama: "¿Dónde está Dios? Dios como que se ha perdido; no existe o se murió."

Pero no, nunca, el Eterno Dios está siempre presente; lo que ocurre es que la criatura se ha alejado de él, se ha extraviado y está perdida. Ha levantado una muralla de incredulidad, impiedad y maldades que no le deja ver ni experimentar a su Creador. Por tanto, es preciso que el pecador se vuelva de sus caminos y venga al Padre celestial, quien le sale al encuentro en la Persona de Jesús el Salvador.

Germán Núñez B.

354. ES FEO SENTIRSE PERDIDO

Hace varios años me encontraba en el aeropuerto de San José, Costa Rica, esperando que los magnavoces anunciaran la partida del avión en que viajaría aquella mañana. En el amplio salón de espera había más de cien personas, y un murmullo de voces daba vida al ambiente. Los rostros se miraban con la inquietud característica de los que están por realizar un vuelo.

De pronto se oyeron los gritos angustiosos de alguien que corría desesperado de un lugar a otro. Era un niño como de siete años que envuelto en lágrimas decía: "Papá, papá, ¿dónde estás? Me dejaste solo."

Una docena de brazos de hombres y mujeres se estiraron para tomar al niño; algunos, compadecidos, trataban de consolar al niño con palabras cariñosas; otros preguntaban: "¿Y quién es el padre de esta criatura?"

Pero el niño no se consolaba; seguía llorando y preguntando en vano: "Papá, ¿qué te hiciste? Ven pronto; estoy perdido."

Aquellos minutos se hicieron eternos. Pero pasaron. Por fin, el padre del niño apareció, aparentemente tranquilo, como sin haberse percatado del problema de su hijito. Cuando éste le vio, corrió a sus brazos, y su lamento, ya moribundo por agotamiento de fuerzas, fue el siguiente: "Papi, ¿por qué te fuiste? Estaba perdido sin ti."

El padre lo levantó, lo apretó contra su pecho y, mostrando su conmoción, le dijo: "Andaba por ahí no más, mi hijito, pero aquí estoy ahora; ya no te dejaré solo."

El niño recostó su cabecita sobre el hombro de su padre, se sumió en su silencio de gozo, y a muchos pares de ojos se les vio humedecidos de lágrimas. Un momento más, y el avión de plateadas alas izaba vuelo hacia el lejano azul.

¿Y no es esto, acaso, la ilustración patética de la realidad de muchos? En medio del bullicio, rodeados de un mar de gente, se sienten solos y perdidos y lejos de los brazos amorosos de un Padre providente y bueno. El dolor de la soledad es terrible; la conciencia de estar perdido es angustiosa. Y el consuelo que el mundo nos quiere dar no llena nuestro vacío. El hombre tiene que hallar su centro en Dios.

Afortunadamente, el que está perdido, el que carece de hogar espiritual, no tiene que estarlo siempre, pues Jesucristo, el Hijo de Dios, dice: **"Porque el Hijo del Hombre vino a buscar y a salvar lo que se había perdido"** (Lucas 19:10).

Adolfo Robleto

355. PERDONAR AL ENEMIGO

Abraham Lincoln, el gran enemigo de la esclavitud, era famoso por la nobleza de sus sentimientos y por su amor al prójimo. Una vez, cierta persona le hizo un reproche porque había perdonado a un enemigo. Lincoln le contestó: "Creo que usted tiene razón . . . Nuestra misión es deshacernos de los enemigos. Muy bien, yo me he deshecho de este enemigo, transformándolo en mi amigo, mediante el poder del perdón."

De El Hogar Cristiano

356. AUTORIDAD DE JESUS

Un joven japonés que se sentía muy deprimido tomó una bebida alcohólica para que le diera valor para arrojarse de la cima de una montaña. Pero en vez de darle valor lo entorpeció y fue recogido por un cuerpo de rescate. Más tarde leyó la Biblia y reconoció que el pecado lo había apartado de Dios. También reconoció que Jesús es la autoridad que perdona los pecados. Este joven no puso en duda la autoridad de Jesús, ni lo hará jamás.

La persona que ha experimentado el perdón de sus pecados nunca duda de la autoridad de Jesús.

De El Hogar Cristiano

357. "PADRE, PERDONALOS PORQUE NO..."

Luis XII, rey de Francia, tenía muchos enemigos antes de ascender al trono. Cuando fue hecho rey mandó que se formara una lista de sus perseguidores y marcó enfrente de cada nombre una cruz negra. Cuando se supo esto, huyeron sus enemigos porque creyeron que aquello era una señal de que deseaba castigarlos. Pero el rey, sabiendo de sus temores, mandó que los llamaran asegurándoles el perdón, y dijo que había puesto una cruz junto a cada nombre para acordarse de la cruz de Cristo y esforzarse en seguir el ejemplo de aquel que oró por sus asesinos exclamando: "Padre, perdónalos porque no saben lo que hacen." Dios pone la cruz en un lado o sobre los pecados de los creyentes arrepentidos y los perdona.

358. LO SUBLIME DEL PERDON

Un verano por la tarde un niñito regresaba a su hogar; venía de la piscina donde había estado nadando. Iba en su bicicleta, y un automóvil, que corría a mucha velocidad, le pegó, causándole lesiones graves. Fue llevado rápidamente al hospital y se le avisó a la familia. Los padres esperaron acompañados de su pastor a la puerta de la sala de emergencia. Pasaron varios minutos. Luego salió un caballero vestido de blanco y les anunció que el niño había muerto. El padre y la madre temblaban como una hoja en la tempestad. Parecía que era más de lo que podían soportar.

Unos cuantos días después del funeral se llevó a cabo el juicio del culpable. En medio de la escena dramática del juzgado, el padre del niño se encaminó a través del cuarto hacia el hombre que había matado a su hijo con el automóvil. El padre extendió su mano y dijo: "Quiero que sepa que no lo odio, que lo he perdonado en mi corazón." El encabezado del periódico decía, al día siguiente: "Un Padre Perdona al Hombre que Mató a Su Hijo."

359. EL CRISTIANO SABE PERDONAR

Durante la persecución a los armenios, a principios de este siglo, aquellos pobres y sinceros cristianos sufrieron terriblemente en manos de los fanáticos turcos.

En cierta aldea una niña vio mientras un grupo de soldados penetraba en su casa. Mataron a su padre y a sus hermanos en presencia de ella. Sus hermanas fueron violadas por los soldados. Un oficial la tomó a ella para sí y durante los días siguientes la sometió a experiencias que casi la volvieron loca. Por fin ella logró escapar y, más muerta que viva, fue recogida y llevada a un hospital de la Cruz Roja.

Después de que recuperó su salud y su fuerza, estudió para ser enfermera y sanar a los heridos y enfermos. Una noche, a la luz de una débil lámpara, observó la cara del mismo oficial turco que la había maltratado tanto.

En un momento el odio cundió en todo su cuerpo. El oficial estaba tan enfermo, que una pequeña desatención de parte de ella le habría hecho morir. No obstante, en los días siguientes esa niña fue mucho más allá de lo que era su deber en cuanto a la recuperación del hombre enfermo. Cuando él sanó, le hablaron de la enfermera que tanto bien había hecho para él. Y cuando por la primera vez vio su cara, se puso pálido al reconocer quién era ella.

—¿Por qué no me dejaste morir? —le preguntó.

Su simple respuesta fue:

—Porque soy cristiana.

360. UN INDULTO RECHAZADO

En un país de nuestra bella América Latina siete agitadores comunistas fueron juzgados por un consejo de guerra y condenados a la pena capital. Los días pasaban, la fecha de la ejecución se acercaba, los reos esperaban nerviosos e impacientes aquella hora fatal y las últimas 24 horas las pasaron en capilla.

Felizmente para los condenados, la víspera de su muerte fue el cumpleaños del presidente de la República, y éste, festejando su onomástico con un gesto de bondad, se dispuso a indultar a los que habían sido sentenciados a la última pena. Cuando el indulto les fue presentado, seis de ellos lo recibieron gozosos y con lágrimas de emoción, pero el otro que era un fanático, lo rechazó furioso, diciendo que se fueran al diablo con ese indulto, que no lo necesitaba, que lo dejaran morir. En efecto, al amanecer del día siguiente fue puesto al paredón y pasado por las armas. ¡Y todo por haber rechazado aquella gracia, aquel favor inmerecido!

Juan V. Galdámez P.

361. ¿ESTAN PERDONADOS TUS PECADOS?

Fue hallado en una choza solitaria, con un plato vuelto al revés que había usado como escritorio, sobre sus rodillas. Su mano de esqueleto descansaba sobre la siguiente carta que había estado escribiendo, sin duda, cuando le sobrevino la muerte:

"El sol brillando, madre mía, pero yo tengo frío hasta el alma. Todavía puedo sostenerme en pie y andar un poco hasta la puerta de la gruta, pero es todo. No he visto a ningún ser humano desde hace más de cuarenta días. Tengo un rompecabezas, pero no me gusta jugar al solitario. Estoy angustiado y débil; no hay sangre ya en mi cuerpo, porque no he comido desde hace tiempo.

"LA UNICA COSA QUE ME PREOCUPA ES SI DIOS PERDONARA O NO MIS PECADOS."

Así terminó la vida de un joven explorador, en uno de los lugares más helados y tétricos del Canadá.

Estaba a punto de dar el salto a la eternidad, y no tenía seguridad en su corazón, porque había esperado demasiado tarde para buscar a Dios.

El Boletín La Voz de Betel

362. NUESTRA PREDICACION

Francisco de Asís entró una vez en los claustros de su monasterio y, poniendo una mano sobre el hombro de un monje joven, le dijo:

–Hermano, vamos a la aldea a predicar.

Así que ellos salieron, el Padre venerable y el joven. Mientras caminaban conversaron. Cuando el viaje hubo concluido el monje joven le preguntó:

–Padre, ¿cuándo es que comenzaremos a predicar?

Francisco le replicó:

–Mi hijo, hemos estado predicando. Predicábamos mientras caminábamos. Hemos sido vistos y mirados; nuestra conducta ha sido observada; de modo que hemos predicado un sermón matutino.

De El Hogar Cristiano

363. PREDICAR NO ES FACIL

Un joven predicador, al ser invitado a predicar en cierta iglesia, quiso lucirse y predicar lo que él consideraba su mejor sermón. Después, platicando con un anciano de la iglesia, le preguntó cuál era su reacción al sermón.

Dijo el hombre:

–Pues es uno de esos sermones semejantes a la paz y la misericordia de Dios.

–¿Cómo es eso? –interrogó el predicador.

–Pues es como la paz de Dios, más abundante de lo que podemos entender, es decir, no entedí nada; y así como la misericordia de Dios, que no tiene fin, así me pareció ser su sermón.

De El Hogar Cristiano

364. HAY QUE PREDICAR CON CONVICCION

Se cuenta que el historiador inglés David Hume, del siglo XVIII, fue interceptado por un amigo mientras caminaba por una de las calles de Londres, y preguntándole a dónde iba tan apurado, contestó:

–Voy a oír predicar a Whitefield.

Sorprendido el amigo que conocía al escéptico filósofo, le dijo:
—Pero, usted no cree en lo que Whitefield predica, ¿verdad?
—No —repuso Hume—, pero él sí lo cree.

Era la fervorosa convicción con que el gran evangelista anunciaba el evangelio, lo que atraía aun a los que no creían.

Refiere Alejandro Treviño que un predicador le preguntó a un famoso actor por qué en el tablado se tenía más éxito que en el púlpito, a lo que contestó: "Es porque los actores hablamos de cosas falsas como si fueran ciertas, y los predicadores hablan de cosas ciertas como si fueran falsas."

Víctor J. Cabrera

365. DEMASIADO BUENO

—¡Cuán bueno ha sido su sermón hoy! —dijo cierta señora al despedirse de su Pastor.

—Espero que no sea tan bueno como el que usted oyó la última vez —respondió el Pastor.

—¿Qué quiere decir, Pastor?, no le comprendo —interrumpió la señora.

—Pues muy sencillo: El alimento espiritual de mi último sermón parece que le duró a usted tres meses, pues no la he visto durante todo ese tiempo en su iglesia. Pido a Dios que no sea tan bueno mi sermón de hoy.

D. Luis Hombre

366. COMO DECIR LA VERDAD

De cuando en cuando se oye decir a algún predicador: "A mí no me quieren porque les digo la verdad." Se olvidan que es muy importante que el predicador sepa **cómo** decir la verdad. Una persona puede darme una manzana poniéndola con cuidado en mi mano, pero otra persona puede darme la manzana aventándomela con todas sus fuerzas. Las dos me están dando una manzana, pero qué diferente manera de hacerlo. Alguien se expresó diciendo que la segunda persona no me estaba dando una manzana sino un manzanazo.

Algunos dirán que la Palabra de Dios hiere: "Porque la Palabra de Dios es viva y eficaz, y más cortante que toda espada de dos filos; y penetra hasta partir el alma y el espíritu, las coyunturas y los tuétanos, y discierne los pensamientos y las intenciones del corazón." Hebreos 4:12.

Yo estoy de acuerdo en que la Palabra de Dios nos hiere. Cuando yo tenía 15 años un jovencito de aproximadamente la misma edad me quiso matar a puñaladas, y llevo en mi cuerpo las cicatrices; ya cuando era pastor en Dallas un doctor me operó de apendicitis, y también tengo una cicatriz. Tanto el jovencito como el doctor me cortaron, uno me quería matar; el doctor me ayudó a guardar la salud. ¡Qué diferencia!

El predicador debe usar la Palabra de Dios como el bisturí espiritual que ayudará a sus oyentes a tener una vida abundante en Cristo Jesús, nuestro amado Salvador.

Leobardo Estrada

367. DIOS AYUDA AUN A COMPRAR UN TRAJE

Faltaban varios días para oficiar en el enlace de una de nuestras hijas y yo no tenía traje para la boda. El que mi esposa había apartado no era de mi talla. Creyendo ser fácil conseguir otro, nos dimos a la tarea imposible de conseguir uno de tamaño americano 43, corto y negro.

Es increíble que después de ver varios cientos de trajes en cuatro distintas ciudades, no encontraba lo deseado. Rumbo a dar una conferencia a evangelistas de distintas partes de los Estados Unidos en el estado de Missouri, le pedí a un joven estudiante al ministerio que me ayudara. Otra vez, vimos cientos de trajes pero ninguno de mi talla. Quedaba sólo un taller más.

El joven estudiante ministerial decía:

—Pidamos al Señor que nos ayude.

—Es lo que he venido haciendo —le respondí.

—No —dijo el joven—, oremos aquí y ahora.

Pausé con el joven en medio de tanto movimiento de clientes en el departamento de ropa para varones: "Señor, vamos de prisa. Tenemos un problema. Necesitamos un traje y sólo nos queda un taller más. Te damos gracias anticipadas por lo que harás. En el nombre de Cristo Jesús te lo pido. Amén", fue la oración del joven.

Me enseñaba una lección de fe y el joven no lo sabía. Le dije:
—Entraremos a ese lugar y si Dios quiere que yo tenga el traje, estará allí. Si no, me conformo con la voluntad de Dios."

Me dirigí al dependiente y le dije:

—Vine a llevar el traje negro, corto de tamaño 43.

—Sí, señor —me contestó, y siguió la dirección adonde mi dedo índice apuntaba y me entregó el traje que yo reclamaba del Señor.

Dice Proverbios: "Reconócelo en todos tus caminos, y él enderezará tus veredas." Aun al comprar un traje he aprendido a confiar en el Señor. El está interesado en todo lo que se relaciona con mi persona.

Rudy Hernández

368. DIOS NUNCA FALLA

Faltaban $2.000 para hacer una serie de pagos relacionados con nuestro ministerio Evangelístico Internacional. No había congregación a quien apelar para que nos ayudar a cubrir cuentas tan indispensables como sueldos para el conjunto, alquiler de oficinas y demás. Puesto que son sumas mayores y que sólo un milagro solucionaría nuestro problema, reclamamos la promesa: "Señor, somos tu propiedad; tú prometiste suplir nuestras necesidades, creemos que no permitirás que tu propiedad sea maltratada. Suple nuestras necesidades."

A recomendación de mi esposa y compañera en la milicia por más de 30 años, visitamos al hermano J. L. Stewart, quien nos invitaba a cenar. "Aquí está el papel", decía el señor Stewart, "quizá te sirva de aperitivo."

Viendo el papelito me eché a llorar. Era un cheque bancario. Mi esposa, como el señor Stewart y su esposa, se puso a llorar al ver mi emoción.

—¿Quién le dijo que teníamos necesidad de su ayuda? —le pregunté.

—Nadie —sólo sé que usted sirve al Señor y quería tener parte en su ministerio —me respondió.

—Sabe que ha hecho un bien —pero quizá no sepa cuánto bien—le dije—. He dejado cheques bancarios hechos para ser procesados cuando entrara lo suficiente, y ahora los podremos procesar.

La cantidad del cheque era $2.000. Dios siempre habla con una boca que nunca miente, escribe con una pluma que nunca se equivoca, y cumple sus promesas con un corazón que nunca falla.

Rudy Hernández

369. PEDID Y SE OS DARA LA FE COMO LA DE UN NIÑO

Descalzo, con frío, un niño huérfano de padre pedía ante su maestro de escuela dominical: "Padre Santo, dame un par de zapatos para poder asistir a la iglesia bien vestido para tu honra y gloria."

—¿Y tú crees que Dios te dará un par de zapatos? —le preguntó el maestro.

—Se los he pedido ¿no? —contestó el niño—. La Biblia me lo promete y yo lo creo: "pedid y se os dará." Dios cumplirá su promesa.

Sin saberlo el niño, el maestro habló con varios de los varones de la pequeña Misión de San Antonio, Texas, y les decía: "Si no le compramos zapatos a este niño, perderá la confianza en Dios y en su Palabra. Juntaron lo suficiente para comprarle un par de zapatos al niño.

Vestido como un rey llegó el niño a la cochera, convertida en capilla, y dirigiéndose a su maestro le dijo:

—Ya ve cómo Dios me oyó. Yo sabía que lo haría.

El maestro sonreía, pero el niño no se dio cuenta de cómo Dios había contestado su oración sino hasta principiar como predicador del evangelio a la edad de 13 años. El Señor obra en mil maneras para contestar las oraciones de sus hijos. Yo sé que esto es cierto, pues ese niño soy yo, y 38 años después de haber sucedido esto Dios sigue contestando oraciones de fe cumpliendo Su palabra: "Pedid y se os dará."

Rudy Hernández

370. RECTIFICACION

En uno de los aeroplanos que estaban efectuando un bombardeo sobre territorio alemán, durante la Segunda Guerra Mundial, iba "como simple observador" un capellán del ejército. Zumbaban en torno los aviones enemigos y los proyectiles antiaéreos. El bombardeo era intenso y el combate tan recio que difícilmente se garantizaba la vida humana de los participantes.

Deseoso de infundir calma al personal del citado aparato, el capellán tomó el teléfono interior y dijo con voz serena:

—Todo va bien, amigos míos, no tengan miedo. Dios está con nosotros.

Inmediatamente el artillero que iba en la cola del aeroplano, replicó:

—Estará con ustedes los del frente. LO QUE ES AQUI NO ESTA.

Segundo después, una bomba atravesó el fondo de la torre de cola y salió por la cúpula SIN ESTALLAR. Hubo un momento de estupefacción y luego el artillero de cola agregó apresuradamente:

—RETIRO MIS PALABRAS. DIOS ACABA DE ENTRAR.

Del Boletín La Voz de Betel

371. LA PROVIDENCIA ES EL GOBIERNO DE DIOS EN TODAS LAS COSAS

Se dice que en cierto convento de la Edad Media, había un monje a quien le preocupaban mucho ciertos eventos de la vida, los cuales levantaban interrogaciones en su mente respecto a la providencia divina.

Una noche tuvo un sueño bastante raro. En el sueño, él se vio emprendiendo un largo y azaroso viaje. Se le apareció un ángel y le ofreció acompañarlo y guardarlo. Después de mucho caminar sintió sed y pidió agua en una casa humilde junto al camino. El hombre de la casa fue adentro a sacar el agua, y cuando el monje estaba a punto de bebérsela, el ángel, de un manotazo, le tiró el vaso y le dijo: "¡Vámonos!"

Al entrar en otra casa con el mismo propósito, vieron que el hombre ni les hacía caso por estar contando un montón de monedas de oro que tenía sobre una mesa. El ángel, entonces, trastornó y tiró por todos lados las monedas de oro. Cuando el hombre, enfurecido, se disponía al ataque, el ángel cogió de la mano al monje y le dijo: "¡Vámonos!"

El monje no entendía el porqué de las acciones del ángel. Quería preguntarle pero no se atrevía. Ya al atardecer y bastante cansado, el monje pidió permiso al ángel para descansar un rato sobre el césped verde. Estaba a punto de hacerlo cuando vio por ahí, al borde de un precipicio, a un pequeño niño que dormía plácida e inocentemente en aquel lugar. Iba a tomarlo en sus brazos y ponerlo a salvo, y en el instante el ángel se acercó al niño, le dio un puntapié y lo lanzó al abismo.

¡Esto sí ya era el colmo! El monje, confundido y enojado, le protestó fuertemente al ángel por sus acciones tan crueles y absurdas. Entonces el ángel procedió a explicarle:

—Monje —le dijo—, tú debes entender que Dios gobierna en su mundo y que todas las cosas que él hace son con un propósito. El hombre que te dio un vaso con agua, al verte pensó que eras su enemigo, y le puso veneno al agua. Yo te salvé la vida.

—Gracias, buen ángel —le dijo el monje—, ahora comprendo.

—En cuanto al otro hombre, el de las monedas de oro, él había hecho de su dinero un dios. Era codicioso. Tuve que quitarle el impedimento a su libertad espiritual.

—Todo esto puedo entenderlo —añadió el monje—, pero no debiste haberle dado muerte al pobre niño. Eso sí fue un crimen.

—En verdad que hay ciertos eventos más difíciles de entender que otros —dijo el ángel—, pero la cosa es que si ese niño hubiese llegado a ser adulto habría sido un criminal y no se habría arrepentido y se habría condenado en el infierno para siempre. Dentro de estos planes generales fue preferible que muriera siendo un niño inocente, porque así se salvó para vida eterna.

En eso el monje despertó de su sueño y se quedó reflexionando por largo rato sobre lo que había aprendido del sueño. Entonces su fe en la Providencia creció porque se dio cuenta de que todo está gobernado por Dios, y de que todas las cosas ayudan para bien a los que a Dios aman.

Adolfo Robleto

372. LAS PRUEBAS DEL CRISTIANO
(1 Pedro 1:6, 7)

Vivía en Turdera, Provincia de Buenos Aires, Argentina, un herrero llamado Asisclo Rivas. Tenía una familia numerosa y muchas aflicciones y pruebas en su vida diaria.

Un amigo incrédulo le dijo un día:

—Crees en Dios y siempre estás feliz; dime, ¿cómo es que el Dios en el cual crees tan fervorosamente te puede afligir así? El es misericordioso y dices que te ama, ¿por qué te aflige tanto? Francamente, no comprendo cómo puedes cantar en medio de las luchas de tu vida, siempre golpeado y afligido.

–Amigo –contestó don Asisclo– tú no sabes algo importante que yo sé. De la manera que el hierro está en el yunque y también completamente en mis manos, así estoy yo en las manos de mi buen Dios. Tomo un pedazo de hierro, lo pongo en el fuego hasta quedar rojo y entonces sobre el yunque lo golpeo, lo doblo, lo raspo, le doy la forma que quiero hasta convertirlo en un utensilio útil que prestará buenos servicios por mucho tiempo. Y así mi oración a Dios es: "Señor, méteme en el fuego si tú quieres, hazme un objeto útil para servirte, haz conmigo lo que quieras, pero por el amor de mi Salvador, no me eches a la basura."

Juan B. Garaño

373. EL CRISTIANO DEBE SUFRIR POR CRISTO

Se cuenta el caso de una familia de Hungría. Después de que los comunistas tomaron el poder político, al padre le dieron la oportunidad de declararse a favor del nuevo gobierno. Pero él valientemente rehusó hacerlo. Como consecuencia de ello fue desterrado a Siberia. Su pobre esposa tuvo que abandonar su hogar cómodo para vivir en un miserable desván. Pasando el tiempo, su hijo salió aprobado en los exámenes para ingresar en la universidad, obteniendo calificaciones altas. Había toda perspectiva de que él llegara a ser un ingeniero prominente. Sin embargo, había un pequeño obstáculo. Los antecedentes de su padre, de oposición al gobierno comunista, no los considerarían como una mancha contra el hijo, pero él tendría que firmar un documento declarándose libre de la tonta influencia de la religión. Si no hacía eso, podría esperar el trabajo de barrer las calles de la ciudad, nada más. ¿Qué debería hacer ese hijo? ¿Negar a su Cristo o negarse a sí mismo para cargar su cruz? Para los que tienen que vivir en países comunistas, el cristianismo es costoso.

374. TODO AYUDA A BIEN

En el matrimonio de los conocidos artistas norteamericanos, Roy Rogers y Dale Evans de Rogers, nació una niña a la que le pusieron el nombre de Robin Elizabeth. Pero la niña nació mongoloide y vivió solamente dos años. Fue una prueba dura para sus padres, quienes hicieron todo cuanto pudieron por su curación, mas sin lograrlo. Pero la pena se convirtió en una victoria espiritual, pues los dos padres afligidos se acercaron al Señor y crecieron en fe y tuvieron valor para dar su testimonio como cristianos delante de grandes multitudes.

La señora Rogers escribió un pequeño libro que tituló: "Angel Sin Saberlo", en el que relata toda la experiencia de ellos con su hijita enferma, y le dice al lector cómo Dios usó a ese "angelito" para que ellos tuvieran un despertamiento espiritual. Este es un caso real en el que se ve que las palabras de Romanos 8:28 se cumplen en aquellos que "son llamados".

375. DIOS TRANSFORMA NUESTRAS DESGRACIAS

Se dice que una vez cierta joven, después de haberse arreglado para ir a efectuar una visita de cumplimiento, se puso a escribir unas cuantas líneas a una amiga, y en eso volcó el tintero sobre el vestido que se ponía por primera vez. La infeliz joven, al ver lo que había pasado, lloraba amargamente, pues estaba muy enamorada de aquel traje que acababa de echar a perder.

La buena madre acudió a toda prisa y le hizo quitar el vestido, llevándolo con mucho cuidado a su cuarto. La joven, sentada en una silla, seguía llorando su gran desgracia. Antes que se secara la tinta, la señora trazó sobre la tela, con un pequeño pincel, un hermoso dibujo. Cuando se puso seca la tinta, trajo el vestido a su hija. Esta encontró tan hermoso el dibujo hecho por la buena madre, que hasta se alegró bastante de haber volcado el tintero sobre su ropa, pues el traje se había vuelto mucho más bonito que antes, con aquel dibujo negro.

Los sufrimientos son manchas de tinta que caen sobre nuestra alma; pero si los entregamos a Dios mediante la oración hecha con fe, nuestro Padre celestial los usará en nuestro propio bien.

376. NOS PURIFICAMOS EN LAS PRUEBAS

Un pastor, al visitar a un joyero miembro de su iglesia, le preguntó:

–¿Y cómo sabe usted cuándo el oro está puro, y se puede sacar del crisol?

El joyero respondió:

–Muy fácilmente; cuando yo me miro en el oro y éste refleja mi rostro, quiere decir que ya está completamente puro.

Así es con nosotros. Dios nos permite pasar por el crisol caliente de la prueba, y cuando en nuestra vida podemos reflejar el rostro de Jesucristo, entonces estamos puros.

Adolfo Robleto

377. PAZ INTERIOR

Después de un día abrumador deseaba disfrutar de unos momentos de ocio.

Ya había guardado el automóvil y, al acercarme a la casa pastoral, sólo pensaba en quitarme la corbata y los zapatos y descansar. ¡Qué grato sería calmar mis nervios y pasar la noche con la familia!

Pero al momento en que entré, sonó el teléfono.

Como siempre, mi esposa lo contestó. Después de un momento de silencio, anotó la siguiente información: "Mike Albertson ... operación del cerebro, de emergencia ... 50 por ciento de probabilidad ... Hospital General."

La familia Albertson no asistía a la iglesia regularmente. En los últimos trece años habían desatendido su vida espiritual, asistiendo a la iglesia sólo en ocasiones especiales.

Todo pasó súbitamente: el accidente automovilístico, la sinceridad del cirujano y Mike era aún muy joven para que esto sucediera.

En la sala de espera de aquel hospital, la familia lloraba desconsolada. ¿Por qué Dios permitió que tal cosa aconteciera? ¿Tendrían ellos otra oportunidad para reconciliarse con Dios?

Aquellas lágrimas representaban su remordimiento por haberse apartado de Dios. Esa noche, después de que me contaron por qué se habían alejado de él, oramos juntos.

Tres semanas pasaron y Mike había mejorado, pero aún seguía grave. Mas a través de lo sucedido, la familia volvió a los pies de Cristo. Ayer mismo la madre de Mike me dijo: "Me siento más tranquila." ¡En verdad Dios es fiel para con los que le buscan!

Talmage Haggard

378. AGENTES DE RECONCILIACION

Al muchacho le decían "jeringuilla", y yo no sabía por qué. Siempre lo veía en bicicleta recorriendo el pueblo, visitando de casa en casa.

Un día me dijeron que precisamente por eso, por sus muchas visitas, lo llamaban "jeringuilla". Pero no es que fuera a inyectar a nadie, pues no era enfermero. Lo que sucedía es que le gustaba mucho el chisme y la intriga, y andaba de casa en casa "inyectando" odio y rencilla entre los vecinos. Por eso lo llamaban "jeringuilla".

Hay muchos "jeringuillas" en el mundo. Personas que se gozan en indisponer a las personas unas contra otras. Nuestra misión es diferente. Nosotros estamos para hacer la paz, empezando por la paz fundamental: la paz del hombre con Dios. Paz que ya está hecha en la cruz. ¡Nosotros sólo tenemos que proclamarla!

Juan Pablo Tamayo

379. NUESTRO CUERPO DE RESURRECCION

Una hermana de mi congregación me entregó una Biblia vieja y bastante deteriorada por el constante uso a través de muchos años. Me pidió que se la diera a arreglar. Así lo hice, y cuando el encuadernador me la entregó yo se la di a la hija de esta hermana para que se la llevara, diciéndole que el trabajo estaba hecho y lo que había cobrado el encuadernador.

Al siguiente culto me encontré con la hermana y, comentando sobre la Biblia vieja ya arreglada, me dijo:

—Hermano, cuando mi hija me mostró la Biblia yo le dije: "Pero si yo no le pedí al hermano que me comprara una Biblia nueva; ésta se ve tan fina y bonita, pero no es la que yo le pedí."

Por supuesto, esta hermana luego se dio cuenta de que era su Biblia, pero que se la habían dejado como nueva.

Así será en la resurrección de los creyentes. Nuestro cuerpo será transformado y embellecido por el poder de Dios.

Adolfo Robleto

380. TRANSFORMACION

Hace años los arqueólogos exploraron la tumba del rey Tut, que no había sido tocada por miles de años, y encontraron en ella semillas secas y polvorientas. Alguien sugirió que se plantaran unas pocas de estas semillas para ver si en realidad estaban muertas como parecía. Hoy día se puede ver fuera del museo de El Cairo una porción de terreno donde florecen plantas de papiro que crecieron de aquellas semillas que al parecer estaban completamente muertas.

Dios puede hacer milagros más grandes con los hombres. El les dará nueva vida por medio de su Hijo.

De El Hogar Cristiano

381. RICO SIN SABERLO

Un campesino que vivía feliz con su familia en las márgenes del río Krichna, en el sur de la India, hospedó una noche a un sacerdote budista que iba de camino. Ocurría que éste era un especialista en diamantes, y se pasó varias horas hablándole a su anfitrión acerca de su tema favorito. Le contó cuán rico y poderoso podía llegar a ser un hombre que tuviera una serie de diamantes. Aquel campesino quedó tan encandilado por la ambición de poseer diamantes que vendió su propiedad, dejó a su familia en un lugar reducido y se lanzó a recorrer el mundo en procura del codiciado tesoro.

Muchos años más tarde, Jasón, el campesino de nuestra historia, llegaba a España, pobre, lleno de harapos, hambriento y desesperado. Al cruzar un puente se arrojó al río para poner fin a su existencia.

Tiempo después, el mismo sacerdote pasó otra vez la noche en la propiedad vendida. Al echar una mirada a la pared, preguntó intrigado al nuevo dueño:

–¿Ya regresó Jasón de su viaje?

–No –replicó el interpelado–. Jasón nunca volvió.

–Entonces, ¿qué es este diamante colgado de la pared?

–¡Qué va a ser un diamante! Esta es una de las muchas piedras de las que hay en el río, donde se abreva mi camello todos los días.

El monje tuvo que explicarle a quien lo hospedaba que aquellas piedras eran diamantes finísimos y grandes. Y este fue el comienzo de la más famosa mina de los mejores diamantes del mundo, los de Golconda.

Reproducido de El Centinela

382. SALVACION

Para una familia que vivía en una finca aislada en las montañas, era un gran acontecimiento el ir cada semana al pueblo para comprar provisiones. Pero hubo una gran tempestad en una ocasión y tuvieron que posponer su viaje.

—No podemos ir al pueblo esta semana —explicó el papá.

—¿Por qué, papacito? —lloriqueó el niño más pequeño.

—Porque hay solamente un camino al pueblo —contestó el padre—, y el agua se llevó el puente.

También para ir al cielo hay un solo camino, es el camino de la cruz.

De El Hogar Cristiano

383. NO TENEMOS MERITOS PROPIOS PARA SER SALVOS

Tres jóvenes estaban sentados en la oficina de reclutamiento con la esperanza de ser elegidos para la guardia especial del rey, cuyas normas eran muy altas.

Uno de los reclutas miró a otro con desprecio y le dijo:

—A ti nunca te aceptarán porque eres muy bajito. A ver, ¿qué tanto mides?

—Mido 1,56 metros —contestó el primero estirándose lo más que pudo.

—Vete a casa —dijo con voz burlona el segundo—, yo mido 1,61 metros. No te aceptarán cuando me vean a mí.

—¿Por qué no se van los dos a casa? —dijo el tercero—, yo mido 1,65 metros. Ustedes no tienen la más remota posibilidad de que los acepten al verme a mí.

Entonces entró un oficial y detenidamente los miró, así como estaban, de pie, y dijo:

—Lo siento mucho, pero no podemos aceptar a ninguno de los tres, porque los que pertenecen a la guardia del rey deben medir 1,68 metros.

Muchas personas perdidas se excusan diciendo: "Yo no soy tan malo. Soy mejor que mi vecino y soy tan bueno como algunos miembros de la iglesia a quienes yo conozco." Posiblemente todo esto sea cierto, pero el que seamos tan buenos como nuestro vecino no es suficiente. Todos hemos pecado y estamos destituidos de la gloria de Dios.

Hay sólo una solución para el pecado, y ésta no es llegar a ser tan bueno o aun mejor que otros. La solución para el pecado es la justicia que encontramos por medio de la fe en Cristo el Salvador.

De El Hogar Cristiano

384. HICE MAL MIS CALCULOS

Como de costumbre, el martes 3 de marzo de 1970 me levanté muy temprano; era un día fresco y esplendoroso. Hice mis cálculos y preparé el programa para el día: grabar mi mensaje radial, dar mis clases en el Seminario por la mañana y preparar mi sermón de la noche. Por la tarde, visitar al hermano Sebastián, que estaba un poco enfermo en el hospital. Por la noche, predicar en el culto de barrio.

Todo iba saliendo a las mil maravillas, todo mi programa se estaba desarrollando tal como lo había planeado; pero, cuando ya me preparaba para salir al hospital me llegó una visita. Invité a pasar adelante al hermano que me visitaba; pero me dijo:

—No, muchas gracias. Solamente vine para avisarle que el hermano Sebastián Obando durmió en el Señor esta mañana.

¡Qué infausta noticia! Nunca me imaginé tal cosa, pues no parecía tan enfermo; pero hice mal mis cálculos. Quise visitarlo ese día; pero fue demasiado tarde.

Cuántas veces, querido lector, nos equivocamos en tantas formas. Hay muchos que piensan que tienen una vida muy larga, cuando la realidad es que la muerte anda muy cerca. Muchas veces dejamos para mañana lo que se puede hacer hoy y dejamos pasar preciosas oportunidades; pero como en mi caso, ese mañana nunca llega.

El Espíritu Santo dice: "Hoy es el día aceptable, hoy es el día de la salvación. Por tanto, si oyereis hoy su voz, no endurezcáis vuestros corazones." Hebreos 3:7, 8; 2 Corintios 6:2.

Agustín Ruiz V.

385. ¿QUE TAN FUERTE ES TU VOLUNTAD?

Hay una parábola interesante sobre el poder de la voluntad, titulada "La Pampa de Granito", obra literaria cuyo autor es el célebre escritor uruguayo José Enrique Rodó. La parábola se relata así:

Un padre tenía tres hijos. Vivían en una pampa de granito y él tenía una semilla que deseaba sembrar. No tenía herramientas de labranza, el terreno era de granito, y tampoco tenía agua. Pero el padre estaba dispuesto a sembrar la semilla. Tomó, entonces, a uno de sus hijos y lo hizo que mordiera con los dientes el granito hasta abrir una pequeña grieta. Cuando lo logró, el muchacho ya había envejecido. Al otro lo obligó a abrir la boca hacia el lado de donde venía el viento, a fin de recoger polvo suficiente. De ese modo consiguió tierra para su semilla, pero el muchacho también había envejecido. Ahora necesitaba de agua con que regar la semilla, y le exigió a su tercer hijo que llorara para que derramara lágrimas. Como éste no quiso, le torció el brazo. El muchacho entonces lloró y lloró, hasta que sus lágrimas produjeron el agua que su padre necesitaba. Pero él también, al dejar de llorar, había envejecido. La semilla germinó, se convirtió en árbol y dio sombra y frutas dulces y exquisitas. El poder de la voluntad había triunfado.

La voluntad es la facultad que tenemos de hacer decisiones, y decidir es escoger una cosa en vez de otra. Todos los días hacemos necesariamente decisiones; evidentemente unas son más importantes que otras, según nos afecten para poco o para mucho tiempo; para ahora o para la eternidad. Sin duda que la decisión más importante de todas es la que tiene que ver con nuestro destino eterno. ¿Me salvaré? o ¿me condenaré? Esta es la pregunta que cada uno debe contestar y resolver. Es bueno que el hombre use su voluntad para recibir a Jesucristo por Salvador.

Adolfo Robleto

386. SALVOS EN TIERRA QUEMADA

A fines del siglo pasado, cuando los pioneros cruzaban hacia el oeste de los Estados Unidos, viajaban en carretas de bueyes o de mulas. Tenían que cruzar la Gran Sabana del oeste donde la hierba era tan alta que llegaba hasta los estribos de la cabalgadura. Uno de los peligros que más temían aquellos viajeros era que prendiera fuego la hierba. Cuando por cualquier causa se encendía, se quemaba con tanta furia que pocas personas podían escapar. El fuerte viento del llano llevaba el fuego con tanta rapidez que en un momento alcanzaba a las carretas.

Un día se encontraba un grupo de carretas en una parte donde la hierba estaba muy crecida y había cogido fuego. Por delante venían las llamas en forma acelerada. Parecía que abarcaban todo el horizonte y llegaban hasta el cielo. Los que presenciaban se llenaron de terror. No veían ninguna vía de escape. Pensaban que estaban condenados a morir en aquel terrible holocausto humano. Por fin, el que servía de guía pudo calmarlos un poco. Mandó a unos hombres que encendieran la hierba que estaba detrás de las carretas. Al hacer eso el viento llevó el fuego quemando la hierba en la parte trasera de la caravana. "Basta", gritó el guía, "ahora guíen las carretas hasta donde está la hierba quemada." Uno de los viajeros preguntó:

–¿Estamos salvos ya aunque hacia acá viene todavía el fuego que tenemos por delante?

–Sí –le dijo el guía–. El fuego seguirá, pero aquí estamos seguros porque estamos en tierra que ya ha sido quemada.

El fuego del juicio de Dios siempre sigue quemando, pero los que hemos acudido por fe al Calvario estamos salvos por Cristo, pues estamos parados en tierra que ha sido quemada. El fuego de la ira de Dios ardió tremendamente contra nuestros pecados en el Calvario. Si nos paramos allí, estaremos libres y salvos del fuego de su ira venidera.

Autor desconocido

387. PERDIDO, CONSOLADO Y ENCONTRADO

Andábamos de paseo en un zoológico de San Antonio, Texas, cuando tenía yo cuatro años de edad. Lo fascinante del espectáculo del hipopótamo hizo que me extraviara de mi madre y, cuando menos lo pensaba, me encontré perdido.

¿Qué hace un niño de cuatro años cuando se da cuenta de que está perdido? Yo no fui diferente. Mis llantos atrajeron la atención de un "buen samaritano" que me decía:

–Yo te llevaría a tu casa, pero no sé dónde vives.

–Vivo en 2003 Vera Cruz –le contesté rapidamente.

–Pero no sé qué autobús tomar ni tengo automóvil en qué llevarte –me decía.

–Es el autobús de Guadalupe –le respondí–, y se toma en la esquina de la tienda de ropa Joskes.

Me dio esperanza y consolación cuando me prometió llevarme y especialmente cuando me compró una chupaleta que entre sollozos y suspiros lamía con todo gusto. Pronto nos encontrábamos en el autobús que nos conducía al sitio y a la persona más dulce en la tierra, mi casa y mi madre. Una vez en sus brazos, lloraba, pero ahora de gozo por encontrarme en los brazos de mi madre.

Seis años después me encontré en la misma situación, pero con relación a lo espiritual; PERDIDO, CONSOLADO y ENCONTRADO. Me encontraba perdido en el pecado, sin Cristo y sin esperanza. Alguien me decía: "Cristo te ama, quiere ayudarte." Hubo consuelo para mi alma, pero el momento más grato en toda mi vida llegó cuando me encontré seguro en los brazos del Salvador.

Perdido, consolado y encontrado. Esas tres palabras cuentan la historia más triste, pero más feliz de mi vida. Culpemos a quien queramos por andar perdidos, pero el hecho es que sin Cristo se anda perdido.

Rudy Hernández

388. TRANQUILIDAD POR LA DEUDA PAGADA
(Romanos 5:1)

Era yo un jovencito. Mucho anhelaba poseer una máquina de escribir; pero era muy pobre. Decidí ir a una casa comercial que vendía artículos para oficinas. Allí estaba empleada una señorita que me conocía.

Le expliqué que anhelaba poseer una maquinita de escribir, pero que debido a la falta de recursos, le agradecería me recomendara con el gerente a fin de que me diera al crédito una. Así lo hizo y el gerente ordenó se me entregara una.

Empecé a hacer abonos muy cumplidamente; mas perdí mi modesto trabajo y no pude continuar abonando. Bueno, me preocupé, hice diligencias sin poder solucionar mi problema. Procuré venderla y no conseguí quien me la comprara. La cosa trascendió y un buen profesor que yo tenía se dio cuenta de mi necesidad, se dirigió a donde el gerente y canceló toda mi deuda. Cuánta fue mi alegría y paz porque mi deuda fue pagada; cómo agradecí a mi maestro su generosidad.

Así también es la paz que viene al pecador cuando por fe descansa en que Cristo pagó la deuda de los pecados mediante su sangre que derramó en la cruz.

Un tiempo después visité la casa comercial de referencia, y al verme la señorita que me recomendó, y que no sabía que mi cuenta estaba pagada, me increpó:

—Tanto que yo lo recomendé a usted, y usted no ha pagado nada, ¿no?

Le contesté:

—Es verdad que yo quedé mal y no pude pagar; pero también es cierto que hubo uno que pagó por mí.

Le conté cómo mi maestro había pagado por mí. Por eso yo estaba tranquilo cuando ella me increpaba.

Bendito sea el Salvador. Si usted recibe a Jesús como el que pagó por usted, también usted quedará tranquilo, ahora y cuando sea juzgado, pues la Escritura dice: "Justificados, pues, por la fe, tenemos paz para con Dios por medio de nuestro Señor Jesucristo."

Germán Núñez B.

389. ASIDOS A AQUEL QUE NOS REDIMIO

Un muchacho que jugaba en una finca, accidentalmente se cayó en un pozo abandonado. El pozo medía 19,60 metros de profundidad por menos de 0,56 de ancho. Parecía seguro que el niño sufriría una horrible muerte en el fondo del pozo.

Un labrador que trabajaba cerca vio caer al niño y fue corriendo al pozo a donde pronto llegaron otros campesinos. El les pidió que amarrasen una soga alrededor de sus pies y que lo bajaran al pozo de cabeza.

Por varios minutos el hombre estuvo suspendido de los pies en el pozo. Cuando los que sujetaban la soga lo sacaron a la superficie traía consigo en sus grazos al niño.

El padre del niño preparó un banquete en honor del rescatador. Cuando le pidieron al labrador que hablara al grupo que se había reunido, se sintieron conmovidos porque el niño a quien había rescatado este hombre no se separaba de él. Durante todo el tiempo que estuvo hablando, el niño se mantuvo asido de su cuello.

Nosotros también tenemos un Rescatador. No sólo arriesgó Jesús su vida por nosotros, sino que la dio para que pudiéramos ser salvos. Debemos tributar a Jesús nuestra gratitud y alabanza por nuestra redención, manteniéndonos asidos de Aquel quien nos amó y dio su vida por nosotros.

De El Hogar Cristiano

390. AGUA BUENA, ABUNDANTE Y GRATIS

Hace algunos años fui invitado por una iglesia evangélica de San Pedro, Sula, Honduras, para dictar una serie de conferencias evangelísticas, y me hospedé en casa de una familia de la iglesia. Acostumbrado a economizar el agua en mi país, siendo que era tan cara, por consideración a la familia donde estaba hospedado gastaba sólo el agua necesaria. Al llegar el domingo al templo en donde iba a predicar, me llevé una gran sorpresa:

La hermana que hacía el aseo dejó abierta una de las llaves del agua, por la cual salía un enorme chorro del líquido cristalino. Pensando que había sido un descuido, fui a llamarla; estaba limpiando un cuarto y le dije:

–Mire, hermana, dejó abierta la llave del agua.

–Sí –me dijo–, así la dejo siempre para que se lave la calle.

–Pero –pregunté– ¿que no es muy cara el agua aquí?

–No –me dijo–, aquí no pagamos agua.

Pensando en el asunto estaba, mirando el enorme chorro que salía, cuando llegó el misionero, estiró el paso para no mojarse los pies en la corriente y nada dijo. Todavía incrédulo, pregunté:

–¿Cuánto pagan aquí por el gasto de agua al mes?

–Aquí no pagamos agua –me dijo– y ya ve, es buena, abundante y gratis.

No creyéndolo aún, hice la misma pregunta a varios hermanos a quienes me tocó visitar, y todos me dieron la misma respuesta.

Pues, mi querido amigo: hay una fuente inagotable de agua pura, cristalina y completamente gratis; lava toda mancha y limpia todo pecado: es la fuente de la gracia divina, la sangre preciosa de Cristo que nos limpia de todo pecado (1 Juan 1:7). El problema está en que mucha gente no lo puede creer.

Agustín Ruiz V.

391. ¡AGUA...! ¡AGUA...!

Se cuenta que hace muchos años un buque a vela salió de Europa para Sudamérica, y debido a tormentas y percances, duró tanto el viaje que empezó a escasear el agua a bordo; y aunque la tripulación la usaba con mucha economía, al fin se encontraron con el último barril enteramente vacío.

Un día o dos más tarde, sufriendo todos una sed abrasadora, en ese clima tan cálido, descubrieron sobre el horizonte con gran gozo, otro barco; cuando estuvieron a distancia conveniente izaron las banderas de señales y mediante ellas contaron su situación angustiosa: "Nos estamos muriendo por falta de agua."

Con gran sorpresa suya, recibieron pronto la respuesta, que les parecía casi de burla: "Estáis navegando en aguas dulces. ¡Echad el balde al océano!"

Ignoraban que estaban atravesando la poderosa corriente que el Amazonas descarga en el océano, y que en vez de hallarse en aguas saladas, navegaban, en efecto, en agua dulce, sin saberlo. ¡Muriéndose de sed, rodeados de agua dulce!

¡Cuántos infortunados viajan por este mundo con sed en sus almas y clamando: "¿Qué debo hacer para ser salvo?", sin darse cuenta de que el océano del amor de Dios les rodea POR TODOS LADOS, y que Dios les ofrece la salvación gratuitamente mediante la fe en el Señor Jesucristo.

De La Antorcha

392. VIVIENDO ESTAN MUERTOS

Por algún tiempo los noticieros de todas partes se han ocupado del excéntrico Howard Hughes, el archimillonario que tenía que andarse escondiendo, quién sabe por qué razón. Estuvo en Nicaragua en el Hotel Intercontinental; pero nadie pudo verlo. De allí lo sacó el terremoto del 23 de diciembre de 1972. En una corte civil de los EE. UU. lo declararon "legalmente muerto", por cuanto no asistía a ninguna cita judicial. Y por fin murió –siempre huyendo– cuando era conducido en avión de Acapulco a Houston.

Los diarios también se han ocupado de la hija adoptiva de Joseph Quinlan, de New Jersey, la cual vivía artificialmente con respiradores.

Sus padres, que ya estaban desesperados de tanto verla sufrir, pidieron a los médicos le desconectaran los aparatos, pues afirmaban que la niña "viviendo está muerta".

De igual manera sucede en la vida espiritual. De acuerdo con la Sagrada Escritura... muchos en el mundo, "viviendo están muertos", y desgraciadamente son la mayoría, pues viviendo en sus delitos y pecados rechazan la gracia salvadora del que dijo: "Yo soy la resurrección y la vida, y el que cree en mí aunque esté muerto vivirá" (Juan 11:25). Es por esto que el Espíritu Santo dice: "Hoy es el día aceptable, hoy es el día de la Salvación."

Agustín Ruiz V.

393. NO SE VENDE

Una pobre señora vio unas flores en el jardín del rey y las quería comprar para llevárselas a su hija enferma. Al pedirlas fue groseramente despedida por el jardinero quien dijo que las flores del rey no estaba en venta. En ese momento pasaba por allí el rey mismo y oyó lo que decía el jardinero. Enterado del porqué de las palabras, el rey cortó un bonito ramo de las mejores flores y las presentó a la afligida madre, diciéndole: "El rey no vende sus flores, las regala."

Así, nuestro bendito Señor Jesús no vende la salvación sino que la regala. No crea el lector que pueda comprar el perdón de sus pecados o pagar la entrada al cielo: Todo es por gracia –favor inmerecido– "sin dinero y sin precio".

394. ¿CON QUIEN TRATAR?

Padecía un hombre de una enfermedad tenida por incurable, y oyó hablar de un célebre médico que sabía curar dolencias de la índole que él sufría. Emprendió un largo viaje para verle, y llegado que hubo a la casa del famoso doctor, le dijeron que no estaba en aquel momento.

–Pues bien, con permiso de ustedes lo esperaré –les dijo el enfermo.

–No hay necesidad, puesto que aquí está su ayudante, y probablemente el doctor tardará algún tiempo en volver.

–No me basta con el ayudante –replicó el enfermo, acostumbrado a verse burlado de los médicos–; deseo verle a él mismo, pues mi caso es desesperado.

–Aquí están sus libros, si quiere usted consultar, entre tanto, algunas de sus obras.

–Muchas gracias; tampoco me bastan éstos; es preciso que me examine él mismo.

–Si usted quiere ver su gabinete que está todo lleno de excelentes aparatos de cirujía, puede usted pasar.

–No dudo de su bondad, pero no me servirán para nada sin el doctor.

–Aquí tiene usted un caballero, al cual ha curado; ha presenciado operaciones extraordinarias y delicadas, y sin duda podrá adelantarle algo sobre el método curativo del médico que usted busca.

–Pero, amigo, yo he venido a verle a él, y no tengo para qué ver a ninguna otra persona.

Aprendamos del símil.

Si te aflige la enfermedad del pecado, preciso es que te dirijas al Salvador mismo, como este enfermo al médico.

Buenos pueden ser sus siervos, muy necesarios sus libros, gloriosísimas sus palabras, de gran utilidad los consejos de los ya salvos; pero no te bastan para la salvación.

395. SALVO COMO POR FUEGO

Doña Rosa, fiel cristiana miembro de la iglesia en Hurlingham (Buenos Aires, Argentina), tenía una pena grande. Su hijo Guillermo, que en su juventud fue creyente consagrado y aun predicaba, al casarse abandonó la iglesia; vivía apartado en el mundo, pero su madre seguía orando sin cesar por él. Una noche, después del culto, doña Rosa pasó por la casa de su hijo, y al negar su Biblia al nietito por temor a que la dañara, Guillermo en tono de burla dijo: –¡Cómo cuidas tu Biblia, mamá!

–Y la tuya, Guillermo, ¿dónde la tienes?

–La mía está por ahí, cubierta de polvo en el estante más alto del armario.

Esa noche a la madrugada la llamaron urgentemente, porque su hijo había enfermado. Lo internaron en un sanatorio y allí quedó postrado en la cama inconsciente; no pudo oír las oraciones y los ruegos de su madre. Al quinto día recobró el conocimiento y cantó el himno "Dejo el mundo y sigo a Cristo". Habló con su madre de su arrepentimiento por haber dejado al Señor, y a los médicos y enfermeras les habló del amor y compasión de Dios, y al poco tiempo durmió en el Señor.

En el velatorio la madre dijo a su pastor: "El Señor oyó mi oración; prefiero tener un hijo salvo en el cielo que un hijo perdido en la tierra."

Juan B. Garaño

396. NI UN CENTAVO

Un joven inconverso no creía en lo fácil de la conversión espiritual. Alegaba que un don tan admirable no se podía lograr sin costo alguno físico o económico. Se acababa de inaugurar en Panamá el Puente de las Américas. Trabajaron en él muchos ingenieros por mucho tiempo; se gastaron miles de toneladas de hierro, cemento y otros materiales; trabajaron más de trescientos obreros con un costo total de más de veinte millones de balboas, sin dejar de mencionar tres muertos por accidentes de trabajo. Cuando hice saber todo esto al joven, le pregunté:

–¿Cuánto tiene que pagar usted por cruzar este puente?

Y sonriéndose me dijo:

–¡Claro que ni un solo centavo!

Entonces le repliqué:

–¿Sabe usted por qué?

–No –me respondió.

–Pues sencillamente porque alguien pagó todo ese costo para que usted pase sin pagar... Cristo pagó el precio de su salvación.

Rafael Moreno Guillén

397. ¡SOLO HAY LUGAR PARA UNA PALABRA!

Cuando la bella isla de Jamaica fue destruida y arrasada por un terrible maremoto que dejó un saldo triste de miles de muertos y heridos, un señor europeo que se hallaba de visita en la isla y que milagrosamente había escapado de perecer en el maremoto, fue, inmediatamente después de pasar el desastre, a la oficina de telégrafos para mandar un mensaje a los suyos, notificándoles que estaba vivo y que no se angustiaran por él; pero cual no sería su sorpresa al declararle el telegrafista que todas las líneas estaban interrumpidas, que no había sino una sola en servicio, y que como había tanta demanda, tantos miles de mensajes, únicamente podían trasmitir una palabra, una sola palabra por persona, y que, por lo tanto, dijera rápidamente qué palabra quería que se le enviara a su familia. Entonces, nervioso y emocionado, dijo esta palabra: "¡Salvo!"

Seguramente que el buen amigo europeo encontró la palabra más propia y más exacta para expresar su situación en aquellas precisas circunstancias, ¿verdad? Y ya podemos imaginarnos también el gozo, la dulce satisfacción y felicidad de todos sus familiares y amigos al recibir esa grata noticia.

Pero también en este proceloso mar de la vida en que naufragan tantos seres humanos, cuán feliz es sentirse uno salvo. Sí, podemos ser salvos, y ¿salvos de qué? De la condenación eterna y del juicio venidero, del poder del pecado, del temor de la muerte y de la potestad del diablo.

Juan Galdámez P.

398. TODAVIA TE PUEDES SALVAR

Los romanos, algunas veces, daban varias horas para que las ciudades se rindieran. Si la ciudad se rendía, entraban pacíficamente y tomaban posesión de ella. Si la ciudad no se rendía, mientras esperaban la decisión, levantaban una bandera blanca. Cuando el tiempo terminaba, bajaban la bandera blanca y levantaban una bandera negra, y luego atacaban a aquella ciudad sin misericordia. La bandera blanca de la misericordia de Dios está levantada, antes que la bandera negra del juicio final sea levantada.

Leobardo Estrada

399. ¿SE SIENTE LA SALVACION?

El señor D. L. Moody cuenta de una conversación que tuvo con un señor acerca de su salvación.

–¿Es usted un cristiano? –le preguntó.

–No, pero ojalá lo fuera.

Entonces el señor Moody procedió a mostrarle varios textos de la Biblia que explicaban lo que tenía que hacer para ser salvo, pero el hombre le dijo que éstos no resolvían su caso.

–El hecho es –dijo–, que no puedo sentirme salvo.

–¿Fueron los sentimientos de Noé, o el arca, lo que salvó a Noé? --preguntó Moody.

El hombre se quedó pensativo por un momento, y luego respondió:

–Hasta luego, señor Moody, ya se ha arreglado.

Autor Desconocido

400. UN TRATADO EVANGELICO

Una noche un hombre que trabajaba en una lavandería sintió que Dios quería que él pusiera un tratado evangélico en una canasta que se usaba en la planta para transportar la ropa. Así lo hizo. Al día siguiente lo mandó llamar el capataz de ese departamento.

Le mostró el tratado y le preguntó si él era quien lo había puesto en la canasta. El trabajador confesó que él lo había hecho. Entonces el capataz le dijo lo siguiente:

"Anoche vine a mi oficina, cansado de la vida. Me dirigí al cuarto donde están las calderas, con la intención de colgarme de una de las vigas de acero. A mitad del cuarto me encontré esa canasta, y el papel que había quedado en el fondo, me llamó la atención. Lo leí. Ese tratado no sólo me salvó del suicidio, sino que también me mostró cómo salvar mi alma, puesto que he aceptado a Cristo Jesús como mi Salvador personal."

Ese tratado que usted coloque en las manos de una persona, a la vez que hace una oración silenciosa, puede ser la voz de Dios a una alma necesitada. Los tratados son los testimonios de usted, si usted no tiene el don de hablar, como Moisés. Y muchos obreros personales han descubierto que un tratado evangélico interesante es la manera ideal de iniciar una conversación sobre asuntos espirituales.

Del Boletín Adelante

401. SEGURIDAD EN CRISTO

Hay una planta llamada hinojo marino que crece solamente en las rocas cerca del mar. Aunque crece cerca de donde suben las olas del mar no crece donde puede llegar el agua salada. En cierta ocasión un grupo de marineros que había naufragado subía unas rocas muy empinadas huyendo de la marea ascendente. Uno de los marinos vio de repente una floreciente planta de hinojo marino. Gritó inmediatamente de gozo, asegurando a sus compañeros que ya estaban fuera de peligro. Era posible que llegasen las aguas muy cerca de ellos, pero nunca llegarían a donde estaban.

Quizá nos estén rodeando las olas amenazantes y embravecidas de la desesperación, de las aflicciones y de las dudas. El testimonio de Cristo acerca de quién es él y de lo que él puede hacer por nosotros, nos hace sentir una gran seguridad.

De El Hogar Cristiano

402. SOMOS HIJOS ESCOGIDOS DE DIOS

Un matrimonio de buena posición económica había adoptado un niño. En la escuela sus compañeros le decían: "No te jactes porque usas muy buena ropa, pues tus padres no son tus padres; ni porque vives en una casa elegante, pues tus padres..." Y así. El se puso triste, pero les respondió: "Es cierto que ustedes tienen sus padres naturales, y que yo soy hijo adoptivo; pero ustedes no pueden decir esto: Un día un matrimonio rico llegó a un orfanatorio a solicitar un niño. Ellos anduvieron de cuarto en cuarto y de cuna en cuna buscando uno, y de todos los que había allí, a mí, solamente a mí me escogieron; yo soy un hijo escogido, selecto; tengo esta satisfacción, que ustedes no tienen."

Así podemos decir los que hemos sido salvos; el Señor del cielo nos escogió, puso su mirada de misericordia en nosotros. Yo soy hijo del rey, por elección. ¡Qué glorioso!

Willie Garza

403. LA SEGURIDAD DE LOS HIJOS DE DIOS

Un matrimonio sin hijos llevó a su casa a una niña huérfana para que viviera con ellos e iniciaron los trámites para adoptarla legalmente. Las gestiones se demoraron por un tiempo y los esposos notaban que la niña se mostraba muy inquieta. Le tenía miedo a la oscuridad. No quería estar sola ni dormir en un cuarto sin luz. Sentía temor de la gente extraña. Cuando salían los tres juntos a la calle, ella no quería desprenderse del lado de sus padres adoptivos. Siempre se preocupaba de que alguien fuera a llevársela.

Por fin, todo salió bien y la pareja pudo adoptar a la niña. Esa noche, ya reunidos en la casa después de las últimas diligencias, los tres conversaban sentados en la sala, contentos de estar juntos. Cuando llegó la hora de acostarse, la niña se puso de pie y dijo: "Tengo sueño." Cogió la muñeca que tenía a su lado y se fue a su cuarto, apagó la luz y se acostó a dormir enseguida. Los ojos de los padres siguieron a la niña ansiosamente. El esposo le dijo a la esposa: "Gracias a Dios que ella ahora sabe y está segura de que es nuestra." Así Dios desea que nosotros tengamos la seguridad y el gozo de saber que somos sus hijos. Las palabras del himno "¡Cuán firme cimiento se ha dado a la fe!" expresan esta seguridad.

404. FIEL HASTA LA MUERTE

En el primer siglo después de Cristo, un cristiano humilde fue objeto de persecución y fue conducido delante de un magistrado. El cristiano le dijo que no importaba nada de lo que le pudiera hacer; que él no cambiaría la fe que tenía en Cristo porque si él le era fiel a Cristo, Cristo le sería fiel a él.

–¿Cree usted, en verdad, que al pasar de esta vida verá el cielo y la gloria de Dios? –le preguntaron.

–No es que lo creo; lo sé –dijo el hombre humilde.

La fe cristiana no es sólo esperanza, es certeza.

De El Hogar Cristiano

405. PODEROSO PARA GUARDAR MI DEPOSITO
(2 Timoteo 1:12b.)

Había hablado con mi hijo de la importancia del ahorro y de guardar para tener en el momento preciso. Después de una enseñanza sistemática, un día mi hijo decidió depositar en el banco un billete de diez pesos que le habían regalado. Recuerdo que una mañana fuimos al banco para conseguir una libreta de ahorros y hacer el depósito de aquel dinero; nos acercamos a una de sus ventanillas y entregamos el dinero en manos de cajero quien en forma muy amable nos atendió y nos dio la libreta.

Cuando ya nos habíamos retirado del banco y veníamos para la casa, me pude dar cuenta de que mi hijo regresaba un poco triste. Entonces le pregunté:

—¿Por qué estás tan triste?

A lo cual él me respondió:

—Padre, hace algunos minutos yo tenía en mis manos un billete de diez pesos, y ahora no tengo nada. ¿Qué sucedería si mañana yo regresara al banco para retirar mi dinero y me·dijeran que ese dinero se ha perdido? ¿O si me dijeran que yo no tengo derecho de retirar ese dinero? Tengo miedo de perder mi dinero —me dijo.

Ante aquella preocupación yo le expliqué que cuando una persona deposita su dinero en un banco existen garantías que lo respaldan y le aseguran que su dinero no se puede perder.

Después de esta explicación mi hijo comprendió que su dinero estaba bien seguro en el banco.

Es precisamente lo que sucede cuando una persona le entrega su vida a Jesucristo.

Adrián González Q.

406. LA PRUEBA DEL AMOR DE DIOS

La mejor prueba de que amamos a una persona es que la aceptemos como uno de los nuestros. Todo lo demás sale sobrando.

Un soldado, al volver de la guerra, trajo a un hijo adoptivo, un pequeño coreano que jamás sonreía. Para sorpresa del soldado, un día en que le pegó al niño, lo vio sonreír por primera vez. Intrigado, le preguntó por qué era así. Y el niño le dijo:

—Aunque usted me trataba en todo igual a sus hijos, yo veía que todavía no era realmente hijo suyo, porque nunca me castigaba cuando yo hacía algo malo. Ahora sí sé que soy parte de la familia, porque hoy me ha castigado. ¡La prueba suprema de que Dios nos ama es que nos ha aceptado realmente como hijos suyos!

Juan Pablo Tamayo

407. NO SEAMOS ESTORBO A LA OBRA DEL SEÑOR

Un hombre y su esposa iban montados en una de esas bicicletas que tienen dos asientos. El iba delante y ella detrás. Llegaron a una parte del camino en donde había una loma que tenían que subir y el hombre la emprendió con bastante buen impulso. Pero a medida que avanzaban, notaba que la bicicleta se iba poniendo más y más pesada, hasta que al fin, a duras penas, lograron llegar a la cima de la pequeña colina. El hombre detuvo la bicicleta, se bajó sudoroso, se pasó el pañuelo por la frente y exhalando un suspiro, dijo:

—Vaya, al fin llegamos arriba.

A lo cual, sin esperar un segundo, le respondió la esposa:

—Y eso que yo venía frenando.

Así ocurre muchas veces en las iglesias. Algunos van pedaleando con todas su fuerzas, pero no logran avanzar como debían. La causa es que hay muchos atrás que van frenando.

408. EL EJEMPLO DEL SERVICIO

Un chino de mucha influencia, cierta vez, presenció una operación que el doctor Ayers llevó a cabo. Se dio cuenta de que este doctor extranjero había viajado diez mil millas para curar al sufrido pueblo de China, sin esperar recibir dinero de ellos.

Este hombre dijo al doctor misionero: "Le he oído a usted por las calles predicar la historia de su Cristo, pero lo que usted dijo me entró por un oído y me salió por el otro. Hoy he visto algo con mis propios ojos, y no hay ninguna abertura en la parte trasera de mi cabeza para que salga."

De El Hogar Cristiano

409. UNA VIDA UTIL AL SERVICIO DE DIOS

Juan Bunyan. ¿Qué clase de hombre era este siervo de Dios? Al juzgar por sus hermosos escritos, pensaríamos que era erudito, poseedor de una gran cultura y hombre de mucho tiempo libre. Pero Bunyan nació en un hogar pobre, nunca tuvo dinero y su educación escolar fue muy escasa. A los veinte años se casó con una señorita tan pobre como él, pero de padres cristianos. Algún tiempo después Bunyan se convirtió de su mundanalidad, se unió a la iglesia bautista de Bedlor, y dos años más tarde llegó a ser su pastor.

Su predicación fue silenciada por el rey Carlos II de Inglaterra. Durante doce años estuvo preso; pero no estuvo ocioso. Escribió tratados y sermones. Disponía de tiempo y calma para poder pensar. En 1672 recibió la libertad, pero tres años más tarde volvieron a encarcelarlo. Esta vez dio principio a su gran obra: "El Progreso del Peregrino". Tanta fue su popularidad que en el primer año se publicaron tres ediciones, y esto elevó a Bunyan a la categoría de uno de los escritores favoritos de Inglaterra.

Sus últimos quince años los empleó en servicio fructífero para su Señor. Su único pensamiento era predicar y escribir acerca del camino de salvación. Siguió en actividad hasta su última enfermedad, contraída mientras regresaba a su casa bajo una fría lluvia, después de haber ido a Reading a reconciliar a un padre y a su hijo pródigo. Sus últimas palabras fueron: "Mis días laboriosos han terminado. Voy a ver la cabeza que fue coronada de espinas y el rostro que fue escupido por mí. He vivido de oídas y por fe; pero ahora voy a donde viviré por la vista, y estaré con Aquel en cuya compañía me deleito; llévame, porque vengo a Ti".

Luis Bernal Lumpy

410. ¿CUANTO VALE UNA COLILLA?

Hace algunos días venía un hombre por la carretera Norte en compañía de un amigo, fumando tranquilamente mientras manejaba su vehículo nuevo. De pronto la colilla de cigarro que llevaba en la boca se le cayó al pretender dar la última chupada; pero con suerte tan mala que la colilla encendida le cayó en el brazo con que manejaba el timón.

Cosas de la vida . . . Por librarse de la pequeña quemadura movió instintivamente el brazo, y con el movimiento brusco sacó el vehículo de la carretera, el cual fue a dar a una enorme zanja que estaba a la orilla. Se salvaron de milagro; pero el automóvil quedó completamente destrozado y los viajeros con muchos golpes, heridas y raspones.

Si a ese hombre se le hubiera preguntado, minutos antes, acerca del valor de una colilla de cigarro, seguramente que hubiera contestado al instante que ni un centavo; pero ahora para él costó muchos miles de pesos por la destrucción de su auto nuevo, más la curación, el tiempo perdido, el dolor sufrido y, por poco, la pérdida de la misma vida.

Si nos ponemos a pensar en los incendios que las colillas ocasionan, más las llagas cancerosas que produce el fumar ya sea en los pulmones o la garganta, llegaremos a la conclusión de que tales colillas cuestan muchos millones de pesos y muchas vidas humanas.

Agustín Ruiz V.

411. VICTORIA SOBRE LA ADVERSIDAD

Un violinista tocaba en un concierto ante un numeroso auditorio. ¡Cuál no sería su espanto al ver romperse una de las cuerdas de su violín! Sin hacer la menor pausa transportó la música de la pieza a otro tono y la terminó tocando en sólo tres cuerdas. El auditorio se levantó en conjunto para aplaudirle su proeza.

Su grandeza no estaba sólo en su talento, sino que en vez de quejarse de su mala suerte usó lo que tenía para terminar la tarea.

Frecuentemente decimos: "No tengo talento, no me puedo expresar bien", o "no conozco suficientemente la Biblia".

Sea cual fuere nuestro impedimento, podemos vencerlo, porque Dios proveerá el modo en que cada persona puede hablar de la historia de su amor.

De El Hogar Cristiano

412. HAY UNA MENTE EN EL UNIVERSO

Después de un furioso huracán las calles quedaron llenas de destrozos. Un muchacho rebuscaba pensando encontrar algo útil. Recogió de entre la basura un pliego de papel que después de observarlo lo arrojó con desprecio. Un caballero que le seguía recogió aquel pliego, lo miró un instante y dijo: "¡Qué belleza, qué genial!" Y rollándolo cuidadosamente lo guardó en su bolsillo. Extrañado el muchacho le siguió los pasos y pronto observó que el caballero colocó el papel sobre el teclado de su piano y comenzó a interpretar la sublime inspiración de Beethoven: "Claro de Luna".

Rafael Moreno Guillén

413. APRENDAMOS A HACER BIEN LAS COSAS

Un desconocido tenedor de libros trabajaba en una compañía petrolera de Nueva Delhi, India. Había llegado de Holanda, donde era el empleado que menos ganaba, pero cumplía su trabajo en una forma esmerada, exacta, fiel.

Cuando el gerente de la sucursal de Nueva Delhi descubrió que los libros de la empresa se encontraban en pésimas condiciones, llamó a ese empleado, ignorando a otros con más años en la compañía, pero que daban muestras de indolencia.

–Enrique –le dijo–, es urgente que revise estos libros y los ponga en condiciones de presentarlos al jefe.

–¿Puede usted concederme cuatro días para hacerlo?

La respuesta fue afirmativa. En el tiempo fijado terminó su trabajo y los libros quedaron en condiciones tales que, al presentarlos al jefe, merecieron comentarios favorables. Y así fue como el tenedor de libros más oscuro fue subiendo de ascenso en ascenso. Durante toda su vida cumplió con el plan de hacer las cosas lo mejor que le era posible. Llegó a ser conocido como un notable empresario: Sir Henry Deterding, fundador de la compañía petrolera Shell.

No olvidemos que "lo que merece ser hecho, merece hacerse bien". Si adoptamos esta frase como nuestro lema, encontraremos allanado el camino del éxito.

Reproducido de El Centinela

414. HAY QUE USAR LOS TALENTOS

Había un hombre rico que no pensaba más que en acciones y dividendos. Una noche se quedó solo en la casa, dormitando en un sillón. De repente, fue despertado por una persona extraña que se le acercó con modales tan amables y maneras tan encantadoras, que pronto el señor González olvidó su primera irritación y entabló una conversación interesantísima con su visitante. Hablaba brillantemente y con elegancia acerca de cosas en las cuales el señor González había estado interesado en los días de su juventud.

El visitante habló de arte, literatura, ciencia, filosofía. Discurría con facilidad acerca de la música, de la poesía, y recordó al señor González cómo le interesaban estas cosas en su juventud. Más tarde, el visitante habló del libro célebre que había escrito el señor González, y que había cautivado la atención del mundo entero. Al principio el señor González no recordaba el libro. Luego el visitante se sentó al piano, interpretando una linda pieza musical que dijo había sido compuesta por González. También habló de los célebres cuadros que González había pintado.

Al fin llegó la hora de irse y González le expresó el gran placer que había experimentado con su visita. Entonces le dijo: –Perdóneme, quisiera conocer su nombre.

El visitante le dijo, con una mirada que alcanzó hasta el alma del señor González:

–Yo soy el hombre que usted pudo haber sido. ¡El héroe dormido del señor González!

Luis de Zulueta dijo: "Todos llevamos en nuestro interior un héroe dormido."

"Todo individuo lleva consigo una silueta del hombre que quisiera ser."

Ortega y Gasset

415. COLABORADORES DE DIOS
(1 Co. 3:9)

Las herramientas del carpintero tuvieron una conferencia. El hermano martillo ejercía la presidencia. La asamblea le notificó que tenía que renunciar, porque hacía demasiado ruido, pero él les dijo: "Si yo tengo que salir de esta carpintería, la hermana barrena tendrá que hacer lo mismo; ella es insignificante y hace muy poca tarea."

Se puso de pie la hermana barrena, y declaró: "De acuerdo, pero el hermano tornillo tiene que salir también. Uno tiene que darle vueltas y vueltas antes de que sirva para algo."

Luego dijo el hermano tornillo: "Si ustedes lo ordenan, me voy, pero que salga la hermana garlopa también. Todo su trabajo es en la superficie: No tiene profundidad."

A esto replicó la hermana garlopa: "Conforme, siempre que también se vaya la hermana regla. Siempre está midiendo a los demás con su medida, como si fuera la única recta."

Entonces la hermana regla se quejó contra el hermano papel de lija, diciendo: "¿Y qué de él? Es demasiado tosco, y siempre tiene fricciones con los demás."

En medio de la discusión entró el carpintero. Había venido a trabajar. Se puso su delantal y fue al banco para hacer un púlpito desde el cual se iba a predicar el evangelio. En su trabajo utilizó el tornillo, la barrena, el papel de lija, el serrucho, el martillo, la garlopa y todas las demás herramientas.

Después de terminado el día de su trabajo, cuando el púlpito estaba ya listo, se levantó el hermano serrucho y dijo: "Hermanos, ahora comprendo que todos somos colaboradores con Dios."

¡Ah, cuántos creyentes somos exactamente como aquellas herramientas, siempre quejosos contra nuestros hermanos porque no hacen las cosas según nuestro parecer! Todas las acusaciones contra las herramientas eran ciertas: sin embargo, el carpintero hizo uso de todas ellas. En cada lugar donde él utilizó una herramienta, ninguna de las demás podía haber servido. ¡Oh, cuánto cuidado debemos tener antes de menospreciar una de las herramientas de Dios!

S. T. Moore

416. EL REGALO DE SI MISMO

En cierta ocasión un violinista famoso cautivó una muchedumbre con su música. De pronto, dejó de tocar y retirando el violín bruscamente de su barbilla, lo estrelló contra el suelo. La gente quedó boquiabierta.

Ante el silencio, el artista caminó al frente de la plataforma y dijo: "No se alarmen. Compré el violín que acabo de destrozar por unas cuantas monedas. Ahora tocaré con el Stradivarius."

Sacó el valioso instrumento de su estuche, lo afinó y empezó a tocar. La música era maravillosa, pero la mayoría de los oyentes no pudieron notar la diferencia.

Cuando terminó de tocar, dijo: "Amigos, tanto se ha dicho acerca del valor del violín que tengo entre mis manos que quise impresionarlos con el hecho de que la música no está en el instrumento, sino en quien lo toca."

Y así es con nosotros. Al fin de cuentas, lo que importa no son nuestros dones o talentos -algunos que poseen grandes talentos los usan impropiamente- sino si estamos dispuestos a dejar que Dios los use como él quiere. Esta es nuestra tarea.

Morris Chalfant

417. EL CRISTIANO Y LA TENTACION

Un día, un hombre que había sido borracho, aceptó a Cristo. Pocos días después, al pasar por una cantina percibió el olor del licor. El viejo apetito casi lo vence, pero en lugar de entrar en la cantina, se apresuró hasta su casa, entró a su cuarto y cerró la puerta. Se arrodilló y exclamó: "Oh Jesús, ayúdame en esta hora de prueba."

El poder de Dios vino a su corazón y pudo vencer la tentación.

Hace algunos años fui llamado del hospital para ver a un hombre. Este hombre había estado tomando mucho y cuando entré a su cuarto me dijo:

—Quiero prometer con mi mano sobre la Biblia que no volveré a tomar otra vez.

Le hablé al extraño del Unico que podría ayudarle. Hizo su promesa y oré por él. Con todo, no aceptó al Señor. Su buena resolución no duró mucho tiempo.

418. EL CRISTIANO VIVE ENTRE DOS FUERZAS

Un niño tenía la costumbre de escaparse de casa. Un día le dijo su madre que si se marchaba otra vez tendría que castigarle. No tardó mucho en venir la tentación y el pequeño se dejó arrastrar por ella.

Cuando volvió a casa, le dijo su madre:

–Santiago, ¿no recuerdas que te dije que si volvías a escaparte te castigaría?

–Sí –dijo el niño–, me acuerdo.

–Entonces, ¿por qué te has escapado?

Y Santiago respondió:

–Fue así, mamá; cuando estaba en la calle pensando en eso, Jesús me tiraba de una pierna y el diablo me tiraba de la otra, y el diablo tiró más fuerte.

El Señor Jesús tirando de un lado y Satanás tirando de otro es la experiencia constante del cristiano; pero ceder habitualmente al diablo y darle el dominio de la vida es la desgraciada condición del cristiano carnal.

419. "NO PAGUEIS A NADIE MAL POR MAL"

Francisco Javier se encontraba en cierta ocasión predicando en una ciudad del Japón, cuando de pronto la multitud de oyentes se puso en contra de él. Uno del grupo, más atrevido, se le acercó, le abofeteó y le escupió en el rostro, además de insultarlo. El misionero continuó su discurso manteniendo su serenidad, sin mostrar la más leve indignación.

Ante esta actitud la gente cambió sus gritos en admiración. Entre el grupo estaba el más inteligente doctor de la ciudad, quien se expresó así: "Una ley que enseña a los hombres semejante virtud ... y les da una victoria sobre sí mismos, sólo puede venir de Dios."

420. CONVERTIDO POR MEDIO DEL EJEMPLO

Una señora sufrió por muchos años porque su esposo era indiferente a las cosas de Cristo. Lloró, le predicó y aun lo regañó, pero él siguió más obstinado que nunca.

Un día su pastor le sugirió que dejase de tratar de convertir a su esposo y que quietamente lo amara y le diese un buen ejemplo.

Así que después de sincera oración siguió el consejo de su pastor, y en menos de seis meses su esposo entregó su corazón a Cristo.

Tenemos que reconocer la verdad fundamental de que nada puede oponerse al poder que actúa cuando permitimos que el amor de Cristo se muestre en los demás por medio de nosotros.

421. EL CRISTIANO DEBE SER UN FARO DE LUZ A OTROS

Hace muchos años, según cuenta la tradición del lugar, un pequeño barco pesquero, tripulado por un padre y su hijo, se alejó de la costa de Escocia para realizar tareas propias de su destino. Declinaba el día con buen tiempo y nada hacía presumir alguna contingencia desagradable. Pero al cerrar la noche comenzó a soplar un fuerte viento que fue creciendo en intensidad hasta convertirse en un verdadero huracán. La superficie del mar se encrespó en un furioso oleaje que azotaba sin misericordia la pequeña barca perdida en la oscuridad.

Totalmente desorientados, los tripulantes no sabían qué rumbo tomar para volver con seguridad al pequeño puerto, en vez de estrellarse contra la costa rocosa.

La lucha contra los elementos parecía ya perdida cuando la embarcación empezó a hacer agua. Fue en ese momento cuando el hijo exclamó:

—¡Veo una luz!

Su padre miró en la dirección indicada y también la vio. Poco tiempo después ambos llegaron sanos y salvos a su hogar. La luz que vieron era la de una lámpara puesta por casualidad en la ventana por el hijo menor de la familia.

Desde ese día el pescador colocaba religiosamente todas las noches una luz en la misma ventana, para guiar a los navegantes que pudieran estar desorientados.

Así los crisitanos debemos ser como faros de luz para guiar a otros hacia su salvación.

Reproducido de Juventud.

422. DE QUE HUMILDES MEDIOS SE VALE DIOS

Hace muchos años conversaban tres mujeres en el portal de una casa de cierta calle de Bedford, Inglaterra. Hablaban de Dios y de cómo él las había salvado por medio de nuestro Señor Jesucristo, de cómo gozaban ahora de dicha y paz, de cómo él contestaba sus oraciones y cuán maravilloso era su Señor.

Tan embelesadas estaban en la plática contándose de Dios y de su Salvador, que no se dieron cuenta de que un hombre se aproximaba más y más hasta poder oír cuanto ellas estaban diciendo. El vio que estas humildes mujeres poseían algo real y sublime que él no tenía, algo que nunca había sabido ni experimentado. Jamás olvidó lo que había oído. Abandonó desde ese día sus antiguas compañías de gente impía y se dio a buscar el tesoro espiritual que aquellas sencillas señoras poseían. Aquel hombre era Bunyan, que más tarde sería el autor de "El Progreso del Peregrino" (1678), interesante alegoría de la vida cristiana. ¿Quiénes eran aquellas mujeres? Nadie sabe sus nombres. Simplemente eran unas mujeres cristianas que estaban dando testimonio, que estaban haciendo brillar su luz ante el mundo.

Luz del Alba

423. UNA BLANDA RESPUESTA

Un sargento inglés, destacado en Egipto durante la última guerra mundial, relata el siguiente incidente en relación consigo mismo.

"Formaba parte de nuestra compañía un soldado raso que se había convertido al evangelio durante nuestra estadía en la isla de Malta, antes de llegar a Egipto. A ese pobre hombre le hicimos la vida imposible, gastándole muchas bromas y haciéndole infinidad de maldades.

"Una noche lluviosa, llegó mojado y muy cansado, pero antes de acostarse, se arrodilló para orar. Como mis botas estaban sucias y pesadas por el barro que se les había adherido, le tiré una, pegándole por un lado de la cabeza, y luego la otra por el lado contrario; pero él no hizo caso de aquello, ni siquiera se incorporó, sino que continuó orando, y al terminar se acostó, quedándonos todos dormidos.

"Pero al despertarme, a la mañana siguiente, encontré mis botas limpias y lustradas al lado de mi cama. Sin decirme nada, ni prestarme atención siquiera, aquella fue la respuesta a mi malvada acción; y eso quebrantó mi corazón. Como resultado de ello, fui salvo aquel mismo día."

Verdades Bíblicas

424. LA MEJOR VERSION DE LA BIBLIA

Una vez estaban varias personas hablando acerca de las diferentes versiones de la Biblia y cuál de ellas sería más fidedigna.

Entonces dijo un hombre:

—Yo prefiero la versión de mi madre a todas las demás.

Todos se sorprendieron y le preguntaron:

¿Qué quiere usted decir con esto? Su madre no ha hecho ninguna traducción de la Biblia, ¿o se refiere usted a la versión que ella tenía?

Entonces respondió el hombre:

—Por tanto tiempo que me puedo acordar, mi madre me ha traducido la Biblia en la vida diaria, y ella traduce fielmente y da a todo su verdadero significado. En su traducción todo está claro y comprensible. Hasta un niño puede comprender esta versión.

¡Hermanos! ¡Traduzcamos nosotros también fielmente la Biblia en todos los actos de nuestra vida diaria!

Axel Anderson

425. FRAGILES MOMENTOS

Aquel día de trabajo fue insólito por lo agitado y confuso, y yo había tenido que trabajar horas extras. Cuando al fin pude abandonar la oficina, me hallaba tensa y nerviosa. Me lamentaba de haber concertado un compromiso para una cena y para ir al teatro. Para colmo de todo, cuando en la calle esperaba un autobús, comenzó a llover —un tremendo aguacero.

En mi desesperación, llamé a un taxi. Le di al chofer mi dirección y luego, lloriqueando agregué:

—Qué día tan miserable.

—Bueno —respondió él—, yo no sé. Yo creo que éste es un buen día.

No resistí preguntarle a mi vez, cómo es que él podía decir semejante cosa. Rápidamente replicó:

—Cualquier día que el Señor hace, es un buen día.

Me recosté entonces en mi asiento. Podía oír las gotas de la lluvia caer sobre el techo del taxi; eran rítmicas y sedantes. Mirando por la ventanilla, noté las figuras zigzagueantes que dibujaban las gotas de agua al deslizarse por el cristal. Al detenernos por la señal de un semáforo, el reflejo de las luces que llegaban de las tiendas cercanas, transformaba aquella lluvia en el cristal en figuras de policromías.

Sentí que mis tensiones disminuían y que un sentimiento de renovación me inundaba. Era cierto. Palabras de hace millares de años reforzaban lo que acababa de decir el chofer: "Este es el día que hizo el Señor; nos gozaremos y alegraremos en él." (Salmo 118:24).

Madeline Weatherford

426. POR QUE LOGRABA TANTO PROGRESO EN SU IGLESIA

A un famoso predicador y pastor de Boston le preguntaron:
—¿Cómo puede lograr tanto progreso en su iglesia?
El respondió:
—Porque yo predico dos veces a la iglesia cada domingo y sus 400 miembros predican 800 sermones en el mismo espacio de tiempo y en muchos centenares de lugares en esta ciudad y sus alrededores, mediante sus vidas y su testimonio, de aquellas verdades que reciben y asimilan en la casa de Dios.

Del Boletín Progreso

427. ¿QUE ESTAS HACIENDO POR TU SEÑOR?

Había una vez un vendedor de maní. El quería ser un testigo de Dios, y se preguntaba: "¿Qué puedo hacer yo? Todo lo que puedo hacer es vender maní." Entonces pensó: "Yo puedo ser un testigo de Dios vendiendo maní." E hizo lo siguiente: imprimió un versículo de las Escrituras en cada bolsita de maní, y cada vez que vendía un paquete entregaba una porción del evangelio al comprador.

Cada cristiano puede hacer algo de testimonio a favor de Dios en la labor cotidiana que desempeña.

De El Hogar Cristiano

428. DOS VIEJOS AMIGOS

Eran dos viejos amigos; se conocían desde la escuela primaria. Se habían separado por motivo de seguir carreras distintas: uno ya ejercía la profesión de abogado, el otro se había dedicado al ministerio sagrado. Hoy se habían vuelto a juntar y se encontraban disfrutando de vacaciones en una residencia del abogado a la orilla del mar. Durante el día salían a bañarse y a pescar; por la noche se dedicaban a escuchar música selecta, ver televisión y a conversar.

La última noche, el abogado dijo al ministro:

—He estado deseando hacerte una pregunta: ¿Crees de veras en ese libro que se llama Biblia? ¿Crees lo que ella dice?

El ministro, sorprendido respondió:

—Pues claro que sí, ¿acaso no es eso lo que predico? ¿Cómo voy a predicar lo que no creo?

El abogado volvió a preguntar:

—¿Crees que existe un infierno al cual van los que no creen en Jesús?

—Seguro que creo. ¿Por qué me lo preguntas?

—Pues me parece que no crees. Mira, hemos pasado aquí ocho días y tú no me has dicho ni media palabra de lo que tú dices que crees. Si de veras creyeras en el infierno, no desearías que yo, tu amigo, fuera a ese lugar, ¿verdad?

El pastor, profundamente conmovido, confesó su falta y pidió perdón a su amigo por no haberle hablado de Cristo como su Salvador.

Miguel A. Blanco

429. EL NOMBRE DE JESUS

Recientemente se celebró el séptimo centenario de la fundación de la universidad de Salamanca, en donde don Miguel de Unamuno fue profesor y rector. La celebración iba a durar una semana y la Iglesia y el Estado se unieron para acordar que durante dicha celebración ni siquiera se mencionara el nombre de don Miguel, siendo que la Iglesia lo había condenado y puesto sus libros en el "Indice", y el Estado lo había desterrado en un tiempo (en tiempos de Primo de Rivera). Pero uno de los días de la celebración, unos visitantes del extranjero, de los cientos que llegaron, pronunciaron el nombre de don Miguel y entonces se produjo un aplauso tremendo y se siguió hablando de Unamuno, cosa que no se pudo evitar y que puso a la iglesia y al Estado en una situación embarazosa.

Así nosotros, no podemos dejar de mencionar el nombre de Jesús nuestro Salvador, aunque el mundo nos lo prohibiera (Hechos 4:20).

Juan A. Mackay

430. HAY QUE ESTAR CONTENTOS EN EL TEMPLO

El pastor R. Watson estaba predicando un domingo por la mañana en la iglesia, cuando observó a un hombre que se levantaba ligeramente de su asiento y miraba el reloj de la sala, como si tratara de dar al predicador la idea de que tenía que concluir.

Al observar estas miradas, dos o tres veces consecutivas, el pastor Watson, dando cierto giro a su discurso dijo: "Entre los cambios que han tenido lugar en la religión cristiana, he observado uno que es digno de ser notado." Y agregó: "Nuestros antepasados ponían sus relojes en la fachada de los templos para que los asistentes no llegaran con retraso a la casa de Dios. Nosotros los tenemos en el interior, a fin de no dar a Dios un minuto más de lo convenido. ¿No os parece que es un cambio lamentable?"

Del Boletín Adelante

431. ¿BUENOS DIAS?

Jeffrey, de ocho años de edad, terminó su oración por los alimentos durante el desayuno de la siguiente manera: " . . . y te damos gracias por este hermoso día. Amén."

Inmediatamente después su madre miró hacia afuera, a través de la ventana, y haciendo notar que se avecinaba una fuerte tormenta, le dijo al niño:

–¿Por qué dijiste eso en tu oración? Este día no tendrá nada de hermoso.

–Mami –dijo el niño–, no debemos juzgar el día sólo por su temperatura.

Tenía mucha razón. Había expresado una profunda verdad. La calidad de un día no depende de su temperatura.

Nuestros días se han de juzgar de acuerdo con las oportunidades que nos presentan y no tanto por lo que sucede al aire libre. Han de juzgarse por los momentos alegres y no por las tormentas. Por el servicio que prestamos y no por las fuertes nevadas del invierno. Por nuestra actitud ante la vida y no por la lluvia. Por la radiante demostración de nuestro amor y no por las tormentas eléctricas. Por los cuidados y preocupaciones y no por las nubes que ocultan el sol.

Nuestros días han de ser juzgados por el alcance de nuestras metas y no por trabajos u obras sin terminar. Por sus momentos de regocijo y no por aburrida rutina. Por sus recuerdos amables y no por reprochables errores.

Cuando las mejores cosas de la vida nos circundan, nuestros días son hermosos, radiantes. Cada día tiene nuevas oportunidades y alegres expectaciones.

Visto de esta manera, sus días serán alegres si aprende a no juzgarlos por la temperatura predominante.

C. Neil Strait

432. ESTO TAMBIEN PASARA

Un rey de la antigüedad, deseando fortificarse contra las vicisitudes de la vida, y encontrar paz de corazón y mente, llamó al hombre más sabio de su reino para pedirle que le forjara una máxima adecuada para todas las circunstancias.

El sabio reflexionó todo un día, y al anochecer puso en manos del rey la máxima: "Y esto también pasará." Al principio el monarca se confundió, no pudiendo desentrañar la verdad oculta en la frase. Siguió meditándola y pronto descubrió su sabiduría, ya que podía usarla provechosamente en todas las circunstancias.

Ahora: ¿está usted perturbado?, ¿ha tenido un día malo?, ¿se encuentra en un callejón sin salida? Recuerde: "Esto también pasará."

¿Está feliz? ¿todo le va bien? Tenga cuidado,no se envanezca y se descuide porque "ésto también pasará".

Por la misma razón, si somos tentados, o estamos en luchas, recuerde: "esto también pasará."

Y pasará la vida toda, y sólo quedará usted con su Dios y la eternidad.

Del Boletín Adelante

433. SOLO UNA VIDA

El famoso predicador C. H. Spurgeon decía: "No juguéis con el tiempo; ni digáis: Hay tiempo de sobra, pues el sabio sabe que bastante tiempo apenas basta.

No seáis como el necio borracho que al llegar a su casa una noche, vio encendida la luz de su cuarto. "¡Dos velas!", dijo (pues su embriaguez le hacía ver doble), "apagaré una." Al apagarla se quedó en tinieblas.

Muchos ven doble por la embriaguez del pecado. Piensan que tienen una vida para malgastar, y luego otra para volverse a Dios; y así, como insensatos, apagan la única vela que tienen y se quedan en tinieblas para siempre."

434. TODO SE ACABA

Corre la anécdota de que el famoso tenor, el casi inigualado Enrico Caruso, que conmovió a las multitudes con su voz encantadora, cantaba una noche en la ópera de Milán. Como siempre, su auditorio le escuchaba en suspenso, como abstraído por aquella voz tan maravillosa. Cuando durante el canto él se acercaba a una preciosa aria de notas altas, Caruso se dio cuenta de que le sería difícil alcanzarlas. El no se sentía bien. Llegado el momento pidió disculpas por tener que saltar esa parte de la ópera. Algunos de sus amigos le pidieron que si hacia el final de la ópera se sentía mejor, que intentara cantar esa aria.

Y así lo hizo. Pero, en medio de los estruendosos aplausos, una de sus venas de la garganta se le rompió, y Caruso salió rápido hacia los camerinos en donde empezaron a atenderle. Entonces, entristecido, dijo a quienes le rodeaban: "Esto se terminó."

Y por cierto que terminó, pues quince días después el hombre de la guzla de oro, el de los trinos celestes, exhaló su último suspiro... y pasó a la eternidad.

¿Y no es esta la gran realidad de la vida? Todos, absolutamente todos, vamos marchando hacia el momento final de nuestra existencia. ¿Por qué no pensar entónces con seriedad? ¿Por qué no hacer los debidos preparativos para el viaje hacia el más allá? No hay nada sólido en lo cual el hombre pueda levantar su orgullo. Debemos ser humildes porque todo talento viene de Dios; debemos ser sensatos y precavidos porque toda gloria termina en el sepulcro. La Biblia dice: "...está establecido para los hombres que mueran una sola vez, y después de esto el juicio" (Hebreos 9:27).

Adolfo Robleto

435. EL TIEMPO ES ORO

La técnica de la relojería ha adelantado tanto que ya tenemos relojes electrónicos de pulsera que se venden en el comercio. Son de ia misma clase que aquellos que utilizan los astronautas en sus vuelos espaciales. Estos viajeros, por obligación tienen que contar cada minuto y no pueden darse el lujo de perder un solo segundo en sus labores cotidianas. Y es admirable que ese tipo de reloj se pueda conseguir por una modesta suma. Se trata de una joya de cerebro electrónico. Pero lo más interesante es que están garantizados por cinco años sin perder un solo segundo. Si en ese tiempo se atrasan en lo más mínimo, las compañías distribuidoras devuelven el dinero al comprador. Hasta ese extremo se ha llegado a valorar el tiempo.

Para muchos el tiempo es oro, pero para otros, lamentablemente, el tiempo no es más que agua que se desliza de las manos, sin provecho alguno. Muchas veces invertimos nuestro tiempo en labores diarias sin tener en cuenta cuánto tiempo invertimos en cada una de ellas.

La pregunta "¿qué hora es?", tan frecuente entre nosotros, revela un deseo intenso de acción creadora; quienes la hacen tienen mucho trabajo pendiente y no quieren que el tiempo se pase sin realizar algo a cada instante. Gracias a esa actitud, que para muchos no es más que nerviosismo, las personas que la poseen, nos sorprenden a diario con nuevas y valiosas creaciones. Saben ellas que el tiempo es oro, la vida breve, por lo tanto aprovechan cada minuto en labores necesarias, indispensables.

Ramón Vásquez, Reproducido de La Trompeta

436. TIEMPO Y ETERNIDAD

En la catedral de Milán hay tres hermosas y grandes arcadas. En cada una de ellas hay una leyenda que es un mensaje para todos.

La primera dice: "Todo lo que alegra es sólo por un tiempo."

La segunda dice: "Todo lo que entristece es sólo por un tiempo."

La tercera dice: "Sólo importa lo que es eterno."

San Pablo también tiene su lista. Las cosas que pasan, las cosas temporales, son estas:

El cuerpo, que se desgasta.

La aflicción, que es pasajera.

Las cosas visibles, que son temporales.

Pero también tiene su nómina de cosas que no pasan, de cosas eternas:

El hombre interior, lo que somos por dentro.

La gloria eterna que en nosotros ha de ser manifestada.

La felicidad que gozaremos con Cristo.

NUESTRA MIRADA DEBE ESTAR PUESTA NO EN LAS COSAS QUE PASAN sino en las cosas que son eternas. Así hallaremos fortaleza para sobrellevar la vida.

Juan Pablo Tamayo

437. EL MUNDO ESTA EN TINIEBLAS

Corría el año 1939 cuando estalló, como una triste realidad de muerte y destrucción, la Segunda Guerra Mundial. Winston Churchill, el gran estadista británico, que había luchado hasta el último momento para impedir la contienda, estaba apoyado silencioso sobre las barandas del puente de Londres. Observaba pensativo la gran metrópoli, que a orillas del Támesis recortaba la figura de sus grandes edificios. De pronto las luces de la ciudad se apagaron, pues en pocos instantes llegaría el amanecer. Aquel viejo estadista, al ver su ciudad en sombras, dijo melancólico: "Hoy las luces se apagan sobre toda Europa."

Nosotros tendríamos hoy que decir con mayor melancolía y tristeza: "Hoy las luces se apagan sobre el mundo entero."

Osvaldo Luis Mottesi

438. TENED PAZ CON TODOS LOS HOMBRES

La noche antes de su muerte, Franklin D. Roosevelt, estaba escribiendo el discurso que pronunciaría en San Francisco con motivo de la organización de las Naciones Unidas. Estas son las últimas palabras que él escribió: "Hoy por hoy confrontamos el hecho preeminente de que si la civilización ha de sobrevivir, nosotros debemos cultivar la ciencia de las relaciones humanas, o sea, la habilidad de que toda la gente, de todas las clases vivan juntas y trabajen juntas, en el mismo mundo de paz."

De El Hogar Cristiano

439. VENCEDORAS A PESAR DEL SUFRIMIENTO

Frances Havergal, que nació en el año 1836, trocó su invalidez en actividad constante en favor de las almas perdidas, escribiendo cartas y folletos, tratados y libros devocionales. Su formidable carácter cristiano le permitió convertir en púlpito la silla de ruedas donde pasó veintiún años de su vida. El ánimo, la fe y la bondad que marcaron su vida se manifiestan en sus himnos; como aquel que cantamos hoy en nuestros templos: "Entera consagración"

Que mis manos pueda guiar
el impulso de tu amor
y que a ti, Señor, mi voz
se complazca en bendecir.

También son de Frances los versos del himno "Despliegue el Cristiano":

Cristo nos guía, es nuestro Jefe,
y con nosotros, siempre estará.
Nada temamos, él nos alienta,
y a la victoria llevarnos podrá.

Otra de las poetisas cristianas, y quizá la más conocida de las himnólogas, fue Fanny Crosby. El estar ciega desde los primeros meses de su vida no fue obstáculo insalvable para legarnos ocho mil himnos y poesías, la mayor producción cristiana conocida. La integridad de su carácter le permitió salvar las limitaciones físicas, olvidarse de sus dificultades y de su propia adversidad, y dedicarse a dar ánimo, consuelo y orientación a sus semejantes. Necesitó, sin duda, dominio de sí misma, bondad y valor; pero demostró haber alcanzado gozo y paz.

Uno de sus himnos dice:

Ama a tus prójimos, piensa en sus almas,
diles la historia del tierno Señor;
cuida del huérfano, hazte su amigo,
Cristo le es Padre y fiel Salvador.

Luis Bernal Lumpuy

440. VENCEDORES A PESAR DE LA ENFERMEDAD

El tiempo que debes reposar es poca cosa comparado con aquellos que han tenido que sufrir por mucho tiempo una enfermedad o el restablecimiento de un accidente. Hay enfermos crónicos, condenados a una vida de invalidez, cuyo heroico reajuste a la existencia los ha elevado a una categoría superior de la generalidad de los hombres.

Uno de estos vencedores del padecimiento fue el gran historiador norteamericano Francis Parkman. Durante la mayor parte de su vida lo aquejaron dolores tan agudos que no podía trabajar por más de cinco minutos seguidos. Tenía tan débil la vista, que sólo le permitía garrapatear en sus cuartillas unas pocas palabras, en letras enormes. Lo atormentaban graves desórdenes digestivos, terribles dolores reumáticos y jaquecas casi continuas. Sin embargo, logró componer cerca de una veintena de magníficas obras de historia.

Eugene O'Neill quiso ganarse la vida y fue empleado de correos, marinero, tendero y buscador de oro en Honduras, donde contrajo la malaria. Después de un viaje como marinero a la Argentina, su salud quedó tan quebrantada que, a los veinticinco años, se vio obligado a refugiarse en un sanatorio antituberculoso, lo cual le proporcionó el descanso y el ocio necesarios para "examinar" –dice él mismo– "y sopesar las impresiones recibidas por espacio de muchos años, en que los hechos habían ido sucediéndose, sin tregua en mi vida, sin dejarme un solo segundo para reflexionar sobre ellos." Fue, pues, en una clínica donde comenzó a componer los dramas que han transformado el teatro en Norteamérica.

Luis Bernal Lumpuy

441. COMO CONTRARRESTAR LA FRIALDAD ESPIRITUAL

Un hombre halló las ventanas de su casa cubiertas de hielo, y procuró quitarlo raspando los cristales.

–¿Qué haces allí? –le preguntó un vecino–.

–Estoy quitando el hielo, porque no puedo ver a través de estos vidrios.

Viendo el vecino cuán lento y duro era este trabajo, le dijo:

–Pon fuego y calentando la habitación desaparecerá el hielo por sí mismo.

Sabio consejo. Si nuestro corazón también está frío, a causa de la incredulidad y frialdad que nos rodea, no procuremos vanamente librarnos del hielo mediante esfuerzos propios. Pidamos al Señor ciencia y fuego espiritual dentro del corazón, y desaparecerá el hielo por sí mismo.

442. CONSUMADO ES

Cuando Darío el Grande con sus ejércitos persas estaba ya en el valle de Maratón, a 40 kilómetros de Atenas, sus habitantes, presas del pánico al terrible conquistador, se preparaban a abandonar sus hogares. Pero desistieron al ver que la gente corría hacia la plaza donde el joven Feidipides llegaba desde el campo de guerra, gritando: "¡Alegraos! ¡Hemos vencido!", cayendo muerto inmediatamente.

Rafael Moreno Guillén

443. LA CRUZ SOBRE EL COLISEO

Una de las más emocionantes experiencias de mi vida ha sido la visita al Coliseo de Roma. De pie, en lo alto de la inmensa y majestuosa estructura de piedra que dio albergue a decenas de millares de enemigos de la fe cristiana, me entregué a la reflexión. Ya no estaba más la arena donde los gladiadores debían luchar para divertir, con su muerte, al populacho enardecido. No estaba más la arena que fue bañada por la sangre de hombres, mujeres y niños cristianos devorados por fieras salvajes. Al haber desaparecido el piso que sostenía la arena ensangrentada por los mártires de la fe, podía contemplar lo que tuvo debajo. Allí estaban las celdas donde aguardaban la muerte los condenados por el único delito de confesar a Jesucristo como Señor y Salvador. También se veían las jaulas que encerraban a los hambrientos leones que debían devorarlos.

Me sentía muy conmovido al estar en el escenario de una de las mayores manifestaciones de fe de la iglesia primitiva de la cual somos herederos los que hoy seguimos a Cristo. Al levantar la vista hacia uno de los costados contemplé una pequeña cruz de madera colocada al comienzo de la enorme escalinata. Era lo único de madera en aquella inmensa estructura de piedra. Un gran símbolo, el del triunfo de la fe sobre la barbarie, del amor sobre el odio, de Dios sobre las fuerzas del mal.

Muchos cristianos a veces nos sentimos afligidos por las tensiones en que nos toca vivir por causa de nuestra fe. La historia nos muestra que la frágil cruz de Cristo ha prevalecido sobre el poderío humano que a veces encarna las fuerzas del mal.

Nos corresponde actuar con confianza en Dios, inundados con la paz que viene del Espíritu Santo, en la seguridad de que tras la tribulación, el Señor tiene preparada la victoria. La cruz sobre el Coliseo es una verdad histórica que puede hacerse realidad en la vida de cada cristiano.

Jorge A. León

444. ¿TIENES TU LA VIDA ETERNA?

"El que cree en el Hijo de Dios, tiene el testimonio en sí mismo; el que no cree a Dios, le ha hecho mentiroso, porque no ha creído en el testimonio que Dios ha dado acerca de su Hijo. Y este es el testimonio: que Dios nos ha dado vida eterna; y esta vida está en su Hijo. El que tiene al Hijo,tiene la vida; el que no tiene al Hijo de Dios no tiene la vida." 1 Juan 5:10-12.

La mayoría de los hombres deseamos vivir una vida abundante; deseamos obtener el sumo bien de la vida.

En el poema Reír Llorando, su autor dice:

"El carnaval del mundo engaña tanto,
Que la vida no es más que breves mascaradas,
Aquí aprendemos a reír con llanto,
Y también a llorar con carcajadas."

Para este hombre la vida era una hipocresía. Todo era falso. Pero nosotros sabemos que, aunque hay cosas falsas, tambié hay cosas genuinas. Echegaray, en el "Gran Galeoto", presenta a un joven que escribió unos versos en un papel y luego lo quemó; un amigo le pregunta sobre lo que ha escrito, y él le dice: "Nuestras vidas simbolizan ese papel sin valor: unos gritos de dolor, unos copos de ceniza." Para este joven la vida era dolor, era tristeza, pero aunque en este mundo tenemos mucho dolor y tristeza, también tenemos alegría, gozo, salud y felicidad.

Leobardo Estrada C.

445. ¿QUIEN ES EL CENTRO DE TU VIDA?

En la antigua Grecia, cuna de arte, ciencia y filosofía, se dice que de vez en cuando se celebraban ciertas competencias públicas de agudeza intelectual.

Esto sucedió en Atenas. A la hora convenida y en el sitio señalado comparecieron muchísimos individuos en calidad de espectadores, y otros más, quienes serían los participantes del certamen.

El momento de expectación llegó. Se había anunciado un premio para el que hiciera la más asombrosa demostración de ingenio humano. Uno a uno de los concursantes fue haciendo gala de su habilidad, ganándose los aplausos y la admiración de los concurrentes. Cada número parecía mejor que el anterior.

Quedaban sólo dos por exhibir sus talentos. Uno de ellos pasó al frente y pidió que le colocaran una pizarra en el escenario. Así lo hicieron. Luego tomó una barrita de tiza y se quedó mirándola. Los espectadores estaban en suspenso. ¿Qué irá a hacer?, se preguntaban. De pronto, el hombre fijó su mirada en la pizarra y . . . con un solo movimiento de su mano derecha, dibujó un círculo perfecto. Un compás no hubiera trazado una circunferencia igual. El público aplaudió estruendosamente. Algunos musitaron: "Sin duda que este hombre se llevará el primer premio."

Pero nuevamente vino la calma y en escena apareció el último de los concursantes. El también tomó la barrita de tiza. Hizo una pausa que subrayó el silencio de la multitud. Todos echaron a volar su imaginación, en un vano intento por adivinar lo que haría ese hombre. Por fin, acomodando el yeso entre sus dedos, clavó sus ojos en la pizarra y, en un santiamén, hizo un punto blanco en el centro mismo del círculo. No se había desviado ni siquiera en una fracción de milímetro. Aquel toque maestro había impreso el punto en el sitio geométricamente adecuado. La muchedumbre prorrumpió en gritos. Se puso de pie. Este hombre había hecho lo de mayor ingenio: ponerle el punto a la circunferencia.

En esto hay una lección. El hombre, con su inteligencia, ha logrado trazar muchos círculos, pero sólo Dios le puede poner el centro; sólo él le da significado y valor supremo a la vida. Jesucristo, el más sabio de los hombres, dijo: "Separados de mí nada podéis hacer" y "Yo he venido para que tengan vida, y para que la tengan en abundancia" (Juan 15:5c; 10:10b).

Adolfo Robleto

446. ESTA VIDA ES TRANSITORIA

En la antigua Roma hubo un emperador sensato. Por aquel entonces existía la costumbre de que cuando el jefe romano regresaba victorioso de los campos de batalla, hacía una entrada triunfal y feliz por la calle principal de la ciudad. Se hacían laboriosos preparativos para extenderle una entusiasta bienvenida al general invicto. Adornaban las casas, se tiraban flores sobre el trayecto, se organizaban grupos de músicos instrumentalistas, y la señorita más bella de la población tenía en sus manos la corona de laurel con que coronaría al ídolo de las masas. El militar entraba seguido de carrozas y soldados fogueados en la guerra. En las aceras la gente se alineaba y al paso del emperador gritaba frenética de gozo. En el aire se apretujaban los retumbos de tambores, que se confundían con los golpes acompasados de las botas raídas sobre el piso pétreo de la calle.

Era el momento de euforia codiciado por el hombre de poder. Pero el emperador de nuestra anécdota, no queriendo dejarse vencer por el orgullo y la vanidad, había ordenado los servicios de uno de sus súbditos. Cuando los gritos estentóreos de la muchedumbre ebria de gozo llegaran a sus oídos; cuando los arcos triunfales de palmas y flores se levantaran sobre su cabeza; y cuando la bella joven, en un mar de aplausos estruendosos, le ciñera la corona en su testa vencedora, en esos momentos de bulliciosa gloria humana y despliegue de alabanzas, el súbdito debía susurrarle al oído del emperador: "Pero acuérdate que eres mortal." De ese modo, el humo no se le subiría a la cabeza, y el emperador sabría que toda gloria se marchita, todo aplauso se silencia y toda alabanza se esfuma.

Adolfo Robleto

447. ¿ESTAS JUGANDO CON TU VIDA?

¿Quién no ha oído de la terrible tragedia del hundimiento del vapor Titanic? El 15 de abril de 1912, a las 2:40 de la madrugada, aquel vapor grande y hermoso y del cual su capitán y otros pensaban que no se hundiría jamás, colisionó con un inmenso témpano de hielo en las aguas norteñas del océano Atlántico, y después de tres horas se hundió para siempre en las profundidades del mar. Mil quinientas dos personas perecieron en medio de la oscuridad espantosa de aquella noche.

Pero hay un detalle en cierto sentido más triste y más serio. El vapor Californian navegaba a solamente 15 kilómetros de distancia de donde el Titanic se hundía, y aunque de éste se enviaron mensajes urgentes en demanda de auxilio, el operador de radio del Californian no pudo escuchar nada porque un amigo suyo estaba jugando precisamente en esos momentos con el aparato de radio. Los hombres del cuarto del inalámbrico del S.S. Carpathia estaban seis veces más lejos del Titanic que el Californian. Pero ellos "no estaban jugando con el aparato", estuvieron alertas a los gritos de angustia y llegaron a tiempo de salvar a varios cientos de vidas. El Californian, solamente a 15 kilómetros de ellos, no se dio cuenta de la pérdida trágica sino hasta que ya era demasiado tarde.

Y es esto lo que muchos están haciendo, jugando con su vida. Esa actitud de **yoquepierdismo,** esa filosofía de indiferencia a todo, es un trampolín hacia el desastre. Y hoy por hoy es una de las armas sutiles que está empleando Satanás, el enemigo de las almas, para sembrar la destrucción y la ruina. Cruzarse de brazos ante los grandes asuntos de la vida, no darle ningún reconocimiento a los valores del espíritu es en extremo peligroso. Quizá nunca hayan sido más importantes las palabras de Cristo que ahora mismo en esta época de turbación, de conflicto de emociones, de metas nebulosas por la que está pasando la humanidad. Cristo dijo: "Porque ¿qué aprovechará al hombre, si ganare todo el mundo, y perdiere su alma? ¿O qué recompensa dará el hombre por su alma?" (Mateo 16:26).

Adolfo Robleto

448. EN CASA DE MADERERO

Al lado de una de tantas carreteras de circunvalación que hay en Managua, había una venta de madera enorme: pilares, tirantes, tablas, reglas, etc. Toda clase de madera preciosa.

Pero, siempre que pasaba me llamaba la atención la clase de madera con que la bodega estaba construida: fallada, torcida y demasiado delgada; además, una construcción tan mal hecha, que daba la idea de haber sido construida por un aprendiz, sin plomo, sin escuadra y sin nivel. Todo hecho con demasiado mal gusto.

Qué mezquindad, pensaba yo. Habiendo tan buena madera, construir con ese material tan malo. No sería raro que en una de tantas, esa casa caiga y se arruine.

Una noche cayó un enorme aguacero acompañado de un fuerte viento. Al pasar por aquella casa, vi que había caído y toda la madera en exhibición estaba embebida en agua, y los trabajadores sacaban los escombros. No me extrañó.

¿Cómo está construido el edificio de nuestra fe? Tenemos recursos inagotables y preciosos; pero quizá como la casa de nuestra historia, por pura desidia, sea una casa tan endeble que puede caer a los primeros vientos de una dura prueba(1 Corintios 3:12-14).

Agustín Ruiz V.

449. EL PODER DE UNA VIDA

Un joven estudiante fue a oír a Toyohiko Kagawa, pero la concurrencia era tan inmensa que él no pudo acercarse lo suficiente para oír la débil voz del gran cristiano japonés. Sin embargo, su vida fue completamente cambiada. Un estudiante compañero le hizo burla por el cambio que había ocurrido en su vida. El dijo:

–Usted no podía oír una palabra de lo que él dijo.

Pero el estudiante le replicó:

–Un hombre sobre una cruz no necesita de palabras.

De El Hogar Cristiano

450. DEJATE TOCAR POR EL SEÑOR

Era una subasta pública en la que había varias clases de objetos, unos nuevos y otros antiguos. Entre las cosas que se habían puesto en remate, salió un violín viejo, algo sucio y deteriorado; al parecer ya inservible y que ningún interés despertó en los presentes. El anunciador de la subasta, presentando el pobre instrumento, dijo: "Aquí está un violín antiguo, ¿quién da un peso por él?"

Hubo un completo silencio. Finalmente una dama se puso de pie y dijo: "Yo doy un peso por el violín."

El subastador nuevamente preguntó: "¿Hay quién dé dos pesos?"

No habiendo alguien que los diera, se levantó un anciano de aspecto venerable y acercándose al anunciador tomó el violín y comenzó a tocarlo. ¡Oh maravilla!, una gran sorpresa y asombro cundieron en la multitud. Aquel hombre era un verdadero artista, un mago del violín. Comenzó a sacar del viejo instrumento sublimes notas, preciosas melodías, al ejecutar varias piezas maestras. Sin decir una palabra, el hijo espiritual de Paganini, dejó el violín y se retiró silencioso. El director de la subasta, entonces, volvió a preguntar: "¿Hay alguien que dé más por el violín?" Un torrente de voces resonó; todos querían dar más. Y en un espíritu delirante uno decía yo doy 5.000 pesos; otro, yo doy 6.000 pesos; y así sucesivamente.

¿Qué mérito tenía ahora el violín y qué importancia había cobrado? ¿No era acaso el mismo instrumento de antes? A todas luces lo que le había dado mérito y valor al viejo violín era el toque magistral del artista; sí, la mano de aquel genio de la música había operado ese prodigio en el viejo instrumento.

Eso es lo que sucede también cuando el pecador se pone en las manos del artista divino, Cristo Jesús; cuando recibe ese toque salvador y santificador. Vidas arruinadas vienen al Salvador y él las cambia y las transforma; hombres y mujeres que servían al pecado y al diablo, cuyos cuerpos han sido instrumentos de iniquidad, cuando Cristo pone en ellos Sus manos de amor, ¡oh, qué cambio y transformación se verifican! Con su gracia él los salva y con su poder los cambia y santifica; así vienen a ser nuevas criaturas, instrumentos de justicia, seres útiles a Dios y a la humanidad; hombres y mujeres que alaban y glorifican al Señor. Ahora en sus vidas también hay melodía, melodía espiritual y gloriosa.

Juan V. Galdámez Palma

451. UNA PRUEBA INDUBITABLE

Encontrándome de visita en casa de una señora miembro de mi iglesia, fuí invitado por primera vez a entrar al traspatio de la casa, en donde había un hermoso jardín. Mientras la hermana terminaba de regar unas plantas, yo me deleitaba contemplando varias maceteras muy hermosas colocadas sobre un muro de piedra.

Entre las muchas maceteras, me llamó la atención una muy hermosa y de aspecto muy raro, por lo cual quedé en duda si era natural o artificial. Permanecí en dudas por un momento, si preguntarle a la dueña o si iba por mí mismo a examinarla para convencerme, sin necesidad de dar a conocer mi ignorancia. Pero, de pronto, al acercarme, salí de mis dudas. Observé que varias abejas libaban activamente el néctar de las flores. No había duda: una abeja nunca se hubiera equivocado, tratando de libar en una flor artificial; pero jamás hubiera dudado en posarse sobre una flor natural llena de miel. Al llegar la hermana para saludarme, le conté mi experiencia, y las reflexiones que subieron a mi mente con aquella lección.

Muchas veces dudamos, o nos equivocamos al mirar a una persona de lejos. Quizá la juzguemos mal siendo buena, o la juzguemos bien siendo mala. Y, cuán peligroso es emitir un juicio equivocado. Cuánto mejor será no juzgar antes de tiempo, y dejar el juicio a quien nunca se equivoca: el Juez de toda la tierra. Mientras Samuel miraba la hermosa apariencia de Eliab, Dios le dijo: "No mires a su parecer, ni a lo grande de su estatura; porque yo lo desecho; porque el hombre mira lo que está delante de sus ojos; pero Jehová mira el corazón", (1 Samuel 16:7).

Agustín Ruiz V.

452. DEDICADOS A SU SERVICIO

Se dice que cuando Oliver Cromwell, un gran caudillo inglés, vio que había un buen número de imágenes de plata en los nichos de una capilla lateral, preguntó con severidad al encargado del templo:

–¿Qué son éstas?

–Su Alteza –fue la respuesta–, son los doce apóstoles.

–¿Así que son los doce apóstoles? Bueno, bájelos y acúñelos para que como el Maestro, salgan a hacer bienes.

Ser cristianos significa que le entregamos todo nuestro ser a Dios en gratitud por la dádiva de su Hijo Jesucristo. Como cristianos todas nuestras acciones serán medidas por el efecto que tengan éstas en la causa del Señor. Será un trabajo continuo, ya que toda nuestra vida deberá estar dedicada a su servicio.

De El Hogar Cristiano

453. ¿COMO SABEMOS QUE JESUS RESUCITO?

–¿Cómo sabemos en realidad que Jesús resucitó de la muerte? –preguntó Tomás, un niño de nueve años. Después de unos momentos el padre contestó:

–Hijo, ¿te acuerdas cuando nos levantamos muy temprano para ir a pescar y cuando ya estábamos muy adentro del lago en nuestro bote nos dimos cuenta de que el sol salía porque vimos su reflejo en las ventanas de las casas en la colina?

–Sí –contestó el niño–, parecía que una luz brillaba a través de cada ventana.

–Bueno –sugirió el padre–, una forma en que sabemos que Cristo ha resucitado es que vemos su luz reflejada en la vida de nuestros amigos todos los días.

La resurrección es la cosa fundamental en la fe cristiana. Sin este hecho toda la estructura de nuestra fe se derrumbaría. La resurrección es la prueba final de que Jesús fue, ciertamente, el divino Hijo de Dios y el vencedor de la muerte.

De El Hogar Cristiano

454. EXALTANDO A CRISTO

La obra maestra de Leonardo da Vinci es la "Cena del Señor". El tuvo mucho cuidado al pintar cada detalle de este cuadro. Cuando un amigo suyo vio la pintura por primera vez se fijó especialmente en dos copas doradas que estaban sobre la mesa. Cuando el amigo alabó mucho la pintura de éstas Leonardo, tomó un pincel y las eliminó del cuadro exclamando: "¡No te fijes en ellas! Eso no es lo que quiero que veas. Es su rostro, ¡mira su rostro!"

Este es ciertamente el propósito del cristiano: vivir de tal manera que Cristo y no él mismo sea exaltado. Cada cristiano sincero quiere que su vida refleje honor y gloria a Cristo.

De El Hogar Cristiano

455. PODEMOS SER SEMEJANTES A CRISTO

"¡Ese niño es la imagen de su padre!" A la familia Rosales le gusta oír estas palabras. A Timoteo, niño de cinco años, le gusta oírlas porque él quiere ser como su papá, a quien ama mucho. Al señor Rosales le gusta que sus amigos vean en su hijo sus facciones, y a la señora Rosales le agrada porque estas palabras hacen felices a su hijo y a su esposo.

Todos tenemos razón para estar contentos porque hemos sido hechos a la imagen de Dios.

Hemos nacido en pecado y todos tenemos que arrepentirnos de este pecado o perecer; pero al mismo tiempo hemos sido hechos a semejanza de Dios. También hay en nuestro cuerpo pecaminoso la posibilidad de ser como Cristo cuando nacemos otra vez.

De El Hogar Cristiano

456. VIVAMOS LO QUE CREEMOS

Un grupo de misioneros y laicos de la India le preguntaron al célebre líder político de aquel país, Mahatma Gandhi, cómo podía llegar a ser real el cristianismo en la vida nacional de la India.

–Ante todo –dijo el influyente personaje–, tengo que sugerir que ustedes, los cristianos, deben comenzar a vivir como Jesucristo vivió. Luego, que todos ustedes deben practicar su religión sin modificarla.

Hoy no se siente el poder del Espíritu de Dios, no porque a Dios le falta poder, sino porque a nosotros nos falta piedad y compromiso con Jesucristo en los aspectos esenciales de la vida cristiana.

Pablo Alberto Deiros

457. SOLIDARIDAD HUMANA

Un joven nicaragüense, de la clase obrera, después de terminar su bachillerato, partió hacia México para iniciar sus estudios de medicina. Su padre, que trabajaba en una fábrica, con gran esfuerzo le enviaba mes a mes los recursos necesarios para pagar sus estudios y gastos de permanencia en el país azteca.

Un día su padre fue limitado en su trabajo y ya no pudo seguir enviando a su hijo la ayuda que necesitaba para proseguir su carrera. Sin dinero, sin amigos que pudieran ayudarle, en un país extraño y frente a un futuro incierto, no le esperaba otra cosa que ver sus aspiraciones truncadas.

¿Qué hacer? No podía resignarse a regresar dejando su carrera inconclusa. Apeló a la solidaridad de sus amigos de su país. Hizo un patético llamado en los periódicos y esperó confiado. A los pocos días era admirable cómo llegaban las donaciones para el joven. La gente respondió con entusiasmo. Su padre puede ver ahora con profunda satisfacción cómo su hijo pudo coronar su carrera gracias a la solidaridad de sus compatriotas.

Así nos aconseja el apóstol Pablo: "No nos cansemos, pues, de hacer el bien; porque a su tiempo segaremos, si no desmayamos." En la solidaridad humana hay gozo para el que da como para el que recibe, y es una fuente de desarrollo para los pueblos.

Heriberto Vásquez H.

458. EL BIEN SIEMPRE TRAE SU RECOMPENSA

Un médico iba en su bicicleta por una zona rural de Finlandia en un día muy caluroso. Practicaba ese deporte para ejercitar sus músculos. El ejercicio le dio mucha sed. Tenía los labios resecos. Al ver una casa humilde junto al camino, se acercó a pedir un vaso de agua. Una muchacha le llevó un vaso de leche, y el médico quedó muy agradecido.

Pasaron los años y la madre de la muchacha tuvo necesidad de ir al hospital para una delicada operación quirúrgica. La hija reconoció al médico que operaría a su madre. Era el mismo que había pedido un vaso de agua en la puerta de su casa. El médico la reconoció pero no dijo nada, y preparó a la paciente para la operación. Fue difícil, pero todo salió bien. La preocupación ahora era el costo de la misma. Cuando le pidieron al médico la cuenta, encontraron que ascendía a una suma respetable. Pero al pie de la página había una nota que rezaba así: "Todo queda cancelado con un vaso de leche fría."

459. VICTORIA SOBRE SI MISMOS

Una señora estaba luchando mucho para vencer el vicio del alcohol. Ya era bebedora consuetudinaria y luchaba por cambiar su vida y por dejar de tomar. Un día en un restaurante vio a una amiga conocida de mucho tiempo y fue a sentarse a la misma mesa. La amiga, con una mirada sin misericordia, le dijo bruscamente:

—Yo no la conozco. Retírese por favor de esta mesa.

Muy apenada la señora fue corriendo a donde estaba su esposo quien le dijo:

—No permitas que esto te turbe. Viniste aquí, no bebiste. Eso es lo importante. En cuanto a ella, ella está más enferma que tú.

Estamos rodeados constantemente por personas que han sido vencidas por el pecado. Algunos reconocen su condición y desean desesperadamente librarse de su poder. Otros, sin darse cuenta de ella, igualmente necesitan ayuda. Los que sabemos cuál es la solución al problema del pecado en la vida de los perdidos, pero que no testificamos del poder que tiene Cristo para ayudarles, estamos más enfermos que los pecadores. En cierto sentido estamos diciendo: "Yo no le conozco. Retírese de esta mesa."

De El Hogar Cristiano

460. ¿LE HEMOS DICHO A DIOS "TE AMO"?

Un pastor estaba afanado en su oficina queriendo preparar un sermón sobre el tema del amor de Dios. Tenía muchas interrupciones de llamadas por teléfono, individuos que tocaban a la puerta, etcétera. Entonces le dijo a su secretaria que no le pasara ninguna llamada por teléfono ni que permitiera que nadie entrara a su oficina hasta no haber terminado él de preparar su sermón.

Al rato su hija pequeña persistió en tocar a la puerta, queriendo entrar. Por fin, el pastor abrió la puerta para decir que no podía atender a nadie en esos momentos. Pero su niña entró y se le sentó en las piernas.

—¿A qué has venido, hijita? ¿No ves que estoy muy ocupado?

—Vine sólo para decirte que te amo mucho, papá. Le dio un beso, y se fue.

Entonces el pastor pensó que el mejor sermón era pedirle a su congregación al siguiente domingo, que todos le dijeran a Dios: "Dios, te amo".

461. AMOR ADMIRABLE

Un bebé que al nacer había sido abandonado por sus padres fue llevado al hospital. Las personas que se habían encargado de él habían satisfecho sus necesidades físicas, pero la señora encargada de este trabajo tenía a su cargo varios niños y no podía dedicarle mucha atención.

Los doctores le hicieron todos los análisis posibles para ver por qué se estaba consumiendo, pero no habían encontrado la razón. Ya tenían pocas esperanzas de que se aliviara.

Entonces sucedió algo extraño. Comenzó a recuperarse el bebé, comenzó a fijarse en los juguetes que tenía en su cuna, sonreía cuando alguien le sonreía, tomaba su leche con gusto.

Al investigar se supo que una enfermera se había estado quedando después de sus horas de trabajo, cada día, para hablarle al niño y mecerlo. "Se veía tan pequeñito y desolado", dijo la enfermera, "por eso quise mostrarle un poco de amor."

Grande es la necesidad que tiene el hombre de que se le ame, tan grande como su necesidad de alimento y de agua. Sin amor, llegamos a quebrantarnos interiormente. Dios ha suplido esta necesidad con su amor por nosotros y con su mandamiento acerca de que hagamos lo mismo y nos amemos unos a otros.

De El Hogar Cristiano

462. CUANDO HAY AMOR SE DA CON SACRIFICIO

Un hombre y una mujer, que estaban casados, se amaban mucho entre sí. Eran pobres y trabajaban mucho para sostenerse económicamente con dignidad. El tenía un reloj muy bueno que su padre le había dejado como herencia, y por mucho tiempo había soñado con comprarse una leontina de oro para lucir su reloj. Ella tenía un cabello largo y hermoso, y su sueño era poder comprarse un lindo peinetón que había visto en varias joyerías, con bonitas piedras brillantes.

Aquel año se acercaba la fecha de un aniversario más en el matrimonio de ambos. Unos días antes, el marido, al regresar de su trabajo, pensó en obsequiar a su esposa con algo que le gustara mucho a ella. Inmediatamente pensó en el peinetón de que ella había hablado varias veces. Vio uno en una tienda, pero el precio era más de lo que él podía pagar. Entonces dijo para sí: "Venderé mi reloj, pues creo que nunca podré comprar la leontina que necesito." Así lo hizo, compró luego el peinetón y lo guardó para el día de aniversario.

Resulta que ella también concibió el pensamiento de regalarle algo bueno a su marido, y se le ocurrió que si le regalaba la leontina que él tanto había deseado, le agradaría. Pero no tenía dinero. De pronto le vino una idea a la mente. Sabía que en cierto salón de belleza compraban buenas cabelleras y las pagaban muy bien. Entonces fue allá y les ofreció vender su cabello, el cual se lo compraron a un buen precio. Emocionada fue entonces a una joyería y compró la leontina de oro para su esposo. En la casa se cubrió la cabeza con un pañuelo.

A la tarde del día siguiente se sentaron a la mesa para una cena especial de aniversario. Ambos se miraban sospechosamente, esperando el momento oportuno para presentar su regalo, aun cuando el uno no sabía lo del otro. Al fin él, con palabras dulces y sentimentales, le dijo lo que había hecho y le dio el peinetón. Ella se echó a llorar y emocionada le dijo que ya no tenía cabello en que lucir la prenda. Ante su asombro, ella le explicó lo que había hecho. Tampoco él podía lucir su leontina, pues ya no tenía reloj. Entonces se abrazaron, conmovidos de cuánto se amaban.

Adolfo Robleto

463. CUANDO NOS MUEVE EL AMOR...

"¿Hay amor en un corazón de plástico?" Esta pregunta fue hecha al famoso cirujano del corazón D. Michael DeBakey, por una niña de ocho años. El doctor contestó así a la niña:

"Sí, un corazón de plástico contiene amor; muchísimo amor.

El amor de un corazón de plástico es el amor de muchas gentes que aman a otros y no quieren que mueran.

Por eso trabajan día y noche para construir un corazón que permita a esas personas vivir por más tiempo.

Si es que puedes imaginar el amor de cientos de corazones, ese es el amor que encierra un corazón de plástico."

En una época de satélites, computadoras y terrible armamento nuclear, el corazón de plástico es un símbolo de una técnica cuya fuente de energía es el amor...

Pero es tristemente claro que hay millones de personas que no han entendido todavía lo que significa "amar al prójimo como a uno mismo".

El fracaso rotundo en cooperar con Dios para que su amor eche raíces en todas las áreas de la actividad humana es una invitación al desastre.

Del Boletín Adelante

464. EL PODER DEL AMOR

El doctor Criswell, famoso pastor bautista de Dallas, Texas, cuenta esta historia: Una mujer joven tenía el problema del esposo alcohólico. Tuvieron dos preciosas niñitas. Ella sufría mucho. Por fin, el hombre, queriendo entregarse más completamente al vicio, una noche abandonó por completo la casa. La mujer trabajaba arduamente para criar a sus dos hijitas, y logró darles una educación. Ellas se casaron y tuvieron sus hijitos. La señora parecía rejuvenecida.

Después de veinte años, un día, de un vagón del tren salió un hombre andrajoso, flaco, enfermo. Buscó la casa donde había vivido con su esposa. Al presentarse a la puerta ella no le reconoció, pero al oír su voz sí. El le dijo: "¿Podrías recibirme y alojarme en tu casa, para pasar mis últimos días aquí?" El ya no servía para nada. Ella lo recibió y lo atendió hasta que él murió. ¿Por qué lo hizo? Porque a pesar de todo todavía lo amaba.

Autor Desconocido

465. AMOR QUE SE SUJETA

Quien visita la Antártida no deja de sorprenderse por el encanto que ofrece el lugar. También sus habitantes son figuras de leyendas.

Se cuenta que cuando el pingüino joven busca esposa se para en la roca más alta de la pingüinera y comienza a llamar con un canto que sólo ellos conocen. Al aparecer la dama que está dispuesta a aceptar su amor, trae en su pico una piedrecilla que arroja al lado del joven pingüino. Si éste no la acepta, lo indica insistiendo con su canto, tratando de llamar a otra. Su indiferencia la demuestra a través de su constante llamado.

Pero al llegar la dama que le agrada, deja de llamar. Recoge con el pico la piedrecilla que ella ha arrojado y juntos se van a formar su hogar.

Su amor permanece para siempre. Y cuando uno de ellos muere, el otro se embarca en un témpano y se retira para siempre del lugar muriendo de soledad y de pena.

El amor de dos seres que se unen para formar un hogar ha de ser inseparable como lo son el amor de Cristo por su Iglesia.

Ariel Lemos

466. EL AMOR TODO LO PUEDE

El conde de Balcarres, Escocia, había sido rechazado por la joven que amaba; sin embargo, algún tiempo después, hallándose grave, a las puertas de la muerte, al hacer su testamento le donó la mitad de su fortuna. La señorita, al enterarse del noble gesto del conde, sorprendida y agradecida lo fue a ver moribundo y le prometió reconsiderar su decisión. El, inspirado por esa promesa dulce y feliz, recuperó la salud. ¡Se casaron y fueron, así, felices dieciocho años!

Juan V. Galdámez Palma

467. DEBIERAMOS VIVIR EN CALMA

Se cuenta la historia de Diógenes, el filósofo griego que, mientras tomaba un baño de sol, fue interpelado por Alejandro el Grande que acababa de someter a toda Grecia por la fuerza de sus armas. Todo el mundo, menos Diógenes, había huido delante de él. Alejandro, sorprendido por la valentía del filósofo, le dijo:

–Me agrada tu valor, por eso me complacería si pudiera hacer algo por ti. ¿Hay algo que pueda ofrecerte?

–Sí –dijo Diógenes–. Estoy tomando un baño de sol y tú me haces sombra. ¿Me harías el favor de ponerte a un lado?

Ante esta respuesta Alejandro montó en cólera y replicó:

–¿No sabes que he conquistado toda Grecia?

–¿Y qué irás a hacer después? –preguntó Diógenes.

–Conquistaré Italia y Roma –exclamó Alejandro.

–Y entonces, ¿qué? –continuó el filósofo.

–Persia e India.

–¿Y entonces?

–Bien, entonces regresaré y me dedicaré a meditar en mi jardín.

–Yo ya lo estoy haciendo ahora –dijo Diógenes.

Alejandro el Grande murió a los 33 años. Nunca tuvo la oportunidad de disfrutar de un momento de tranquilidad o de meditación en su jardín.

Quizá muchos de nosotros seríamos semejantes a Diógenes si cerráramos las puertas a la ciudad, detuviéramos el frenesí y disfrutáramos de la quietud en nuestro hogar o en nuestro jardín. La meditación es un sedante para el alma. Renueva el espíritu del hombre moderno. Por lo tanto, alejémonos del ruido y deslicémonos hacia algún lugar tranquilo.

468. HAY QUE DESCUBRIR EL VALOR DE LAS COSAS

En cierta ocasión, un carretero, al ir a transportar madera desde un monte a un almacén en el pueblo, necesitó algo para sujetar bien unas vigas gruesas en el carretón, y usó para ello una troza de madera sumamente torcida.

Cuando descargó las vigas en el almacén, tiró la troza en el patio, como una cosa inútil.

Allí estuvo por mucho tiempo la troza torcida, sin que nadie se fijara en ella. Un cierto día, cierto ebanista y su aprendiz examinaban las gruesas vigas, con la idea de comprar una de ellas.

El aprendiz, fijándose en la troza tirada al suelo, dio con el hacha sobre ella, exclamando: "Lástima que un palo de tan buena calidad tenga esa joroba que lo echa a perder."

El ebanista examinó bien la troza, la llevó a su taller, y con ella hizo una mesa en forma de herradura, encomendada hacía algún tiempo a él por un célebre novelista que deseaba tener en su escritorio un mueble de esa clase.

Lo que para el aprendiz era una tacha, resultó al inteligente ebanista una buena calidad.

También pasan en la vida humana muchas cosas que a primera vista nos parecen tachas, pero que, si sabemos sacar provecho de ellas, nos resultarán sumamente útiles. Los incidentes más desagradables de nuestra vida tienen su parte buena, si hacemos debido uso de ellos.

469. UNA FORMULA MAGICA

Durante los días de la fiebre del oro en el oeste de los Estados Unidos, había un viejo cateador que frecuentemente desaparecía en las montañas y cerros por unas pocas semanas. Al regresar, generalmente informaba que había encontrado una rica veta de oro, con frecuencia más grande y mejor que cualquier otra que hubiese hallado antes. Otros cateadores nunca tenían la misma buena suerte, de modo que procuraban desesperadamente que les dijese el secreto que le permitía realizar hallazgos tan valiosos. Pensaron que debía tener alguna fórmula mágica. Cierto día, finalmente, les dijo su secreto:

–Muchachos –les declaró–, yo persevero y continúo haciendo agujeros.

En los días cuando era algo nuevo que se marcase una tarjeta en un reloj registrador al comenzar y terminar el trabajo, un periodista se enteró de que en cierta fábrica todos, hasta el gerente debían marcar la tarjeta. Parecía absurdo, de modo que fue a investigar. Encontró que al implantarse la práctica en dicha fábrica, había un hombre que marcaba su tarjeta quince minutos antes cada mañana y que su tarjeta también mostraba que por la tarde salía bien pasada la hora. Al poco tiempo se necesitó un gerente. En esas circunstancias hubo una razón por la que se escogió a dicho operario. ¿Puede descubrirla?

Cuando en una oficina surge una vacante en los puestos superiores, ¿le parece que para suplirla se escoge al hombre que informa la menor cantidad de horas?

Hace algunos años, el gerente de una gran compañía de acero necesitó un hombre para un cargo especial. Fue al jefe del personal y le dijo:

–Quisiera que usted me envíe el mejor hombre que tenga, porque lo necesito para un trabajo especial.

–Pero todos mis hombres son buenos –dijo el jefe–. No tengo un hombre No. 1.

El gerente no insistió, pero poco después le envió una orden, indicándole que les pidiese a todos los operarios que trabajasen dos horas más por día.

Pasadas dos semanas, le preguntó al jefe:

–¿Les agrada a sus hombres este programa de trabajo?

–¿Agradar? De ninguna manera. Están molestos, todos excepto uno.

–Dígame quién es –insistió el gerente.

–Su nombre es Carlos Schwab. Devora el trabajo; parece disfrutarlo.

–Envíemelo a mi oficina –concluyó el gerente–. Ese es su hombre No. 1. Ese es el hombre que yo le pedía.

Carlos Schwab llegó a ser mundialmente famoso como el rey del acero, un hombre destacadísimo en la industria. ¿Por qué? ¿Puede decirlo? ¿Ha descubierto la fórmula "mágica" y la practica? Los resultados son siempre maravillosos.

De Guía del Hogar

470. EL MAL CON EL BIEN SE PAGA

Cierta vez un hombre lanzó un balde de agua sobre Arquelao el Macedonio. El enemigo esperó ser atacado, al menos reprendido. Arquelao no dijo absolutamente nada; el otro, completamente frustrado, se retiró en estado de confusión. Cuando un amigo le preguntó al Macedonio cómo podía soportar el insulto tan serenamente, éste dijo: "El no lanzó el agua sobre mí, sino sobre el hombre que él pensaba que yo era." Los hombres de mala voluntad no pueden manejar a los hombres de buena voluntad. San Pablo dice: "No seas vencido de lo malo, sino vence con el bien el mal" (Romanos 12:21).

De El Hogar Cristiano

471. FIEL A QUIEN SUFRIO POR MI

Cierto general fue candidato para el senado de los Estados Unidos un poco después de la Guerra Civil. En aquel tiempo los senadores eran elegidos por el cuerpo legislativo del estado. Un antiguo compañero del general durante la guerra, pertenecía a aquel cuerpo legislativo. Por una causa u otra se había enfadado con el general y había decidido votar en contra de él. La votación se levantaba al pasar lista, y el general estaba presente en aquella ocasión sentado en la plataforma. Cuando llamaron el nombre del antiguo soldado, se levantó para votar en contra de este hombre a cuyo lado peleó por cuatro largos y amargos años. De pronto vio la fea cicatriz que cruzaba el rostro del general, y que era un testimonio de su valor y sufrimiento como un gran dirigente. El soldado vaciló un momento y luego dijo tranquilamente y con gran emoción: "No puedo votar en contra de él; había olvidado la cicatriz."

Si hemos tenido la tentación de "votar" en contra de Cristo siendo infieles a él cuando hemos sido tentados, recordemos las cicatrices que le dejaron los sufrimientos que él padeció por nosotros en la cruz.

De El Hogar Cristiano

472. GENEROSIDAD
(Paráfrasis de Lucas 10:30-37)

Un hombre descendía de Jerusalén a Jericó, y cayó en manos de ladrones, los cuales dijeron: "Lo tuyo es mío, lo voy a tomar."

Por casualidad descendió un sacerdote por aquel camino, y asimismo un levita, pero ambos pasaron de largo, diciendo: "Lo mío es mío, lo voy a guardar."

Pero un samaritano, que iba de camino, vino cerca de él, y viéndole, fue movido a misericordia; y acercándose, vendó sus heridas, echándoles aceite y vino; y poniéndole en su cabalgadura, lo llevó al mesón, diciendo: "Lo mío es tuyo, te lo voy a dar."

Autor Desconocido

473. GRATITUD POR UNA ACCION DE HEROISMO

Un día, allá por el año 1862, mientras un maquinista cambiaba unos vagones cerca de la estación de Mount Clemens, pequeño pueblo del estado de Ohio, un niño de corta edad gateaba por la vía férrea, cuando unos vagones, sin el guardafrenos que los manejaba, rodaban por la línea del ferrocarril hacia el pequeño que, indiferente, los veía aproximarse con bastante rapidez.

Un muchacho de unos catorce años, que acostumbraba vender periódicos a los pasajeros de los trenes que pasaban por Mount Clemens, vio, desde lejos, el peligro que corría el niño en la vía férrea. Rápido como un relámpago, se tiró al pequeñuelo, en el mismo momento que iban a cruzar sobre él los vagones, los cuales tumbaron los periódicos, y casi cogen a los dos bajo las ruedas.

El señor J. Mac Kenzie, padre del niño salvado, jefe de la estación de Mount Clemens, no sabía cómo pagar el gran servicio que le prestó el vendedor de periódicos, por salvarle al hijo de una muerte segura.

En señal de gratitud por tan noble acción, se ofreció a enseñarle el oficio de telegrafista. El vendedor de periódicos, algún tiempo después, recibía y transmitía con habilidad mensajes telegráficos.

A los dieciséis años de edad fue empleado en la estación de Strafford Junction como telegrafista, ganando veinticinco dólares mensuales. Bien pobre parecía la perspectiva de aquel joven telegrafista para comenzar su vida. Además, era sordo. Pero se trataba de un joven resuelto, que estaba determinado a sacar partido de su profesión de telegrafista. Se llamaba Tomás Alva Edison.

474. LA CONFIANZA SE NOTA

Poco después de habernos mudado a otra población, se nos perdió nuestro viejo perro. Pasamos el fin de semana buscándolo desesperadamente. El lunes muy temprano acudí a las perreras municipales, adonde llevan los canes perdidos. Allí estaba nuestro perro, sucio y enlodado. Al momento que me vio dejó de conducirse como correspondía a sus muchos años y comenzó a aullar como alma en pena, tratando a la vez de trepar por los barrotes de la jaula.

–Ese es mi perro –dije yo.

El encargado sonrió y repuso:

–Aquí nos guiamos no tanto porque diga la gente, "ese es mi perro", como por lo que nos indica el propio perro, que parece decir: "Esos son mis amos".

Del Boletín La Voz de Betel

475. RECONOCIO A SU SALVADOR

Un joven cristiano fue enviado desde las catacumbas de Roma con un mensaje a otra iglesia distante. Como atravesaba la selva oyó lastimeros rugidos de un león. Cautelosamente se le acercó y vio que la fiera tenía una estaca en una pata delantera. Trajo agua al animal, le lavó la herida después de extraerle la estaca y con recinas lo ungió vendándolo con retazos de su camisa y se alejó. Un año después había espectáculos marcianos en el coliseo romano. De pronto se siguió un silencio sepulcral. Salió a la arena un apuesto joven cristiano para luchar con la fiera. Minutos después se abrió la puerta del cubil y un inmenso y feroz león salió corriendo contra su presunta víctima. Todos se imaginaban la sangrienta escena. Pero cuando la fiera estaba ya a diez metros del joven se detuvo y echándose a sus pies se los lamía.

Rafael Moreno Guillén

476. LA GRATITUD

Conozco a un filántropo que regaló millones de dólares, quien un día me dijo: "El único lugar en donde se encuentra la gratitud es en el diccionario."

En una noche tormentosa del otoño de 1860, un bote de vapor llamado **The Lady Elgin**, se estrelló contra un barco de carga, en las aguas del lago Michigan, EE. UU. de A. El barco de vapor se partió en dos y se hundió a escasamente una milla de distancia de la costa del pueblecito de Winnetka, Illinois. De los 393 pasajeros y tripulación, 279 se ahogaron. Entre los héroes de la tragedia, se encontró un joven estudiante de la Universidad Northwestern, situada a la orilla del lago en Evanston, Illinois. Este joven era un buen nadador, y se lanzó de inmediato al agua. Se dirigió hacia la gente que estaba todavía a flote y trajo hasta la playa a una persona. Después se lanzó otra vez, y otra vez más; el caso es que rescató a diecisiete personas que hubieran perecido si no las hubiera auxiliado. El esfuerzo de este joven lo hizo caer en un delirio, durante el cual él preguntó una y muchas veces: "¿Hice lo mejor que pude?" Su esfuerzo lo redujo a una silla de ruedas por el resto de su vida.

Sus amigos y el mundo lo aclamaron por su heroísmo en los días subsiguientes a la tragedia. En las semanas que siguieron al accidente, se preparó una resolución para honrar al joven Edward W. Spencer, e introducirla al congreso de los Estados Unidos de Norteamérica, la cual nunca fue presentada. Cincuenta años más tarde su universidad le confirió el título de bachiller en artes, e instaló una placa en la institución en la que se hacía un recuento de su heroísmo, y recalcó las palabras que él expresó en su delirio: "¿Hice lo mejor que pude?"

Sin embargo, la historia de uno de sus últimos cumpleaños –tal vez su 80vo.– nos dice que, alguien le preguntó a Edward W. Spencer acerca de aquellos diecisiete que había salvado, y sus momentos más vívidos de aquel día. Su contestación fue publicada en un periódico de Chicago: "Es la verdad que ninguno de aquellos diecisiete regresó a darme las gracias."

¿Por qué estamos regateando en esta vida? La vida puede ser rica, abundante y satisfactoria para aquellos que toman el tiempo para practicar la más recompensante virtud –¡la gratitud!

Robert M. Good

477. EL CRISTIANO DEBE SER HONESTO

Al doctor Carlos de la Torre, médico y pastor bautista argentino le oí contar esto: En Buenos Aires había un hermano muy fiel, quien ya estaba jubilado. El dinero que recibía por su jubilación no era mucho y él se buscaba algunos trabajitos para ayudarse. Una empresa fuerte lo empleó para hacer depósitos en el banco y cobrar ciertas cuentas. Su comportamiento fue tan bueno, que le permitieron también representar a la empresa para ofrecer presupuestos al gobierno para obras de licitación. Hubo una por valor de 150.000.000 de pesos argentinos. Cuando se reunieron varios licitadores en una de las oficinas del gobierno, el licitador de una empresa aún más poderosa se le acercó y le susurró al oído:

—Te doy 5.000.000 si me dices por cuánto es la licitación de ustedes.

El le respondió:

—No me haga semejante proposición; yo soy evangélico y no vendo mi conciencia por ningún dinero.

Este es el testimonio que deben dar los cristianos. Ningún precio puede ser lo suficientemente alto para pagar el delito de manchar la conciencia y la reputación del buen nombre.

Víctor Cabrera

478. UN JUEZ BONDADOSO

Vivía en la ciudad de Richmond un hombre bondadoso, conocido por el nombre de juez Marshall. Siempre tenía cuidado de juzgar con justicia a todos los hombres con quienes tenía que tratar. También era tan bueno como justo.

Una noche, yendo a su casa, pasó por un negocio donde un joven estaba blasfemando porque no podía encontrar a alguien que llevase a su casa un pavo que había comprado. El juez se adelantó y le preguntó:

—¿Dónde vive usted, joven?

Le dijo al señor Marshall su calle y su número, no conociendo a quien le hablaba.

—Es justamente mi camino —contestó el juez—, yo llevaré su pavo.

Cuando llegaron a la casa del joven, éste preguntó al juez cuánto le debía.

—No me debe nada; no fue ninguna molestia porque tuve que pasar por la puerta de su casa. Si en lo futuro puedo hacerle algún servicio, estoy completamente a sus órdenes. ¡Buenas noches!

Cuando el juez se había ido, el joven preguntó a su vecino:

–¿Quién es ese anciano tan bueno?

–¡Qué! ¿No lo reconoció? –contestó el vecino–. Es el juez Marshall, juez de la Corte Suprema de los Estados Unidos.

De La Antorcha

479. ¡SER HUMILDE!

Tiempo atrás, en una fiesta, la esposa del vicepresidente de uno de los principales bancos de Los Angeles nos refirió esta anécdota:

Poco tiempo después de casados, mi marido y yo asistimos a una elegante cena. Cierta viuda joven simpatizó de modo extraordinario con mi marido. Decía haberlo conocido antes y se empeñaba en recordar.

–¿No fue en la graduación de mi hermano? . . . ¿Estudió usted en la Universidad de Harvard?

–No, señora, no estudié en Harvard.

–Oh, ya recuerdo. Fue en Palm Spring . . . No, en Miami . . .

–Nunca he estado en ninguno de esos dos sitios.

La viuda siguió insistiendo hasta que todos estábamos fastidiados. Entonces me incliné y le dije:

–Tiene razón. Mi marido era SU LECHERO.

Todos echamos a reír. Alguien preguntó a la esposa del vicepresidente:

–¿Y su marido la perdonó por haber dicho tal embuste?

–Claro que sí –contestó el esposo–. Porque efectivamente fui el lechero de esa señora. NUNCA ME HE AVERGONZADO DE MI ORIGEN HUMILDE NI ME HE ENSOBERBECIDO EN MI ALTO CARGO.

Guillermo Zambrana B.

480. EL ORGULLO ES MALO

Enviado al campo para ver si estaba ya a punto para ser segado, el muchacho volvió a su padre y le dijo:

–Me parece que la cosecha será muy pobre, padre mío.

–¿Por qué? –le preguntó su progenitor.

–Porque he notado que la mayor parte de las espigas están dobladas hacia abajo, como desmayadas, seguramente que no valen nada.

–Qué ignorante eres, mi hijo –le dijo su padre–. Has de saber que las espigas que viste dobladas, lo están por el peso del grano, en tanto que las que están levantadas, rectas hacia el cielo, es porque están medio vacías.

Así ocurre en la vida de los hombres. Cuando alguno levanta la frente orgullosamente, es porque en su interior tiene bien poco peso de juicio. El hombre sabio, cuando más sabe, más siente la humillación de lo que le falta saber.

Del Boletín La Voz de Betel

481. HOMOLATRIA

Desde el siglo XVII los papas usan una guardia de soldados suizos, cuyos uniformes fueron diseñados por el renacentista Miguel Angel. Esta guardia vigila los pasillos y logias del Vaticano. Les está ordenado arrodillarse cuando pase el papa. En cierta ocasión el papa Juan XXIII cruzaba uno de los corredores vaticanos y uno de estos soldados inmediatamente se postró delante de él. Mas el jerarca, tomándole de un brazo, le dijo, quizá recordando al apóstol Pedro en una ocasión similar: "No lo hagas, porque yo también soy un hombre como tú."

Rafael Moreno Guillén

482. UNA RECETA DE GRANDEZA

El doctor Wilbur Chapman entrevistó en una ocasión al general William Booth, fundador del Ejército de Salvación, y en aquella entrevista le preguntó: "General Booth, dígame, ¿cuál ha sido el secreto de su éxito a través de los años?"

El general Booth calló por unos momentos; mas después vi que le salían las lágrimas de sus ojos y le corrían por sus mejillas, luego dijo: "Le diré mi secreto. Dios posee todo lo que soy. Sin duda ha habido hombres más intelectuales que yo, con más oportunidades que yo también; pero desde el día que los pobres y destituidos de Londres captaron mi corazón, y la visión de lo que Cristo podía hacer con sus vidas, yo decidí que Dios podía usar a William Booth a su antojo..."

De William Booth aprendí que la grandeza del poder del hombre está en la medida de su rendimiento y consagración. No es asunto de quiénes somos o qué somos, sino de si Dios controla o no nuestra vida.

J. K. French

483. LEALTAD A PESAR DEL SUFRIMIENTO

Tal como el capellán del ejército, muchos han sufrido para salvar o proteger a sus amigos y seres amados. Pero hay algo diferente en cuanto al sufrimiento de Jesús: él murió por aquellos que lo despreciaron y lo rechazaron.

Un general relata que durante la Segunda Guerra Mundial, un capellán que era prisionero de los japoneses en las Islas Filipinas, no divulgó quiénes estaban enviando alimento y medicinas a los prisioneros, aun cuando los japoneses le insistieron en que lo hiciese.

"No puedo decírselos", contestó el capellán. "Mi conciencia no me permite traicionar a la gente de Manila cuyo único propósito es proporcionar alivio a los enfermos y alimento y medicina a los prisioneros."

Azotaron sin misericordia al capellán, quebrándole dos huesos y dejándole la espalda destrozada; a pesar de todo este sufrimiento el capellán prisionero no traicionó a sus amigos.

De El Hogar Cristiano

484. LOS CUARENTA SOLDADOS MARTIRES

Lo que vamos a narrar ocurrió en el año 320 d. de J.C., a mediados de la fría estación invernal. Gobernaba como César en la parte oriental del imperio romano, un hombre llamado Valerio Licino, quien era muy duro y cruel. Licino era enemigo de los cristianos.

Desde muchos años antes había en esa región del imperio, un

cuerpo de soldados muy valientes llamado "Legión Duodécima", pero más conocidos como "La Legión del Trueno". Los que componían esta legión siempre se habían distinguido como verdaderos héroes. En tiempos del emperador Valerio Licino, pertenecían a dicha legión cuarenta jóvenes cristianos, originarios de una región llamada Capadocia. Eran muy valientes, y se veían muy gallardos en sus uniformes de vistosos colores.

Ocurrió que, mientras La Legión del Trueno prestaba servicio en un lugar llamado Sebaste, al sur del mar Negro, una región muy al norte y sumamente fría, el emperador Licino emitió un decreto por medio del cual se mandaba que "no debía haber más cristianos en la corte imperial, ni reuniones en las iglesias ni en ninguna otra parte, excepto al aire libre, fuera de las murallas de las ciudades. Los empleados públicos perderían sus puestos si se negaran a ofrecer sacrificios a las deidades locales en los altares paganos". ¡Y a los soldados se los consideraba como empleados públicos!

El jefe que dirigía la legión donde estaban los cuarenta soldados cristianos, recibió la orden para que la hiciera saber a sus soldados. El pidió a sus valientes guerreros que acataran las órdenes del César. Les dijo que iban a hacer sacrificios a los dioses paganos al día siguiente.

Después de que los soldados rompieron filas y volvieron a sus lugares, dos delegados de los soldados cristianos pidieron audiencia para hablar con el jefe, de nombre Agrícolas. Le dijeron que en la legión había cuarenta soldados cristianos que de ningún modo podrían participar en el ritual que se había anunciado. Agrícolas se enojó, y como respuesta dijo: "Informad a las tropas que tienen dos caminos a escoger. Si ofrecen los sacrificios podrán ser candidatos a la promoción y a los honores militares. Pero si no, serán despojados de sus armaduras y de sus grados militares." Los cristianos prefirieron esto último. Esa misma noche los cuarenta soldados crisitanos fueron puestos en la cárcel, y allí ellos repetían el Salmo 91: "Diré yo a Jehová: Esperanza mía y castillo mío; mi Dios en quien confiaré. El te librará del lazo del cazador, de la peste destructora."

Les fueron quitadas sus ropas y obligados a estar toda la noche en la superficie de un lago congelado. Les dijeron que si ellos cambiaban de actitud, podían salir y ser atendidos. Sólo uno se rindió, y salió. Pero uno de los soldados que los observaban desde la orilla, conmovido por el heroísmo y fidelidad de los jóvenes cristianos, lanzó sus ropas y se fue a reunir con los treinta y nueve.

A la mañana siguiente, cuarenta cuerpos yacían sin vida sobre la superficie de hielo...

Miguel Angel Blanco

485. LEALTAD A NUESTROS PRINCIPIOS

En 1622, Roberto Atkins clarificó el punto de nuestras lealtades como quizá ningún otro lo hizo. Cuando fue expulsado de su puesto eclesiástico por haber rehusado firmar la ignominiosa ley de conformidad, delcaró en su último sermón en la catedral de Exeter: "Os ruego que no interpretéis nuestra falta de conformidad como un acto de discordia o de deslealtad. Estamos dispuestos a hacer cualquier cosa por su majestad, con tal que no sea pecado. Aventuraremos cualquier cosa por él, menos nuestras almas. Confiamos que si se presentase la ocasión, podríamos morir por él, pero por causa de él no hemos de condenar nuestras almas."

"Es menester obedecer a Dios antes que a los hombres."

De El Hogar Cristiano

486. HAY QUE CUMPLIR CON NUESTROS DEBERES

El 19 de mayo de 1780 fue un día memorable de densa oscuridad en pleno día en Nueva Inglaterra, al este de los Estados Unidos. Inesperadamente se oscureció todo el cielo, llenando de temor y perturbación a miles de personas, y agitando a las bestias de la tierra. Multitudes de personas creyeron que había llegado el día del juicio, con el fin de todas las actividades terrenales. Muchos suspendieron sus actividades acostumbradas y se dedicaron a la oración, viendo en la oscuridad una expresión de la ira de Dios.

La legislatura del estado de Connecticut estaba en sesión cuando ocurrió tal fenómeno. Algunos de los representantes querían suspender la sesión, creyendo que era el fin del mundo. Uno hizo moción en ese sentido. Pero en aquel momento se levantó un señor Davenport y dijo: "Señor Presidente del cuerpo legislativo, no estamos seguros que el día del juicio haya llegado. Si no es cierto, no hay motivo para suspender la sesión. Pero si ha llegado ese día, yo quiero ser encontrado cumpliendo con mi deber. Propongo que traigan velas para proveer iluminación, y que sigamos adelante con los negocios que tenemos entre manos." No sabemos más acerca del señor Davenport, pero su exhortación fue muy oportuna ya que indica la manera correcta de esperar el día final.

He sentido el impulso de trabajar con tres veces más intensidad desde que llegué a entender que mi Señor viene a esta tierra otra vez.
D. L. Moody, Reproducido de Conquista Juvenil

487. SE TRABAJA MEJOR CON PACIENCIA

Cuando Leonardo da Vinci trabajaba en su famoso cuadro "La Ultima Cena", se enojó con cierto hombre. Habiendo perdido la paciencia, le propinó al hombre palabras duras y amenazas. Al volver a su caballete, hizo el intento de pintar el rostro de Jesús, pero no pudo. Estaba tan descompuesto en su ánimo, que no se las pudo arreglar para continuar en su trabajo tan delicado. Por fin, dejó a un lado sus útiles de pintura y salió para buscar al hombre y pedirle perdón. El hombre aceptó su explicación, y Leonardo pudo volver a su taller y terminar de pintar el rostro de Jesús.

488. ¿QUE HUBIERA HECHO USTED?

Mientras permanecía parado cerca de una esquina esperando el ómnibus que debía conducirme al centro de la ciudad, vi de pronto a un hombre que caminaba tranquilamente sobre la acera del otro lado de la calle, portando en una mano unas alforjas y en la otra una canasta. Se dirigía al supermercado para hacer varias compras.

Junto a mí estaba una señora vendiendo frutas. Menos hubiera sido la explosión si alguien hubiera acercado un fósforo encendido a un barril de pólvora, que la de aquella señora al ver pasar al hombre ya descrito. Fue verlo y comenzar a gritarle improperios y ofensas horrorosas, con terribles palabras soeces.

Yo pensé que en aquellos momentos comenzaría un pleito de

grandes dimensiones y funestas consecuencias. Si aquel hombre cruzaba la calle para acercarse a su ofensora, en realidad quién sabe qué hubiera pasado; pero el hombre continuó su camino impasible. Miró a la mujer con miradas despectivas, y se perdió entre los transeúntes, entrando después al supermercado como si nada hubiera pasado. No pasaba el ómnibus, así que, todavía lo vi regresar en silencio por la misma acera sin mirar al otro lado.

Ante la actitud silenciosa del hombre, la mujer guardó silencio bastante avergonzada, por haberse exhibido en público y haber recibido el menosprecio de aquel hombre a quien ofendiera tanto. Al mirar que su enemigo regresaba, ya no lo ofendió; pero se hizo la disimulada, haciendo que acomodaba algunas frutas.

Yo pensé, al mirar la actitud de aquel hombre, en las palabras de Jesús: "Bienaventurados los pacificadores." Mateo 5:9.

Agustín Ruiz V.

489. LA SEGUNDA MILLA

Cuando nuestros hijos eran pequeños hicimos un viaje para asistir a la Convención Bautista Mexicana de Texas en Beaumont. Dejé a mi esposa y los niños frente a un restaurante para que entraran y ordenaran algo de comer mientras que yo iba a estacionar el automóvil. Cuando regresé y al sentarme a la mesa, nuestro hijo me dijo:

–Papá, parece que la mesera está enojada y no nos está dando buen servicio.

A lo que respondí:

–Eso quiere decir que debemos darle una buena propina.

Mi hijo me explicó:

–Papá, no me entendiste. Te dije que la mesera está enojada y no nos está dando buen servicio.

Yo le expliqué que había oído bien y que lo que íbamos a hacer era más o menos lo que Cristo enseñó en cuanto a "ir la segunda milla" cuando se pide que vayamos solamente una. La trataríamos con cortesía y, además, le daríamos una buena propina.

Siempre me incomoda cuando algún compañero que esté conmigo comiendo en algún restaurante trate con descortesía o con cierto despotismo a una mesera. Pienso que se aprovecha de la pobre mesera porque en su casa no lo puede hacer.

Cuando alguien no me da un buen servicio, pienso que tal vez esa persona tiene serios problemas causados por un esposo irresponsable o unos hijos ingratos. ¿Para qué ponerle yo más carga en su vida? Si le doy una buena propina tal vez, esto la ayude en parte a resolver cuando menos su problema financiero y a darle un poco de esperanza en cuanto a ese día de trabajo y mis labios podrán con mayor facilidad decirle: "Señora, Cristo la ama y puede ayudarle."

Leobardo Estrada C.

490. CANTANDO SIEMPRE ALEGRE

En el seno de la Primera Iglesia Bautista de Managua, Nicaragua, aún existe un hermano que desde su conversión ha sido un hombre excepcional. Asiste fielmente a los cultos, participa en todas las actividades de la iglesia, ha sido maestro de la escuela dominical, director del coro y constante promotor de los programas de Navidad. Dios le dio un don que todos quisiéramos tener, el don del canto. Domina admirablemente la voz de tenor.

No sabemos si por razón de su trabajo profesional, o por algún otro motivo que ignoramos, perdió la vista. Ha quedado completamente ciego. Se han hecho esfuerzos muy apreciables por curarlo, pero todo ha sido en vano. Así ciego asiste a los cultos y canta en el coro con un rostro resplandeciente de alegría.

Ultimamente está perdiendo la voz y también el oído. Parece que va a quedar ciego, sordo y mudo. Es una tremenda tragedia que no podemos entender. ¿Cómo ha recibido este hermano toda esta cadena de adversidades? Con la misma paciencia de Job. Cuando se le visita siempre muestra su rostro iluminado y le gusta cantar. A pesar de su tragedia está siempre gozoso. Este hermano es verdaderamente un hombre de Dios. Un ejemplo de sincera vida cristiana.

Heriberto Vásquez H.

491. LA PLANTA PRECIOSA

Dos criadas caminaban juntas hacia un pueblo, llevando cada cual sobre la cabeza una pesada cesta con fruta y legumbres.

No cesaba en todo el camino la una de quejarse y suspirar, y la otra por el contrario, iba alegre, festiva y bromista. Al verla así, dijo la primera:

—Mujer, ¿cómo puedes reírte de tan buena gana? La carga que llevas es al menos tan pesada como la mía, y tú no eres ni más fuerte ni más robusta que yo.

La otra replicó:

—He puesto sobre mi carga cierta planta que me la hace más ligera; si quieres seguir mi consejo, haz tú lo mismo que yo.

—Con mil amores —contestó—, debe ser una planta preciosa, y con toda mi voluntad daría cuanto poseo por adquirirla, a fin de aligerarme la carga que me abruma. Dime, te lo ruego, ¿dónde la has podido hallar, y cómo se llama?

—Esa planta preciosa —dijo la otra—, que tiene el poder de aligerar las cargas por pesadas que éstas sean, se llama la paciencia.

> Cuando nos pese la carga
> Que tenemos que llevar,
> Armémonos de paciencia,
> Y ligera nos la hará.

492. PAZ EN MEDIO DE LA TORMENTA

Dos artistas fueron finalistas en una competencia de pinturas en la que el tema era la paz. Una pintura dibujaba el campo quieto de Inglaterra, igual desde los tiempos romanos. Todo era pacífico y quieto. El otro artista pintó un cuadro de una violenta tempestad, y al mirarlo uno podía ver los efectos del viento en los árboles, casi descuajados. En el proscenio del cuadro, en una rama había un nido de pájaro y la pájara estaba empollando los huevos. En la expresión del ave se notaba una absoluta tranquilidad.

Los jueces dieron el premio al segundo artista, comentando que el primer cuadro no era realmente paz sino estancamiento. El segundo era paz, porque la había en medio de la tempestad.

493. LA PALABRA QUE TRAE PAZ

Hace muchos años en Nicaragua, hubo un gran presidente que se llamó José Santos Zelaya. Pertenecía al partido liberal. Fue querido por unos y odiado por otros. Pero fue un político sagaz y un presidente progresista. Sucedió un incidente muy significativo en su vida de funcionario público.

La acumulación de quejas y enojos contra él, llegó a convertirse en una nutrida protesta pública. Una manifestación de miles de ciudadanos, desfilando por las calles de Managua, la ciudad capital, llegó a las aceras y lugares aledaños a la casa presidencial. Los que dirigían a la multitud arengaban a la misma para que gritara desaforadamente contra el mandatario. Se escucharon gritos de "¡muera el general Zelaya!", "¡abajo con su gobierno!"

Los momentos eran de una tremenda intensidad dramática, y todos temían lo peor. Por fin, el presidente se hizo presente en uno de los balcones del segundo piso, levantó sus largos brazos y con su voz un poco chillona, pidió silencio y atención, y empezó a hablar. "Conciudadanos", dijo, "tened un poco de calma y escuchad las palabras de vuestro presidente que os ama, y que ahora mismo está dispuesto a dar su vida por la paz, la felicidad y prosperidad de todos vosotros."

El general Zelaya era un hombre de fácil palabra, de claros pensamientos y de inspiración encendida. Pronunció un discurso sentimental y argumentativo y, al terminar, aquella misma multitud que momentos antes pedía su cabeza. ahora le aclamaba delirantemente.

El Hijo de Dios, Jesucristo, tenía un poder muy grande en sus palabras. Nos relatan los Evangelios que en cierta ocasión él calmó a la mar embravecida y sosegó a los vientos tempestuosos. Sus discípulos, asombrados del milagro, exclamaron: "¿Quién es éste, que aun a los vientos y a las aguas manda, y le obedecen?" (Lucas 8:25).

En el espíritu de muchos hombres hay tempestad, desconcierto y dolor. ¿Qué hacer en una situación semejante? Los remedios que los profesionales ofrecen no siempre consiguen la tranquilidad y la paz para el corazón. Pero este Maestro divino sí puede arreglar toda situación, por muy difícil que parezca. Sólo se necesita establecer el contacto con él por medio de la fe. El dice a los que le siguen: "La paz os dejo, mi paz os doy; yo no os la doy como el mundo la da. No se turbe vuestro corazón, ni tenga miedo" (Juan 14:27).

Adolfo Robleto

494. ESPIRITU INDOMABLE ANTE LA ADVERSIDAD

El famoso atleta norteamericano, Glen Cunningham, cuando aún era un niño, sufrió una quemadura al reventar una caldera de vapor en la escuela donde asistía. El médico que le atendió dijo que nunca llegaría a caminar sin muletas. El niño había soñado siempre con ser un corredor. A pura fuerza de voluntad aprendió a caminar. De allí siguió preparándose y la perseverancia le sirvió de mucho, pues llegó a ser campeón en la pista de carreras y en el mundo de los atletas. Por muchos años Cunningham superó la marca mundial corriendo una milla en menos de cuatro minutos. Fue muy querido por todos, los viejos lo mismo que los jóvenes. Ha tenido mucha influencia entre los jóvenes luchando siempre contra el uso del tabaco y del alcohol.

495. REGANDO EL BIEN POR EL CAMINO

"Un hombre tenía una granja. El agua escaseaba, y para obtenerla tenía que hacer todos los días varios viajes a un arroyuelo cercano con dos cubos de agua. La tierra era árida, desprovista de belleza, casi sin árboles y exenta de alguna graciosa yerba o fragante flor. Pasó el tiempo; mas un día descubrió que a ambos lados del camino que constantemente recorría para adquirir su agua, brotaban plantas pequeñas de tallo tierno: eran fruto del agua que se vertía de los cubos durante el viaje."

La vida es un desierto árido. La sequedad espiritual reina por doquier. Las almas están atrofiadas por el calor abrasador del pecado. Nuestro mundo es un campo seco.

¿Hemos de desmayar, acaso, los crisitanos ante todas estas dificultades? ¿Hemos de dejarnos quizá arrastrar por la apatía? ¡Jamás! Pensemos que si como cristianos vertemos un poco de agua viva de la que Cristo ha depositado en nuestros corazones, podemos hacer surgir un oasis de paz, un hermoso jardín, donde menos lo imaginemos.

De El Hogar Cristiano

496. TRIUNFA EL QUE LUCHA CONTRA LA ADVERSIDAD

Cuando joven, Guillermo Prescott, gran historiador norteamericano, mientras estudiaba la carrera de abogado en el "Harvard College", tuvo la desgracia de perder la vista de un ojo en un accidente. Pero, lo más grave del caso fue que no sólo quedó tuerto, sino que del otro ojo, afectado también con el accidente, veía muy poco.

Prescott terminó sus estudios con grandes esfuerzos, pues estaba casi ciego de un lado. Como sus padres eran de buenas condiciones económicas, el joven estudiante regresó a Salem, Masachussets, donde ellos vivían, a aburrirse de la monotonía del pueblo provinciano, por no poder dedicarse a ningún trabajo activo.

A fin de distraerse un poco, se dedicó a escribir para "North American Review", escritos que no tardaron en llamar la atención de los muchos lectores de la gran revista norteamericana. Entusiasmado con los elogios que recibía por sus buenos trabajos literarios publicados en "North American Review", forzando su escasa vista, escribió un libro de historia sobre el reino de Aragón y Castilla, que publicó en 1838.

El éxito del joven abogado como historiador fue grande. Su libro poco tiempo después de publicado era traducido a distintas lenguas y comentado encomiásticamente en diversos países. Continuó Prescott escribiendo libros históricos, hasta que al fallecer, en 1859, dejó un nombre ilustre entre los autores norteamericanos como historiador.

497. UNA VIDA CON PROPOSITO

Se cuenta la historia de un viajero que se detuvo para hablar con un chacarero. Había notado que todos los campos a lo largo del camino estaban cubiertos de altos pastos. Pero, pensando que los campos del chacarero estarían más alejados, y deseando entablar conversación, le preguntó:

—¿Cómo va su cosecha de este año?

El chacarero contestó:

—No tengo cosecha.

—Pero —dijo algo asombrado el viajero—, ¿no tiene usted cosechas? Pensaba que era chacarero.

—Lo soy —fue la lacónica respuesta.

—¿Y cómo no tiene cosechas? —insistió el viajero—. No me va a decir que no tiene algo sembrado.

—No.

–¿Ningún cereal?
–No.
–¿Ni algodón?
–No.
–¿Ni siquiera un jardín?
–No.

Cuando el viajero le preguntó la razón, el chacarero respondió:

–Bueno, solía tener cosechas, pero la primavera pasada me puse a pensar. Pensé en las semillas que no germinan, en el pasto y las malezas, en los insectos y las sequías, y en todo el trabajo duro y las cosechas perdidas en el pasado. Así que, decidí que este año iría a lo seguro. Decidí no plantar nada.

Esta historia habla de una tragedia. Es la tragedia del derrotismo. Es la tragedia de magnificar las dificultades personales y perder las oportunidades. Es la tragedia de mirar al futuro con los lentes del temor y la cobardía. Señala el fracaso de la fe y la victoria del fatalismo. El chacarero pensaba que había encontrado la respuesta a los problemas de la vida. Pero, ¿la había encontrado? Mientras él estaba ocioso su tierra no lo estaba, pues producía cardos y malezas. En el lugar donde el chacarero podía haber tenido una cosecha floreciente, ahora tenía un desierto.

¿No es este relato una parábola de la vida? Los años pasados tienen sus fracasos. El presente posee sus dificultades. Pero cada día y cada año es un desafío y una oportunidad.

Pablo Alberto Deiros

498. EL ESFUERZO SANO SIEMPRE ES CORONADO
CON LA VICTORIA

Jorge Washington Carver, el famoso científico negro, dejó este testimonio: "Tomé un cacahuate (maní), lo puse en mi mano y dije: 'Señor Creador, ¿qué hay en este cacahuate?' Y el Creador me dijo: 'Tienes inteligencia; descúbrelo.' Y eso es lo que hice."

Los descubrimientos maravillosos de este gran hombre fueron el resultado de una alianza feliz de fe y perseverancia. El doctor Carver era un hombre devoto, un hombre que tenía la fe de un niño, que creía que cada descubrimiento era una revelación, lo cual ciertamente es;

pero también era un hombre de acción que trabajaba incesantemente en su laboratorio. Fue esta combinación de fe y perseverancia lo que lo hizo ser una bendición para la humanidad.

499. ¿ESTA SATISFECHO DIOS CON NUESTRO SERVICIO?

Pasaba un hombre junto a una caseta de teléfono en una estación del ferrocarril, y oyó a un hombre de raza negra que estaba en conversación con alguien.

—Hola, ¿es la señora Rivera?

Aparentemente la respuesta fue "sí".

—Señora Rivera, ¿necesita usted un chofer?

Aparentemente la respuesta fue "no".

—¿Está usted completamente satisfecha con el chofer que tiene actualmente?

De nuevo la respuesta fue "sí".

—Está bien, señora Rivera. Adiós.

Cuando el negro salió de la caseta el hombre le preguntó:

—Pues, no conseguiste el trabajo, ¿verdad?

—Oh, replicó el negro —yo no estaba tratando de conseguir trabajo; ya lo tengo. Sólo quería saber si mi patrona estaba satisfecha de mí.

Así nosotros también debiéramos examinarnos a nosotros mismos, para saber si Dios está satisfecho con nuestro servicio.

500. CUESTA TRABAJO GANAR LOS CENTAVOS

Cuenta don Leobardo Estrada que hace muchos años, cuando él era apenas un niño, los mexicanos tenían la idea de que en los Estados Unidos se ganaba mucho dinero, y por eso muchos emigraban hacia allá. Un pariente suyo, cuyo tío se había ido a buscar trabajo en los Estados Unidos, le escribió un día diciéndole: "Tío, como dicen que allí hay tantos dólares que hasta los barren con la escoba, por favor mándame unos cuantos dólares de regalo." El tío le contestó: "Pues es cierto que aquí hay muchísimos dólares, pero yo todavía no he tenido dinero para comprarme una escoba."

501. CUIDADO CON LOS ERRORES

Muchas veces se pueden cometer errores por malas interpretaciones. Se llega a una conclusión sin conocer bien cuál es la realidad. Un día, en la ciudad de Medellín, Colombia, un muchacho fue a un banco a depositar dinero de la firma que representaba. Había mucha gente y se demoró un poco. A la salida quiso ganar tiempo y comenzó a correr, pero tropezó en una de las gradas del edificio y se quebró una pierna. En medio del dolor, se puso a gritar mientras se tomaba las piernas. La gente se agolpó.

Muchos curiosos preguntaban: "¿Qué pasó?", y la respuesta era: "Se quebró, se quebró".

Un rico comerciante que pasaba cerca del banco, sin bajarse del automóvil preguntó qué ocurría. "Se quebró", fue la respuesta que obtuvo. Cuando llegó a su oficina, empezó a llamar a sus amigos y a los comerciantes conocidos para que sacaran el dinero del Banco Regional porque "había quebrado".

Cuando la gente comenzó a invadir el banco, el gerente se alarmó muchísimo, porque al paso que iban quedarían en la bancarrota muy pronto. Hizo la investigación y llamó a la policía. Todo se pudo arreglar satisfactoriamente dándoles a los clientes una explicación lógica. El problema se había originado por una mala interpretación.

De El Centinela

LAS ILUSTRACIONES

El evangelista Dwight L. Moody dijo que un sermón sin ilustraciones es como una casa sin ventanas. Las ilustraciones son anécdotas o relatos que el predicador usa para aclarar, afirmar o aplicar algún punto de su sermón. Las ideas y los pensamientos son, por lo general, abstractos; la mente del que oye necesita hacer un esfuerzo, muchas veces grande, para poder captar y entender lo que el predicador está exponiendo. Por supuesto, hay mentes que por su disciplina y por el acopio de conocimientos que tienen, les resulta fácil comprender las secuencias de ideas del orador; pero no en todos es así. Y lo que el predicador desea es hacerse entender de todos, establecer comunicación. Las ilustraciones son en este sentido un poderoso auxiliar del predicador.

Hay dos errores que se pueden cometer: uno es predicar un sermón sin ilustrarlo para nada; el otro consiste en usar un número excesivo, desproporcionado, de ilustraciones. El sermón sin ilustraciones resulta en extremo abstracto, quizá hasta seco e insípido. Las ilustraciones vienen a ser como ganchos en los que las ideas se cuelgan. Por supuesto, un sermón bien elaborado, con pensamientos claros y sencillos, puede resultar provechoso e interesante; pero si se le apuntala con una o dos ilustraciones, el efecto será aún mejor. En cuanto al otro error, oí a alguien decir de cierto predicador: "Ilustra sus ilustraciones con los puntos de su mensaje." Tal vez pensando en la finalidad de las ilustraciones el predicador sabrá cómo manejar este asunto. Las ilustraciones no son el sermón. El sermón es la verdad bíblica central que deseamos presentar. No hay que empujar un punto sólo para encontrar el pretexto de relatar una ilustración que a nosotros nos parece muy bonita.

Hay ilustraciones que no vienen al caso. El oyente hace un esfuerzo por encontrar la relación entre la ilustración y el punto o tema del predicador, y no lo logra. La relación entre ilustración y punto ilustrado debe ser tan evidente, que inmediatamente el oyente la capte. Es preferible también que las ilustraciones sean vivas, reales y, de ser posible, recientes. Interpolar en la ilustración el nombre, el lugar y la fecha del acontecimiento narrado, ayuda mucho al efecto didáctico de la ilustración. No se deja la impresión de que el predicador está inventando nada. Sin embargo, esto no quiere decir que las parábolas no sean un medio eficaz de transmitir verdades y de afirmar asuntos. Jesucristo hizo un uso maravilloso, casi inimitable, de las parábolas. El fue el autor de muchas de ellas. Pero siempre el trasfondo fue real, y aun histórico.

Quizá aquí convenga hacer una observación. Existe en muchos predicadores la creencia de que al predicar tienen que relatar algún chiste, como para preparar a la audiencia o para hacerse graciosos. Cierto es que hay algunos que tienen el don de decir algún gracejo que muchas veces rompe el hielo que hay entre predicador y oyentes. Pero no se debe abusar de este artificio, ni se debe decir algo con el solo propósito de hacer reír a la gente. Y, entre paréntesis, hay muchos chistes de púlpito que a nadie hacen reír sino sólo al predicador, y a veces aun él mismo tiene que forzar la risa, pues el chiste de marras no tenía ni sal ni pimienta. No es exageración, pero yo oí a un predicador que, antes de "empezar" a predicar, contó cinco chistes o anécdotas graciosas. Cuando entró "en materia", como se dice, y elaboró conceptos de espiritualidad, su congregación no estaba en el ambiente propicio para la afinidad espiritual.

Las ilustraciones no deben ser demasiado largas, como si de un clavito colgásemos una bolsa grande. Hace muchos años, siendo yo un muchacho, un evangelista en mi iglesia al comenzar a predicar dijo: "Hermanos, el día de hoy leí una novela muy interesante", y se puso a relatarla; ese fue su sermón. Y la novela trataba de un caballo, y el predicador aun se atrevió a hacer en la plataforma movimientos como los del caballo. Por demás está decir que todos salimos esa noche defraudados. La impresión fue la de que el evangelista no había preparado su sermón, y llenó el tiempo con la ilustración de la novela.

¿Dónde puede el evangelista conseguir las ilustraciones de su sermón? Desde luego, hay libros de ilustraciones los cuales podemos usar, pero con discreción. De la lectura de diversos libros se pueden sacar muchas veces ilustraciones apropiadas y útiles. También oyendo a otros predicadores uno puede enriquecer su acopio de ilustraciones. Hay, sin embargo, otras fuentes ricas en ilustraciones y a las cuales debemos recurrir con frecuencia. Son las siguientes:

a. La Biblia

La Biblia está llena de ilustraciones de toda clase. Jesucristo y los escritores del Nuevo Testamento emplearon en su predicación y en sus escritos ilustraciones del Antiguo Testamento y de la historia secular. Hay algo en una ilustración bíblica que no lo tiene ninguna otra ilustración. Quizá sea un subproducto de la inspiración. Prácticamente hablando, no hay asunto o experiencia de la vida, o verdad de la filosofía, o doctrina de la teología, o práctica de la iglesia, que no se le puede ilustrar con alguna anécdota de las Escrituras. Es que la biblia es todo un compendio de la sabiduría de los siglos, enfrascada en el molde de la inspiración del cielo.

Nunca puedo olvidar un sermón que leí del evangelista Moody, sobre el tema "Cómo Ser Salvo". Desarrolla el tema narrando y aplicando tres episodios de la historia bíblica: el arca de Noé en el diluvio, la muerte de muchos israelitas por la mordedura de serpientes venenosas en el desierto, y el establecimiento de las ciudades de refugio a ambos lados del Jordán. Jesucristo es el arca de salvación –hay que entrar en él; Jesucristo es el anti-tipo de la serpiente de metal, hay que mirar a él; y Jesucristo es la ciudad de refugio, hay que correr hacia él.

Leer el Antiguo Testamento es como recorrer un palacio. En sus interiores hay tesoros maravillosos. Aquí y allá, a veces como escondida en un rincón, se encuentra una anécdota, un episodio en alto grado interesante y cargado de lecciones provechosas. El evangelista debiera hacer un uso más frecuente del copioso raudal de ilustraciones que hay en la Biblia. Por ejemplo, ¿quiere ilustrar el peligro de la claudicación? Allí está el caso de Elías desafiando al pueblo de Israel cuando le dice: "¿Hasta cuándo claudicaréis entre dos pensamientos?" ¿Quiere ilustrar la tragedia de estar a punto de aceptar a Cristo como Salvador, y no aceptarlo? Allí está el triste episodio del rey Agripa, quien le dijo a Pablo: "Por poco me persuades a ser cristiano." ¿Quiere ilustrar las consecuencias de la desobediencia? Allí está la anécdota del rey Saúl, cuando el profeta Samuel lo reprendió por haber desobedecido la orden de Jehová. ¿Quiere ilustrar la urgencia de la salvación? Allí está el incidente del carcelero de Filipos, que mientras la tierra temblaba él entregó su alma a Jesucristo.

b. La vida actual

Esta es la vida que todos estamos viviendo. La vida es una serie interminable de experiencias. Cada día suceden tantas cosas interesantes en todas partes, que basta abrir los ojos y ver cuanto se desliza sobre la pantalla de nuestra observación como si ésta fuera un radar. Los periódicos y las revistas vienen cuajados de las narraciones de los sucesos contemporáneos. Una ventaja de usar estas ilustraciones es que la gente que nos escucha ya tiene noticias de ellas. Por lo general, las congregaciones de hoy están bien informadas de lo que acontece en el mundo. Los medios de divulgación como la prensa, la radio, el cinematógrafo, la televisión, etcétera, nos mantienen al tanto de todo. La ola de crímenes que está invadiendo a los pueblos, los sangrientos disturbios raciales en diversas ciudades del mundo, la zozobra en que viven muchos ante la amenaza de la guerra, son cosas que ilustran la enseñanza bíblica acerca de los últimos tiempos. La vanidad de la vida, de que habla la Biblia, está abundantemente ilustrada en un sinnúmero de casos notorios de personas prominentes pero superficiales, de individuos acaudalados pero infelices, de organizaciones flamantes y bulliciosas pero carcomidas, de sistemas políticos engañosos, y de gobiernos tratando de imponer un orden que ellos mismos no tienen.

Esta fuente de ilustraciones de la vida actual, la tenemos siempre con nosotros. Una conversación que oímos en el autobús, un incidente que vimos en el parque, algo que sucedió en nuestro vecindario, el caso que le ocurrió a uno de nuestros compañeros de trabajo, todo esto puede servirnos de material ilustrativo. Jesús fue un buen predicador porque fue también un buen observador. Incidentes de muchachos en la calle, cosas comunes en los hogares, y aun detalles que vio en el templo le sirvieron de puntos de ilustración en sus mensajes.

c. La naturaleza

La naturaleza es el mundo natural que nos rodea, el cielo que nos cobija, y las leyes y los fenómenos propios de tan inmensa esfera. La naturaleza, con su cúmulo de misterios y maravillas, es fascinante. Es un gran libro abierto, como suele decirse. Prácticamente, cada verdad de orden espiritual tiene su contraparte en el mundo natural. La razón de esto debe ser porque Dios es el autor de todo. Se puede encontrar una ilustración natural de todas las enseñanzas de la Biblia. Por ejemplo, la experiencia de la regeneración se puede ilustrar con el nacimiento físico; el desarrollo de la vida cristiana, con el crecimiento de una planta. Y así por el estilo.

Jesús hizo un uso admirable de las ilustraciones de la naturaleza. El habló de las aves del cielo, de los animales del campo, de los fenómenos de la atmósfera, de los astros del firmamento, de las flores y de los frutos. Jesús fue un maestro permanente y ambulante porque la naturaleza fue para él aula universitaria ambulante y permanente. Si David pudo decir: "Los cielos cuentan la gloria de Dios", Jesús pudo haber dicho: "La naturaleza enseña la sabiduría de Dios."

Veamos unos pocos casos. El hermoso hecho de la gracia divina, fuente de tantísimas bendiciones espirituales, podríamos ilustrarlo con el fenómeno no menos maravilloso de la fotosíntesis; éste consiste en que las hojas verdes de las plantas absorben la luz del sol, y su energía la convierten en vida de la planta. Así nosotros, por medio de la fe nos apropiamos de la gracia del cielo, que es luz para el espíritu, y nuestra vida cristiana se enriquece. La doctrina de la Santísima Trinidad, tan profunda como es, sin embargo se puede ilustrar con fenómenos de la naturaleza. El sol, que no lo podemos ver fijamente con los ojos de la cara, es tres cosas: fuerza, luz y calor. El agua, siempre la misma en su composición química, se nos presenta en tres estados: líquido, sólido y gaseoso. La fuerza de la gravitación no se ve, pero ella es la que conserva a los astros girando interminablemente en sus órbitas. La fuerza espiritual de Dios, asimismo, invisible a los ojos humanos, es la que atrae a todas las criaturas hacia él. Usted, mi hermano evangelista, puede hacerse una lista de ilustraciones de la naturaleza.

d. La historia

La historia es la narración de los hechos verídicos realizados por los hombres en el tiempo y el espacio. Un sinnúmero de estos hechos puede ilustrar adecuadamente otro sinnúmero de verdades. Las observaciones y las exhortaciones de la Biblia se hallan confirmadas por los acontecimientos de la historia. Algunos llaman a ésta "la gran maestra de la vida". Hay episodios interesantísimos y sugestivos. Tómese el caso de Hernán Cortés, el conquistador de México. Al arribar a las costas de este país, procedente de Cuba, mandó quemar las velas para que sus soldados no pudiesen regresar a Cuba, en caso de que se acobardasen ante la titánica empresa de llegar hasta Tenochtitlán, centro del imperio azteca. Esto puede ilustrar la exhortación de que para seguir adelante en la vida cristiana, muchas veces conviene quemar las velas de los impedimentos o de los atractivos.

Julio César, cuando regresaba de la conquista de las Galias, tenía que enfrentarse a Pompeyo, quien codiciaba el mando de Roma. Montado en su caballo se detuvo junto al río Rubicón, meditó unos momentos y después, volviéndose hacia sus tropas, les dijo: "Alea Jacta Est" (La Suerte Está Echada), y marchó hacia Roma logrando derrotar a su enemigo. Este incidente puede ilustrar los momentos decisivos en nuestra vida, cuando debemos revestirnos de valor y enfrentarnos con fe al peligro para alcanzar la victoria.

¿Quién no conoce la anécdota de Diógenes, el filósofo cínico de la antigua Atenas? "Busco un hombre", decía él mientras recorría las calles de la ciudad con una lámpara encendida. Esto ilustra la perenne búsqueda que el hombre hace de uno que le guíe, que le proporcione felicidad. Jesucristo es ese hombre. Los ejemplos podrían multiplicarse.

e. La vida personal y los testimonios de otros

La vida del predicador mismo es una fuente de ilustraciones. Dios nos ha permitido muchas experiencias que son una comprobación de lo que él nos enseña en su Palabra. Este tipo de ilustraciones tiene un valor casí único, pues son cosas que las hemos vivido y nadie las puede negar. Sin embargo, conviene tener mucho cuidado en el uso de ellas, para evitar dar la impresión de que nos estamos vanagloriando o como poniéndonos de ejemplo para los demás. La sinceridad y el propósito de dar la gloria solamente a Dios deben ser las normas que nos guíen en el empleo de las ilustraciones de nuestra propia vida.

En el renglón de las tentaciones y cómo vencerlas, el evangelista puede decir mucho de sí mismo. De su trato con tantísimas personas, él puede haber aprendido lecciones muy útiles. Job llegó a conocer mejor a Dios al través de su propia y amarga experiencia. Los desengaños que sufrió el profeta Oseas, respecto a la conducta de su propia esposa, le sirvieron de marco para su mensaje a Israel. Pablo también arribó al conocimiento de ciertas verdades espirituales, mediante las experiencias que tuvo. ¿Y qué es la doctrina cristiana si no la interpretación de la vida misma de Cristo? Es decir, Cristo es la ilustración de nuestra teología. Ninguna virtud es virtud en abstracto sino en concreto. Hablamos de humildad, pero humildad es como cuando Cristo toma una palangana con agua, se ciñe una toalla y se inclina para lavar los pies a los discípulos. Hablamos de mansedumbre, pero la mansedumbre es como cuando Cristo, burlado, azotado y escupido injustamente por los hombres, no les devuelve un trato igual, sino que pide a su Padre, a favor de ellos, el perdón. Hablamos de santidad, pero la santidad es como cuando Cristo se enfrenta a Satanás en el desierto y en la cruz y en todas partes, y lo hace huir derrotado y él emerge de la lucha incólume, acrisolado, perfecto.

¿Y cuántos testimonios de muchos hermanos en la fe, aun de miembros de nuestra propia congregación, pueden servir de estímulo, de ilustración a aquellos a quienes les predicamos? Aquí también hay una cantidad grande de ilustraciones. Usémosla.

Adolfo Robleto